How-nual Shuwasystem Business Guide Book

図解入門ビジネス

最新 生命保険の基本と仕組みがよ～くわかる本

保険の種類やそれぞれの特徴、違いまで

[第4版]

ファイナンシャルプランナー
石橋 知也 著

秀和システム

はじめに

２００９年に本書の初版を出版して15年、生命保険業界を取り巻く環境も大きく変化しました。

２００８年８月のリーマンショック以降、金融市況が停滞。生命保険業界は金融業であり、保険契約者から支払っていただいた保険料は、株式や国債などの金融市場で運用しています。それゆえ、金融市場、さらには経済全体の停滞は、生命保険業界においては、とても他人事ではありません。

そうした金融不況下にあっても、生命保険業界では、顧客にニーズに応えるべく、新たに魅力的な商品が発売されるようになりました。病気やケガで収入が途絶えた時に備える就業不能保険や、認知症に備える認知症保険などは、初版を出版した当時、本書では取り上げていなかった保険です。近年、加入を検討する人が増えている背景には、保険の加入者側において、生活の備えに対する考え方が変化していると言えるでしょう。

しかし、いくら万一の生活への備えとはいえ、毎月毎月、たくさんの保険料を支払い続けることはおすすめしません。生活にムリのない保険料で、保障にムラがなく、家計にムダのない、そのような保険に加入をしていただきたい。これは、14年前に本書を執筆した時より変わらない思いです。

どのような保険に加入しているのか、その内容も理解できていないのに、保険の営業担当者に勧められるがままに保険契約したという方は、現在でも多くみられます。

生命保険という商品は、契約前に、目に見えるものでも、手に取って確認できるものでもありません。契約しても、実際にその商品価値がわかるのは、数年～数十年後ということも。病気やケガで入院、もしくは死亡時になって、入院給付金や生命保険金が振り込まれるという特殊な商品ゆえ、その適正な金額や保障の内容など、なかなかイメージしづらいのは仕方ありません。

このような生命保険について、簡素でわかりやすい本をと思い立ったのが本書の原点です。

極力、専門用語など使わず、また、図表なども多く用いて、読みやすい本となるよう心掛けております。

おかげさまで多くの方々にご購読いただき、この度、４版目を出版できることになりました。これまでご購読くださった方々に深く感謝申し上げます。

本書の執筆にあたり、ＦＰオフィストゥモローの下村啓介氏には、多大なるご協力をいただきました。また、秀和システム編集部の皆様にも第４版を出版する機会をいただき、この場をお借りしてお礼申し上げます。

２０２４年１月　石橋知也

最新生命保険の基本と仕組みがよ～くわかる本［第4版］

●目次

第3章 死亡時の保険について知っておこう その2「終身保険」

第5章 死亡時の保険について知っておこう　その4「その他」

第6章 病気やケガのときの医療保険選びのポイントとは

第1章

まずは生命保険の基本をおさえよう

１ヶ月に４万円の保険料を支払うこともある生命保険。でも、「誰のために、何のために、いつ、どのくらいの金額を受け取れるのか？」ということを考えずに、ただ勧められるがまま保険に加入しているという方が多くいます。そこでまずは、生命保険についての基本的な知識を深めていくことにしましょう。

1-1

日本の世帯の何と9割が加入している「生命保険」

実に、日本の世帯の約9割が加入している生命保険。しかし、なぜ加入しているのか、加入していればそれだけで安心なのか、その意味を理解している人は少ないようです。

▼日本の世帯の約9割が生命保険に加入

日本は生命保険大国とも言われるほど、多くの方が何らかの生命保険に加入しています。

令和3年度の生命保険文化センターの調べによると、日本の2人以上の世帯の84・9％が生命保険に加入しています。そのうち、民間の生命保険会社への加入が73・2％と最も多く、以下、生協やＪＡ共済などの保険や共済に加入しています。

3年前の前回調査時の全生保加入率は88・7％であり、4ポイントほどですが低下しています。この間、コロナ禍もあって、生命保険に対する加入意識が変化したのかもしれません。

また、他の家庭ではいったいいくら保険料を支払っているのかと疑問に思う人も多いことでしょうが、この調査では、世帯年間払込保険料は平均37・1万円となっています。つまり、各世帯で、毎月平均3万円強の生命保険料を支払っているのです。

▼総額1000万円以上の高価な買い物

年間平均37万円も保険料で支出している生命保険ですが、その仕組みはおろか「なぜ保険に加入しているのか」と聞いても、「死んだらお金がもらえるだろ」くらいの認識しか持たない人も実は多くいます。

しかし、仮に毎年37万円としても、それを30歳から60歳までの30年間支払えば、それだけで1110万円もの金額になるのです。

生命保険への加入は、非常に高価な買い物となることを認識しておいてください。

! 毎月2万円の保険料でも、30年間でなんと720万円になります。

1-1 日本の世帯の何と9割が加入している「生命保険」

図1-1 日本は生命保険大国と言われている

▼生命保険　世帯加入率の推移

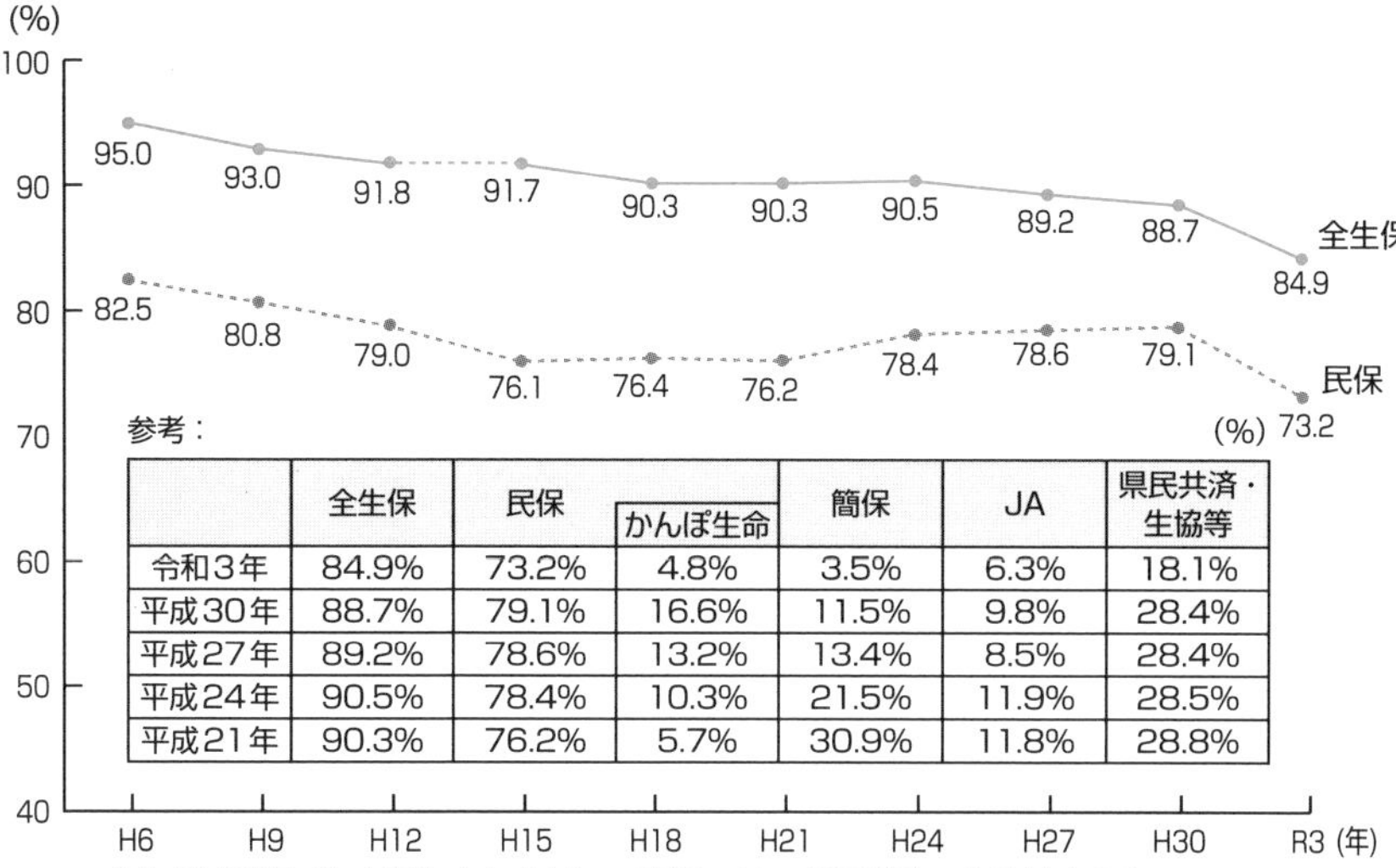

参考：　(%)

	全生保	民保		簡保	JA	県民共済・生協等
			かんぽ生命			
令和3年	84.9%	73.2%	4.8%	3.5%	6.3%	18.1%
平成30年	88.7%	79.1%	16.6%	11.5%	9.8%	28.4%
平成27年	89.2%	78.6%	13.2%	13.4%	8.5%	28.4%
平成24年	90.5%	78.4%	10.3%	21.5%	11.9%	28.5%
平成21年	90.3%	76.2%	5.7%	30.9%	11.8%	28.8%

＊全生保は民保（かんぽ生命を含む）、簡保、JA、県民共済・生協等を含む
＊全生保の平成12年以降は民保、簡保、JAの計

$$\text{世帯主の加入率} = \frac{\text{世帯員の少なくとも1人以上が加入している世帯数}}{\text{全回答世帯数}} \times 100$$

＊参考：生命保険文化センター令和3年度「生命保険に関する全国実態調査」より

▼生命保険　世帯年間払込保険料（全生保）

（万円）

	平成21年	平成24年	平成27年	平成30年	令和3年
全体	45.4	41.6	38.5	38.2	37.1
29歳以下	31.7	20.2	24.2	23.3	21.5
30～34歳	33.1	31.0	27.6	29.8	26.2
35～39歳	37.0	31.7	32.9	38.0	38.2
40～44歳	46.9	40.3	41.0	34.5	34.8
45～49歳	51.3	46.2	44.2	42.7	37.5
50～54歳	47.6	51.8	49.8	48.3	43.2
55～59歳	55.1	51.3	49.2	45.3	43.6
60～64歳	48.2	43.4	43.4	43.9	38.4
65～69歳	42.1	39.4	33.9	33.8	43.6
70～74歳	43.1	36.9	30.7	29.9	33.7
75～79歳	43.8	32.9	30.0	35.3	31.4
80～84歳	48.7	43.9	30.6	29.5	28.6
85～89歳	16.9	73.9	21.1	36.5	35.8
90歳以上	64.2	23.6	21.4	22.5	25.6

＊全生保は民保（かんぽ生命を含む）、簡保、JA、県民共済・生協等を含む
＊90歳以上はサンプルが30未満
＊参考　生命保険文化センター令和3年度「生命保険に関する全国実態調査」より

1-2

保険の仕組みと、根本にある「相互扶助の精神」とは

生命保険は、一生涯では多額のお金を払いますが、支払った保険料の大半は「掛け捨て」となります。なぜ、こんなに生命保険は損をする仕組みなのでしょうか?

生命保険は宝くじと同じ仕組み

読者のみなさんも、一度くらいは宝くじを購入したことがあるのではないでしょうか。この宝くじ、絶対に当たるという前提で購入される方はいないはずで、大半の方が当たればラッキー!という程度の感覚で購入されていることでしょう。多くの人から集めたお金を当選者に支払うというこの仕組みは、逆に言うと、くじに当たらなくても、そのくじを購入するために支払ったお金は損をしてもかまわないということにもなります。

実は、生命保険もこの仕組みと同じで、生命保険の加入者から、毎月保険料という名目で集めたお金は、病気やケガなどで亡くなった人の遺族に対して保険金を支払うためのものなのです。

生命保険の根幹はお互いに助け合う精神

生命保険は、明治維新の際に福沢諭吉が、海外にあった「お互いがお互いを助け合うという保険制度」を日本国内に紹介したものだと言われています。

もし、家計を支える大黒柱が亡くなった場合、残された遺族は路頭に迷う恐れがあるでしょう。

そこで、多くの人からお金を集め、万が一、不慮の事態が起これば、みんなでその遺族を支えましょうという「相互扶助の精神」が、生命保険制度の根幹となっています。こうした意味もあり、生命保険の契約は、「相互扶助」制度に「参加」するという意味で、生命保険への「加入」という呼び方をしています。

! 生命保険は相互扶助の精神から「購入」ではなく「加入」です。

図1-2 生命保険の根幹は「助け合い」

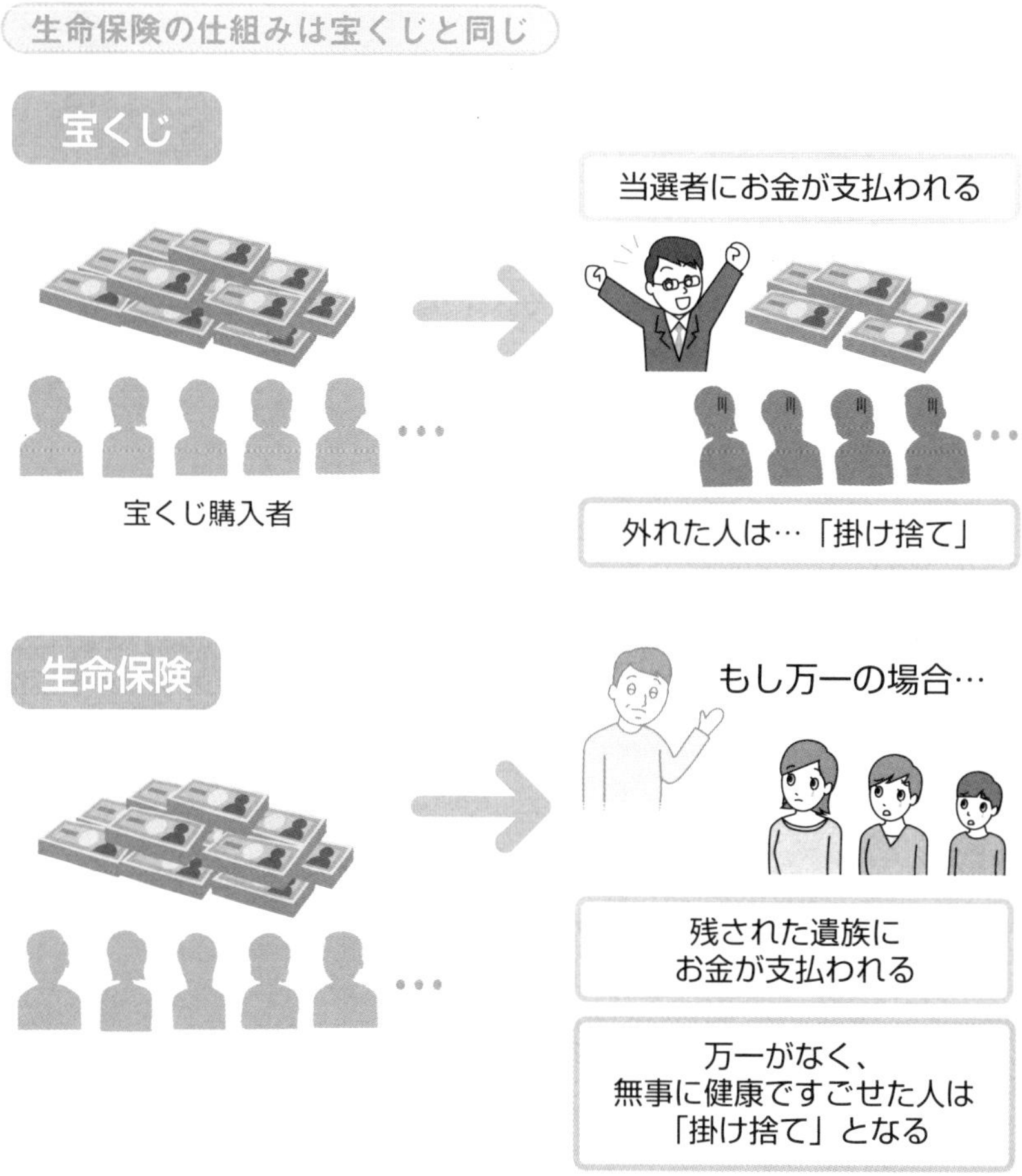
生命保険の仕組みは宝くじと同じ
宝くじ
当選者にお金が支払われる
宝くじ購入者
外れた人は…「掛け捨て」
生命保険
もし万一の場合…
残された遺族に
お金が支払われる
万一がなく、
無事に健康ですごせた人は
「掛け捨て」となる

生命保険は、万一があった場合に多くの人が少額の資金を出して助け合う「相互扶助」の精神で成り立っています。

そのため、生命保険に契約することを
「生命保険に加入する」 と言うのです。

1-3

「生命保険に加入する意味」を確認しておこう

死亡時に保険金がもらえるといっても、では誰に、いくら、どのようにお金が支払われるのか、そういった基本的なことから保険加入の意味を確認してみましょう。

▼加入目的の第1位は「医療費や入院のため」

生命保険文化センターの調査によれば、生命保険の加入目的は「医療費や入院のため」という人が59・0％で第1位となっています（令和3年度調査より）。

以下、「万一のときの家族の生活保障のため」「万一のときの葬式代のため」と、死亡時に関する理由が挙げられています。

また、今回の調査では、「医療費や入院費のため」「万一の時の家族の生活保障のため」といった目的での加入が増加傾向にあり、逆に、葬式代や老後の生活資金が減少傾向です。コロナ禍がそうした加入目的に変化を生じさせたのかもしれません。

▼死亡に備えた保険でも目的は様々

死亡時に備えて加入する生命保険ですが、その目的の第2位である「万一のときの家族の生活保障のため」と、第3位である「万一のときの葬式代のため」とでは、加入における保険金額に大きな違いがあります。

なぜなら、70歳以降においては、家族の生活保障よりも葬式代だけで充分という人も多いはずです。けれども、30代であっても家族の生活保障だけでは不充分で、当然ながら葬式代も必要となります。

つまり、ただ漠然と「死んだときのために」ではなく、いつまでにどのくらいの保障があればいいのか、これをおさえておかないと、不必要な保険に加入し、ムダな保険料を支払い続けることになります。

ⓘ 左頁のデータでは、介護費用のために保険に加入する人も増加。

図1-3 生命保険の加入目的は？

生命保険の加入目的

▼直近加入契約（民保）の加入目的（複数回答）

(%)

	医療費や入院費のため	万一の時の家族の生活保障のため	万一の時の葬式代のため	老後の生活資金のため	貯蓄のため	災害・事故などに備えて	子どもの教育・結婚資金のため	介護費用のため	相続及び相続税の支払いを考えて	在残づくりのため	万一の時のローンなどの返済のため	税金が安くなるので	土地・家屋の取得・増改築のため	その他	不明
2021（令和3）年調査 （2016～2021年に加入）	59.0	52.4	12.4	9.1	7.8	7.8	5.8	4.8	3.4	2.5	1.6	1.6	0.2	1.1	0.6
2018（平成30）年調査 （2013～2018年に加入）	57.1	49.5	15.4	10.8	7.4	8.3	8.6	3.8	2.1	2.4	2.8	1.7	0.1	1.3	0.4
2015（平成27）年調査 （2010～2015年に加入）	58.5	53.1	13.0	7.7	7.9	7.7	6.1	2.9	1.9	1.2	1.8	1.5	0.4	0.7	0.5
2012（平成24）年調査 （2007～2012年に加入）	59.6	51.7	13.7	8.6	8.6	8.8	6.7	3.1	1.9	0.9	0.8	1.4	0.1	1.5	0.7
2009（平成21）年調査 （2004～2009年に加入）	59.7	53.8	13.1	8.2	9.2	12.0	4.6	2.8	2.7	0.9	0.9	1.9	0.2	0.9	1.1

＊かんぽ生命を除く
＊参考　生命保険文化センター令和３年度「生命保険に関する全国実態調査」より

生命保険の加入者

▼直近加入契約（民保）の加入者（被保険者）

(%)

	世帯主	配偶者	子ども（計）	子ども（未婚で就学前・就学中）	子ども（未婚で就学終了）	子ども（既婚）・子どもの配偶者	その他	不明
2021（令和3）年調査 （2016～2021年に加入）	59.0	23.6	14.9	7.1	7.2	0.6	1.1	1.4
2018（平成30）年調査 （2013～2018年に加入）	61.7	23.5	13.1	5.1	6.9	1.1	0.9	0.8
2015（平成27）年調査 （2010～2015年に加入）	57.1	23.4	17.3	8.2	7.6	1.6	1.5	0.7
2012（平成24）年調査 （2007～2012年に加入）	56.5	21.4	19.8	8.9	8.9	2.0	1.2	1.0
2009（平成21）年調査 （2004～2009年に加入）	57.0	21.2	19.3	7.9	9.4	1.9	1.1	1.4

＊かんぽ生命を除く
＊参考　生命保険文化センター令和３年度「生命保険に関する全国実態調査」より

1-4

生命保険は病気であっても、誰でも加入できるの？

がんと診断されたからあわてて保険に加入しようとしても、加入できません。よく、生命保険は「病気になると加入できない」と言われますが、なぜなのでしょうか？

末期がん患者ばかりでは、保険会社は倒産する

生命保険は、誰もが加入できるわけではありません。極端な話、末期がんの人ばかりが競うように加入をしたらどうでしょう？　その保険会社は瞬く間に倒産するはずです。つまり、死亡時の保険金ばかりを支払うことになるのは、保険会社にとって望ましいことではないのです。

とはいうものの、死亡時に備えて加入するのが生命保険であり、かつ、人間は不死身ではなくいつかは死期を迎えるもの。したがって、保険会社としては、できるだけ死亡のリスクの少ない健康な人に、生命保険の加入をしてほしいのです。

また、保険は「相互扶助の精神」で成り立っているものであり、死亡のリスクの高い人が加入していると、毎月加入者が支払って集めた保険金はすぐに底をつくことになります。そうすると、遺族に支払う保険金を加入者からさらに集めねばならず、結果、毎月の保険料の負担も増大することになります。

保険の見直しも健康なうちに！

保険の見直しにおいても同じです。健康でないと、毎月の保険料を下げるために保険の見直しをしても、新たに保険に入り直すことができず、加入している保険を継続せざるを得ません。

「健康は失ったときに、そのありがたさがわかる」と言われます。これは、生命保険の見直しにおいても全く同じです。毎月の保険料という支出を少しでも減らしたいのであれば、見直しは健康なうちにしておいてください。

！持病のある人でも加入できる保険は、保険料も高くなります。

図1-4 生命保険の加入・見直しは健康なうちに！

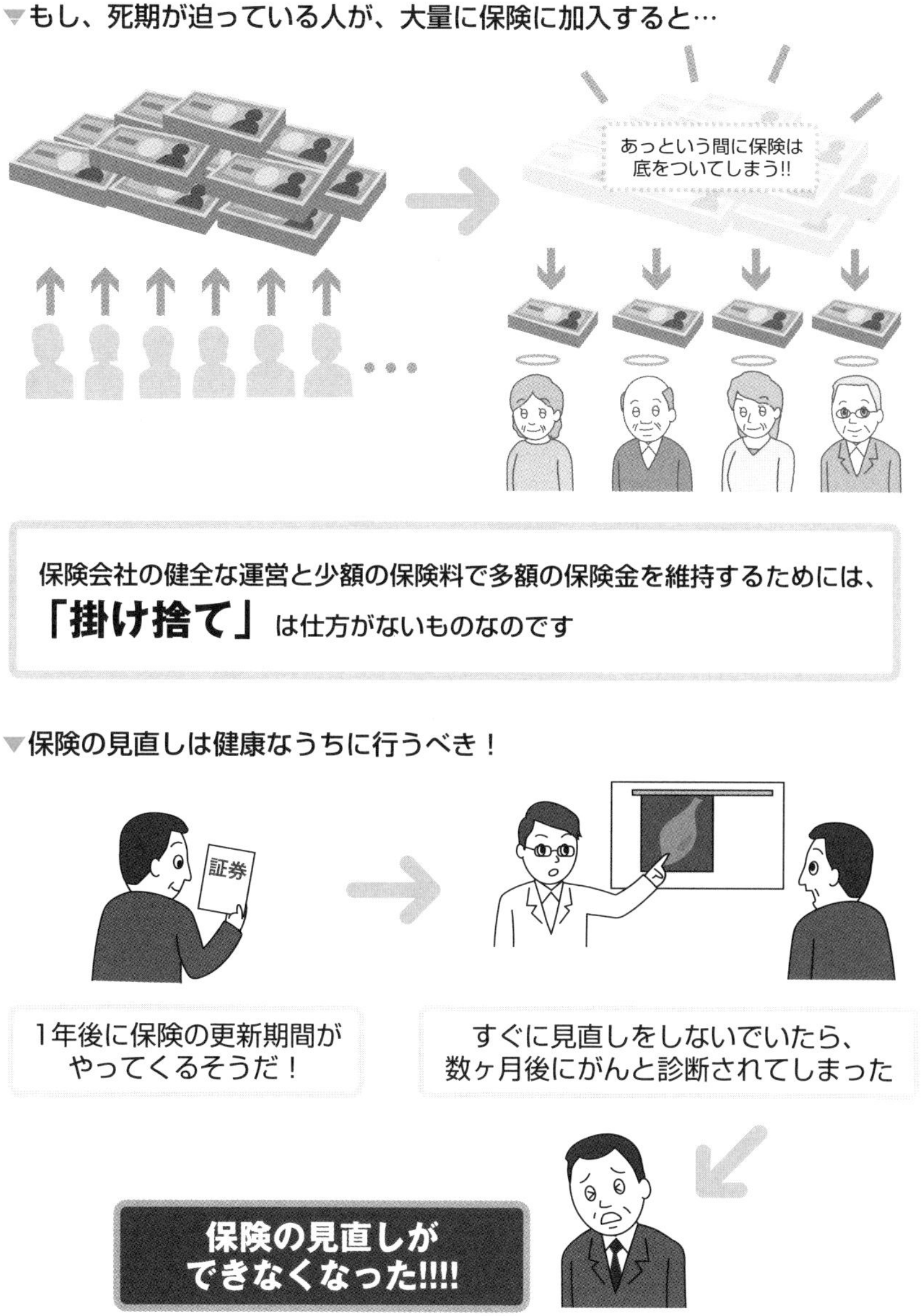
もし、死期が迫っている人が、大量に保険に加入すると…
あっという間に保険は
底をついてしまう!!
保険会社の健全な運営と少額の保険料で多額の保険金を維持するためには、
「掛け捨て」は仕方がないものなのです
保険の見直しは健康なうちに行うべき！
証券
1年後に保険の更新期間が
やってくるそうだ！
すぐに見直しをしないでいたら、
数ヶ月後にがんと診断されてしまった
保険の見直しが
できなくなった!!!!

1-5

生命保険と損害保険の違いは何?

「保険」と一言でいっても、この本の主題である生命保険もあれば、火災保険や自動車保険などの損害保険もあります。ここでは、損害保険について簡単に説明しておきます。

生命保険は、人間の生命や傷病に関する保険

保険は、生命保険と損害保険の2種類に分類されます。そして、前者は第1分野、後者は第2分野と呼ばれています。

「保険」と名のつく以上、混同しやすくわかりにくいのですが、生命保険と損害保険は、その保険の対象となるものが違います。

生命保険は、「生命」という名称からも、人間の生命や傷病にかかわります。万一の際の死亡や入院などに備える、人間が対象となる保険です。

損害保険は「モノ」と「急激・外来」に関する保険

これに対し、損害保険は火災などで焼失した家や家財道具などの「モノ」が対象です。同じく、自動車で事故を起こした際にも、傷つけた相手の車などの「モノ」が対象です。

しかし、自動車保険などでは、事故の被害を受けた「モノ」以外にも、被害者である搭乗者などの「人の生命」も対象となることがあります。

このように、本来「モノ」に対する損害保険本来の役割から派生し、事故に伴う「ヒト」のケガなどにも対応しますが、損害保険は、事故のような「急激・外来」がその対象となります。

ただ、一般的には、生命保険は生命の死や傷病に備え、損害保険は事故などに備えるもの。このように分類しておけば、同じ「保険」と名がついても混同することはないかと思われます。

! 原則、「ヒト」が生命保険で、「モノ」が損害保険と覚えましょう。

図1-5 生命保険と損害保険の違い

生命保険は…
死亡時
病気、ケガでの入院、手術
人間の「生命」や「傷病」に関して備える保険です
損害保険は…
火災
事故
ものを壊してしまう
「人」ではなく「もの（物）」が対象となる保険です
ただし、事故の際の被害者に対する場合のほか、「急激・外来」
（たとえば地震、台風による被害）は対象となります

1-6

生命保険と医療保険の違いは何?

保険に加入する目的の第1位は「医療費や入院のため」です。テレビでも「入院時の保障」といったCMが盛んに流れていますが、これはどういった保険なのでしょうか?

▼「第3分野」と呼ばれる医療保険

先の項で、生命保険は生命の傷病に備える保険で第1分野、損害保険は事故などに備える保険で第2分野という分類をしました。

そして、病気やケガの入院や手術に備える第3の分野として、医療保険のニーズが高まっています。

この医療保険は生保・損保双方が扱っています。

元々、生命保険会社と損害保険会社とは、お互いの分野には参入できないという規制がありました。

しかし、規制緩和の流れに沿って、子会社を設立することでそれぞれの分野へ相互参入することができるようになったのです。その過程で、医療保険は双方の保険会社が扱える「第3分野の保険」と位置づけられたのです。

▼医療保険は生保・損保双方が扱っている

第3分野の保険は、生命保険会社も損害保険会社も、双方が販売可能となっています。規制緩和以前は、外資系の保険会社が独占しているような状況でしたが、現在では日本の保険会社も含め、多くの保険会社が競うように新商品を発売しています。

医療保険は入院保険とも呼ばれますが、これは、「医療保険」とやや堅い言葉で広告宣伝するよりも、「入院・手術時に備える保険」としたほうが一般の人には馴染みやすいこともあり、いつからか「入院保険」とも呼ばれるようになりました。

本来は、生命の傷病に備えるのが生命保険ですが、現在では、死亡時に備えるのを生命保険、傷病に備えるのは医療保険という使われ方をしています。

(!) アフラックが日本でがん保険を販売したのは1974年（昭和48年）。

図1-6 生命保険と医療保険の違い

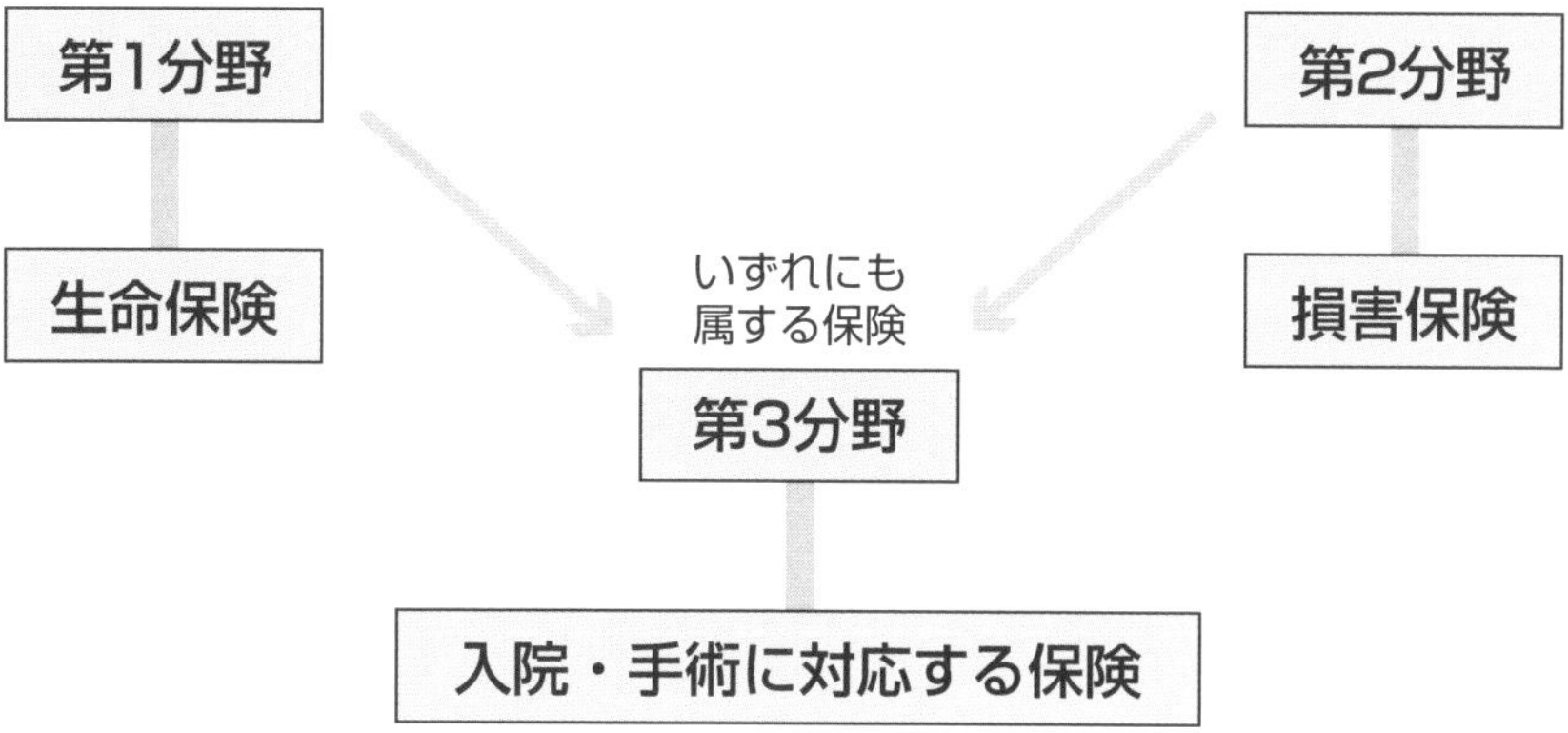

▼入院・手術に対応する医療保険の主な内容

（入院給付金1日あたり1万円の場合）

保険金給付対象	給付条件	
疾病入院	病気で1日以上入院したとき	1万円／1日あたり
災害入院	不慮の事故で1日以上入院したとき	1万円／1日あたり
手術	手術の種類により 入院給付金日額の10、20、40倍のいずれか	10万円／1回あたり 20万円／1回あたり 40万円／1回あたり

- 入院の対象となるのは疾病、災害が対象であり、検査入院は含まない。
- 手術給付金は、入院を必要としない「日帰り手術」も給付の対象である。
- 1回の入院につき支払限度日数があり、保険商品によって30日、60日、120日などの差がある。つまり、長い日数入院しても、超過分は支払われない。
- 通算支払限度日数という制限もある。一般的には1,000日前後である。
- 手術給付金は、一般的に回数の制限はない。

たとえば、世帯主が病気やケガで入院することになった場合、健康保険で対応できない差額ベッド代や交通費など、どのくらいのお金が必要となるのか､確認しておきましょう。

（詳しくは 199 ページ）

1-7

生命保険はたったの3種類しかない!?

「生命保険」と聞いただけで「難しそう」と思ってしまいますが、実は3つの種類の保険しかありません。すべての生命保険はこの3つの組み合わせでできているのです。

▼生命保険は3種類で構成されている

複雑そうに思える生命保険ですが、実は3種類の保険の組み合わせで構成されています。その3種類とは、定期保険、終身保険、養老保険で、「満期があるかどうか」「満期時に返戻金があるかどうか」、この2点でその種類を分けることができます。

つまり、

- 満期があって返戻金がない定期保険
- 満期というものはないが死亡時には保険金が支払われる終身保険
- 満期があって返戻金がある養老保険

このように分けられるのです。

ここで言う満期とは、保険の有効期限であり、生命保険は「死んだら保険金がもらえる」と思われている方が多いのですが、正確には、「保険の有効期限内の死亡時に保険金が支払われる」ということになります。

▼死亡時には必ず保険金が支払われるわけではない

このように、定期保険や養老保険と名のつく保険には満期があり、満期経過後には保険金は支払われないことになります。60歳満期とあれば、厳密には60歳の誕生日の前日までが有効期限であり、1日でも経過すれば保険金は支払われません。

生命保険には、加入時から10年とか15年で満期を迎える保険も実に多くあります。まずは、ご自身の保険の有効期限をご確認願います。

(!) 満期はないが、存命中の入院費用等が支払われるのが終身医療保険。

図1-7 3種類の生命保険

生命保険は3種類

定期保険　（満期があり、満期時の返戻金はない）

終身保険　（満期はないが、死亡と同時に保険金が支払われる）

養老保険　（満期があり、満期時の返戻金がある）

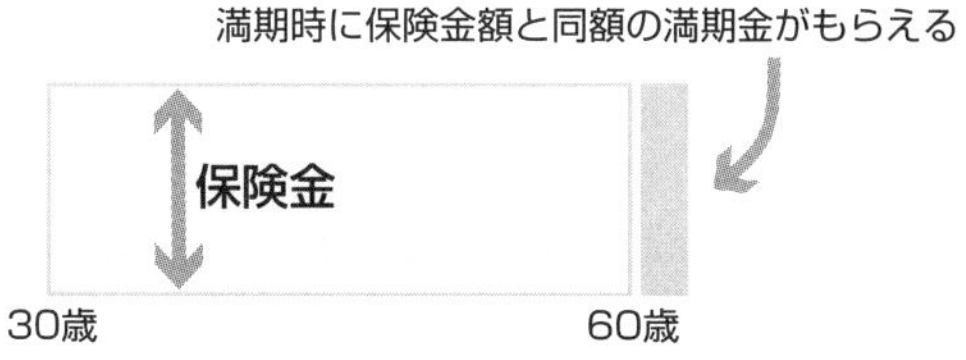

毎月の保険料の高い保険は、お金が貯まります。
毎月の保険料が安い保険は、掛け捨てとなります。
また、定期保険と養老保険は期限到来後は保険金が出ません。

1-8

保険に加入する意味から考える「最善の保険」の選び方とは?

毎月支払う保険料は安く、でも保障は大きなものがいい。そして、掛け捨ての保険は避けたい。こういった期待のすべてには応えられませんが、最善の方法はありそうです。

▼加入目的は大きく3つに分類される

生命保険の加入目的は、「医療費や入院のため」が第1位で、以下、「万一のときの家族の生活保障のため」「万一のときの葬式代のため」と続きました。このことから、保険の加入目的は3つに絞られます。

つまり、複雑には考えず、「医療費」「家族の生活保障」「葬式代」の3つの事項に対し、生命保険に加入すればいいのではないでしょうか。

その上で、「医療費」は老後にこそ必要であるとか、「葬式代」もおそらく老後で必要になることからすると、これらの保険は「医療保険」や「終身保険」で対応するのが望ましいでしょう。

そして、「家族の生活保障」は、子どもが成人した場合にはそれほど大きな保障は必要でなくなることもあり、満期のある「定期保険」がいいでしょう。

▼生命保険は「帯に短し、たすきに長し」

このように、1つの保険に加入して、すべてに対応しようとするのには無理があります。それぞれの用途に応じて最適の保険を見つけることが、生命保険を考える上で重要なポイントになるわけです。

掛け捨てを嫌うなら保険料は高くなり、保険料を安く抑えると保障も少なくなるという生命保険は、まさに「帯に短し、たすきに長し」です。しかし、組み合わせ次第では、あなたに合ったプランを作成することも可能なのです。

! 「帯に短し、たすきに長し」ですが、生命保険は役に立つものです。

図1-8「最善の保険」を選ぶということ

生命保険の加入目的	最適の保険	一般的に必要と思われる保障額
医療費や入院のため	医療保険	5,000〜10,000円/1日あたり
家族の生活保障	定期保険	3,000万円〜5,000万円
葬式代	終身保険	200万円〜300万円

医療保険にも、終身保険と定期保険がある

医療保険　＝　（入院・手術時に給付される保険）

ある保険会社（入院日額10,000円）
保険期間　終身
払込期間　65歳
毎月保険料　3,170円

支払総額1,331,400円

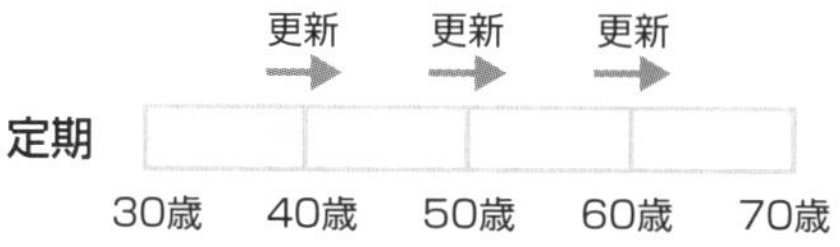

定期医療保険は10年更新が多い

ある保険会社（入院日額10,000円）
30〜39歳　毎月 1,680円
40〜49歳　毎月 1,920円
50〜59歳　毎月 2,960円
60〜69歳　毎月 5,880円

支払総額1,492,800円

終身医療保険　30〜65歳までの支払額　**1,331,400円**
定期医療保険　30〜70歳までの支払額　**1,492,800円**

支払額に大きな差は無いが、定期医療保険の場合、70歳以降の保障が無くなってしまうので注意が必要。

1-9

生命保険料と生命保険金の違いは何？

保険料と保険金。よく似た言葉ですが、意味は当然違います。これまでにも幾度と登場してきた「保険料」と「保険金」。ここで、意味を確認することにしておきます。

▼生命保険料とは「支払うお金」のこと

保険料というのは、「料金」という言葉を含むことからも、これは保険加入において支払うお金のことを言います。

「毎月の保険料は○○○○円です」

といったテレビCMが流れている通り、「生命保険会社に支払うお金＝生命保険料」なのです。

ちなみに、この生命保険料は、毎月支払う「月払い」といったイメージがあるかもしれませんが、必ずしもそうではありません。1年に1回支払う「年払い」もあれば、ボーナス時期に対応可能な半年に1回支払う「半年払い」というものもあります。

また、最初に保険料を一括で支払う「一時払い」「全期前納払い」といったものもあります。

支払う方法はいくつかあるものの、いずれも、支払うお金を「保険料」と呼んでいます。

▼生命保険金とは「支払われるお金」のこと

これに対し、生命保険金とは、死亡時などに対し、保険会社から支払われるお金のことを指します。「支払う＝保険料」に対し、「支払われる＝保険金」で、「支払われる」を平たく言うと「もらえる」ということです。よく、「保険金詐欺」「保険金目当ての殺人」といった物騒なニュースを耳にしますが、これらは、保険会社から支払われるお金を目当てに罪を犯すというものです。

まぎらわしいですが、混同しないようにしましょう。

(!) ボーナス払いの選択も可能ですが、取り扱いは少ないようです。

図 1-9 生命保険料と生命保険金の違い

生命保険料　・・・　生命保険会社に支払うお金

生命保険金　・・・　生命保険会社から支払われるお金

これ以外に、まぎらわしい生命保険用語

契約者　・・・　生命保険料を支払う人

被保険者　・・・　死亡保険金や入院給付金の対象となる人

受取人　・・・　生命保険金が支払われる人

注意点！

上記、契約者、被保険者、受取人の関係次第で、死亡時に係る税金に差があります。
たとえば

○ 契約者(夫) ― 被保険者(夫) ― 受取人(妻) → 相続税
○ 契約者(夫) ― 被保険者(妻) ― 受取人(夫) → 所得税
○ 契約者(夫) ― 被保険者(妻) ― 受取人(子) → 贈与税

相続時にトラブルにならないように加入前に注意しておいてください。

事実婚や同性婚などの場合、生命保険会社によっては加入できる保険の金額に制限があることも。加入できる保険金額等をよく確認しましょう。
(詳しくは 199 ページ)

1-10

生命保険料はどのように計算されているの？

生命保険料は、各保険会社によって違いがあります。つまり、支払う保険料が高い会社もあれば、他社より安い会社もあります。なぜ、このような違いがあるのでしょうか？

▼生命保険料の計算は非常に複雑

毎月支払う生命保険料は、各保険会社によって差があります。この保険料の違いは、それぞれの保険会社の運営にかかる経費なども、その保険料に含まれているからです。

生命保険料は、保険金支払いに備える純保険料と、保険会社の運営に充てる付加保険料とで構成されています。ただし、この保険料の計算は非常に複雑で、数理計算に長けたアクチュアリーと呼ばれる資格を持つ人々が、男女別、年齢別の死亡率や平均寿命、このほか様々なデータをもとに算出しています。

複雑ゆえに、これらの数式を説明することはできませんが、各社、それぞれの独自の計算によって、その保険料に違いがあるのです。

▼営業経費の少ない会社ほど保険料は安い？

保険の加入や見直しを検討している場合、同じ保障をできるだけ安い保険料で加入したいのは当然です。そうなると、死亡率などの統計は各社ほぼ同じデータを使う以上、大きく差が開くのは、保険会社の運営費である付加保険料の部分です。

あくまでも一般論ですが、バブル期の負債を抱えている会社より、バブル以降に参入してきた損保系生保子会社や外資系生保のほうが、営業経費が少なそうに見え、保険料も安いところが多いようです。

ただし、保険料の安い会社が経営上も良い会社とは限りません。格付機関などが決める「ＡＡＡ」などの格付けも参考にしてください。

(!) 過去には経営破綻した生命保険会社もあるのでご注意を。

図1-10 保険料には差が出るもの

生命保険を計算する人＝アクチュアリー

アクチュアリーとは「確率・統計などの手法を用いて、不確定な事象に対して数理計算等を行うプロフェッショナル」。つまり…確率論や統計学などの手法を活用して、保険や年金などの保険料の計算を行う人のこと

では各社の保険料はどのくらい違いがあるのか？

（例）30歳男性　保険金額500万円　保険料支払60歳まで

▼**毎月保険料**

	A社	B社	C社
終身保険	10,870円	9,455円	13,275円

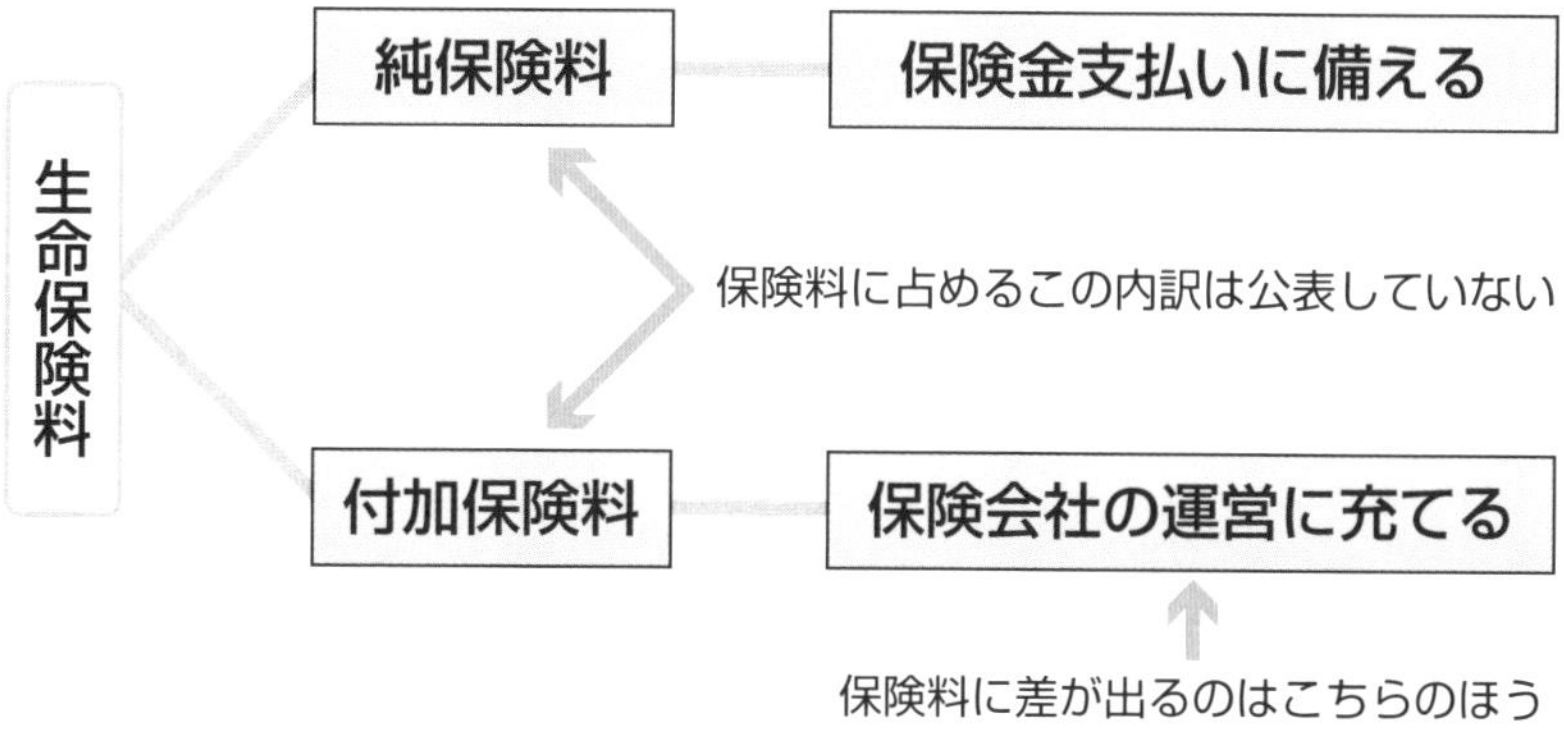
生命保険料
純保険料
保険金支払いに備える
保険料に占めるこの内訳は公表していない
付加保険料
保険会社の運営に充てる
保険料に差が出るのはこちらのほう

▼**生命保険会社の経営安定度を格付けする機関**

- S&Pグローバル・レーティング
- ムーディーズ・ジャパン
- 日本格付研究所
- 格付投資情報センター

こくみん共済や県民共済などの「共済」って何？

保険と似た制度で「共済」というものがあります。全労済や県民共済など、こちらも死亡時などにお金が支払われます。では、保険とどのような違いがあるのでしょうか？

▼共済制度とはどのようなもの？

共済事業について、社団法人日本共済協会のホームページによると、「私たちの生活を取り巻く様々な危険（生命の危険や自然災害、交通事故など）に対して、協同組合などの組合員がお互いに助け合う目的で作った保障制度です」と説明しています。

その文中にある「協同組合」とは、「共通の願いを持つ人々が、出資金を出し合うなどの一定の手続きを経て自主的に集まり、事業を行う、営利を目的としない組織です」と説明されています。

つまり、「出資金を出した人たちが、様々な危険に対して助け合う」というもので、この「危険に対して助け合う」のは、保険でいう「相互扶助の精神」であり、表現に違いこそあれ、中身は同じことです。

▼生命保険と共済との決定的な違い

保険と共済が決定的に違う点はというと、それは「出資金」の有無です。保険の場合、出資金は必要ありません。つまり、保険料以外に保険会社にお金を支払うことはありません。

しかし、共済に加入するには、協同組合などに加入し、その加入の際には出資金を支払う必要があります。気になる出資金ですが、全労済の場合、1口100円で、新しく組合員になる方には10口1000円以上の出資金をお願いしているとのことです。出資金の有無を除けば、基本的な保障内容はほとんど変わりません。この出資金は、組合を脱退される際に手続きをすれば返金されます。

！ 子どもが生まれたら、「こども共済」の加入を検討してみましょう。

図1-11 全労済の扱う主な共済は？

全労済の扱う主な共済

▼こくみん共済

総合タイプ
加入できる方　満15歳～満59歳の健康な方（最高満60歳まで保障）
月々の掛け金　**1,800円**

総合2倍タイプ
加入できる方　満15歳～満44歳の健康な方（最高満60歳まで保障）
月々の掛け金　**3,600円**

保障内容		総合タイプ	総合2倍タイプ
		共済金額	共済金額
死亡・重度の障害が残ったとき（1級・2級と、3級の一部）	**交通事故** 交通災害死亡共済金 交通災害重度障害共済金	1,200万円	2,400万円
	不慮の事故 災害死亡共済金 災害重度障害共済金	800万円	1,600万円
	病気等 死亡共済金 重度障害共済金	400万円	800万円
身体に障害が残ったとき（3級の一部～14級）	**交通事故** 交通災害障害共済金	540万円～24万円	1,080万円～48万円
	不慮の事故 災害障害共済金	360万円～16万円	720万円～32万円
入院したとき（5日以上入院のとき 1日目から最高180日分）	**交通事故** 交通災害入院共済金	（日額）5,000円	（日額）10,000円
	不慮の事故 災害入院共済金	（日額）3,000円	（日額）6,000円
	病気等 病気入院共済金	（日額）1,500円	（日額）3,500円
通院したとき（1日目から最高90日分）	**交通事故** 交通災害通院共済	（日額）1,000円	（日額）2,000円

このほかにも、保障をより充実させたいなら…

▼せいめい共済

終身生命プラン総合タイプ

【掛金例】月払い　（単位：円）

男性			女性
病気等死亡共済金	加入年齢（満）	払込満了年齢（満）	病気等死亡共済金
500万円型			500万円型
9,950	20歳	60歳	9,650
13,400	30歳	60歳	13,000
20,400	40歳	60歳	19,800
28,100	50歳	65歳	27,100
43,750	60歳	70歳	41,700

1-12

かんぽ生命保険が扱っている「かんぽ」って何？

郵便局が民営化され、かんぽ生命保険が発足して10数年が経過しましたが、改めて取り扱う商品を確認しておきましょう。

▼郵便局からかんぽ生命保険へ

郵便局が民営化され、４つの会社に分割されました。郵便局での窓口業務を行う郵便局株式会社のほか、郵便物の配達を行う郵便事業会社、貯金業務を扱うゆうちょ銀行、そして保険事業を行うかんぽ生命保険があります。

保険に関し、民営化以前に郵便局で扱っていた簡易保険は、かんぽ生命保険に引き継がれました。

保険料の支払いや、入院・死亡時の保険金支払いの業務は引き継がれていますが、従前の契約の保障内容の変更などはできないことになっています。

また、民営化以前の保険には、万が一郵便局が保険金を払えなくても政府が保証するという政府保証がありますが、民営化以降は政府保証はありません。

▼何が「簡易」な保険なのか

保険制度は明治時代に導入されたわけですが、当時の民間会社の保険というのは、保険料が非常に高く、庶民が気軽に加入できるものではなかったようです。

そこで、国家が運営する郵便局が、庶民にも「簡易」に加入できるようにと始めたのが簡易保険の始まりです。具体的には、医師の診査がないといった加入時の手続きが「簡易」である分、高額の保険ではなく保険金額を低めに抑えてあります。そして、保険金額が低めということで、保険料も低く抑えており、結果、庶民が「簡易」に加入できるという仕組みになっています。民営化以降も、加入時の医師の診査は不要で、保険金額に制限があります。

! 告知のみで加入できますが、健康な人というのが前提条件です。

図1-12 かんぽ生命の主な保険について

かんぽ生命の主な保険（加入例）

基本契約：定額型終身保険
特　　約：無配当災害特約・無配当総合医療特約（R04）

基本特約の基準保険金額		100万円	100万円	100万円
災害特約の特約基準保険金額		100万円	100万円	100万円
総合医療特約（R04）の特約基準保険金額		100万円	300万円	500万円
基本保障		100万円	100万円	100万円
倍額保障		100万円	100万円	100万円
災害特約	死亡保険金	最高100万円	最高100万円	最高100万円
災害特約	障害保険金	身体障がいの状態に応じて10万円～100万円	身体障がいの状態に応じて10万円～100万円	身体障がいの状態に応じて10万円～100万円
総合医療特約（R04）	入院一時金	20,000円	60,000円	100,000円
総合医療特約（R04）	入院保険金	日額1,000円	日額3,000円	日額5,000円
総合医療特約（R04）	手術保険金	10,000円	30,000円	50,000円
総合医療特約（R04）	放射線治療保険金	10,000円	30,000円	30,000円

1-13 保険料の掛け捨てはやむを得ないの？

保険を見直す上で、最も重要なのが「割り切り」です。つまり、保険は「相互扶助」の制度上、損をする前提なのです。損をする以上、割り切るのがベターです。

一長一短のある生命保険からベストプランを！

生命保険には、終身保険、定期保険、養老保険の3種類がありますが、どの保険も一長一短があり、長所と短所が同居している内容となっています。

掛け捨てでなく、何歳になっても死亡時には保険金がもらえる終身保険を選びたいものですが、でも毎月の保険料が高い…。でも、保険料の安い定期保険は、なんだか掛け捨てでもったいない気がする…。養老保険は、お金が貯まるのはいいけど、毎月の保険料が高すぎるなぁ…。結局、生命保険は、「帯に短し、たすきに長し」なのです。

「終身保険と定期保険と、どちらがいいですか？」と、もしこのような質問を受けたとしても、答えようがないというのが本音のところです。

掛け捨てを極力減らす方法はある

「相互扶助」という仕組み上、掛け捨てで損をすることを割り切らなければなりません。ただし、損を少なく抑えることは可能です。保険の見直しは、いわば、こうした損を最小限に抑える作業とも言えるでしょう。

終身保険か定期保険かといった二者択一的な考え方ではなく、双方の利点を組み合わせて、死亡時の必要なお金が準備でき、残された家族に必要な保障を併せ持ち、なおかつ無理なく毎月支払える、このような理想的な保険プランを作りたいものです。

保険会社の営業担当者に丸投げせず、本書を参考にして、自身に合った保険を自身の手で作っていきましょう。

！「割り切り」「妥協」「妥結」は、保険加入時には必要となります。

図1-13 生命保険は一長一短

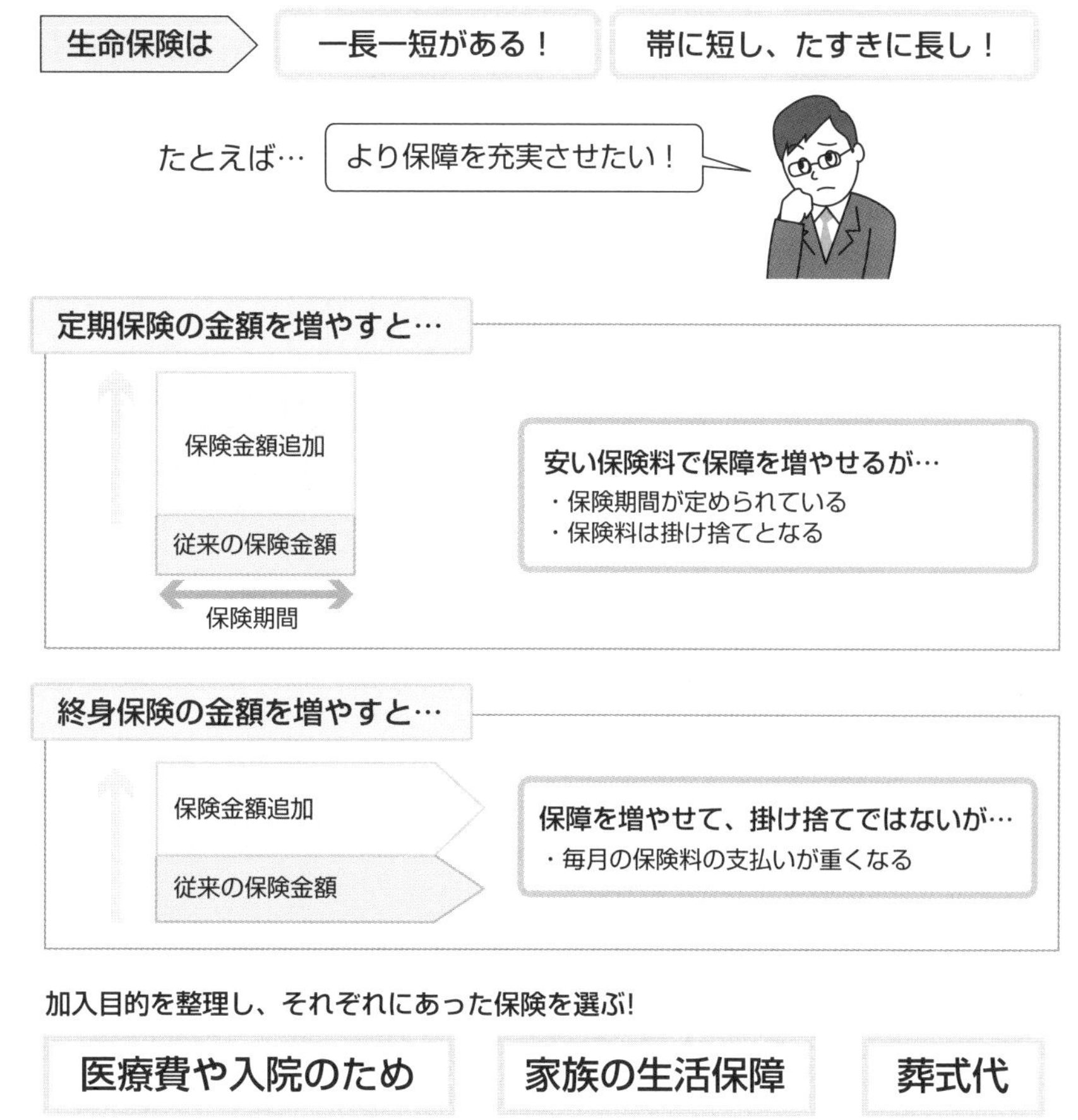

定期保険の解約返戻金は、支払った保険料と比べると、かなり少ないか、ゼロということも。解約返戻金は、保険証券に記載されています。
（詳しくは 199 ページ）

1-14

生命保険金は保険会社に請求しないと支払われない？

生命保険金は、死亡と同時に振り込まれるわけではありません。保険会社に請求しないと支払われません。死亡時には何かと混乱しますので、冷静な対応を願います。

▼自動的に保険金は振り込まれない

生命保険金は、死亡届を役所に提出しても支払われません。保険会社に請求の手続きをする必要があります。

その際には、除籍謄本など、死亡が確認できるものを保険金請求書とともに保険会社に提出します。

死亡後には、葬式をはじめ、何かとバタバタし頭の中も混乱します。ですが、取り急ぎ、電話で被保険者が死亡した旨を連絡し、保険金請求に必要な書類を郵送してもらうようにしましょう。

なお、そんなバタバタしている最中に銀行口座から引き落とされた毎月の保険料などは、ちゃんと後で戻ってきますのでご安心ください。

▼保険証券の保管場所は？

いざというときに、保険証券がどこにあるのかわからないといった話をよく耳にします。また、複数の保険に加入し、いったいどれだけ保険に加入していたのか、それを加入者が生前に遺族に伝えていないといったこともあります。

複数の保険に加入していても、銀行口座からの保険料の引き落としがあり、その銀行通帳を確認すれば、どの保険会社で加入しているのかがわかることもあります。しかし、変額年金保険など一括払いで加入していれば、保険料の引き落としがなく、やはり保険証券で確認するよりほかありません。

保険証券は、どこかにまとめて保管しておくのがいいでしょう。そのうえで、残された遺族にもその保管場所を知らせておいてください。

(!) 保険金の請求期限は、保険法の定めにより３年となっています。

図 1-14 保険金は請求しないと支払われない！

死亡保険や入院給付金請求の際に必要な書類

項目＼必要書類	請求書	保険証券	最終の保険料領収書	印鑑証明		被保険者の住民票	受取人の戸籍抄本	入院（手術・通院）証明書	医師の診断書	事故証明書	備考
				契約者	受取人						
死亡給付金	●	○	○		○	○	○		●	○（災害のみ）	
保険料払込免除	●	○	○						●	○（災害のみ）	
疾病入院給付金 災害入院給付金 成人病入院給付金 女性疾病入院給付金 退院給付金 通院給付金	●	○	○		○	○	○	●	●	○（災害のみ）	
手術給付金 成人病手術給付金 女性疾病手術給付金	●	○	○		○	○	○	●	●		
介護給付金 介護年金 診断給付金	●	○	○		○	○	○		●		
生存給付金	●	○	○		○	○	○				
解約返戻金	●	○	○	○							
復活	●請求書権告知書	○									
契約内容の変更	●請求書権告知書	○	○	○							
保険契約者の変更	●	○		○							
給付金受取人の変更	●	○		○							

「請求書」は保険会社所定のものです。この他、●印のものは保険会社に用紙を請求してください。○印のものでも必要のない場合もありますが、保険証券は必要なケースがほとんどです。
ただ、これらの書類は保険会社に「請求書」などの用紙を請求すれば、どの書類が必要か指示してくれますので、先に集めておく必要はありません。

保険証券は、一か所にまとめて保管しましょう。残された家族が困らないようにと加入した保険なのに、その保険証券の場所がわからないと家族が困ってしまいます。(詳しくは 200 ページ)

1-15

結婚時の「住所や受取人の変更」は面倒でも手続きしておこう

結婚などで姓が変わる場合や、住所の変更などがあった場合、たとえ忙しくて面倒でも、速やかに保険会社に知らせておくようにしましょう。

▼戸籍謄本などが必要となる

保険加入者の住所の変更は、電話一本で対応してくれる保険会社が大半です。住民票などは特に必要ありません。なので、特に面倒ではありません。

しかし、姓の変更は、多少面倒です。姓が変わったことを証明する書類が必要になります。具体的には、「戸籍謄本・抄本」「運転免許証」等で旧姓から現姓に変わったことを証明しなければなりません。

▼保険受取人なども変更しておこう

姓の変更のあるなしに関係なく、結婚時には、保険金の受取人の変更は忘れずにしておきたいもの。

たとえば、結婚後、子どもが生まれるまでに夫が死亡した場合に、その夫が独身時代から加入していた保険で、その受取人を親としていたならば、保険金は親に支払われます。

遺産相続においては、子のいない夫婦の場合は配偶者が三分の二を受け取れる権利がありますが、保険金は遺産ではありません。遺産とは、死亡時点での財産であり、死亡後に支払われる保険金は、「みなし相続財産」という扱いになり、この保険金は指定された受取人に支払われます。

受取人が親のままならば、親に支払われた保険金は、たとえ受け取った親が死亡しても、未亡人には法律上、相続権がありません。

もし、夫婦に子どもがいれば、「代襲相続」といって子どもに相続権がありますが、子どもがいなければ、親の財産はその親の子ども、つまり、亡くなった夫の兄弟姉妹に分配されることになります。

こんなことからも、受取人は速やかに変更しておくことをお勧めします。

! インターネットで各種変更を受け付けしているので活用しましょう。

図1-15 保険金の受取人を変更しておかないと困ることも

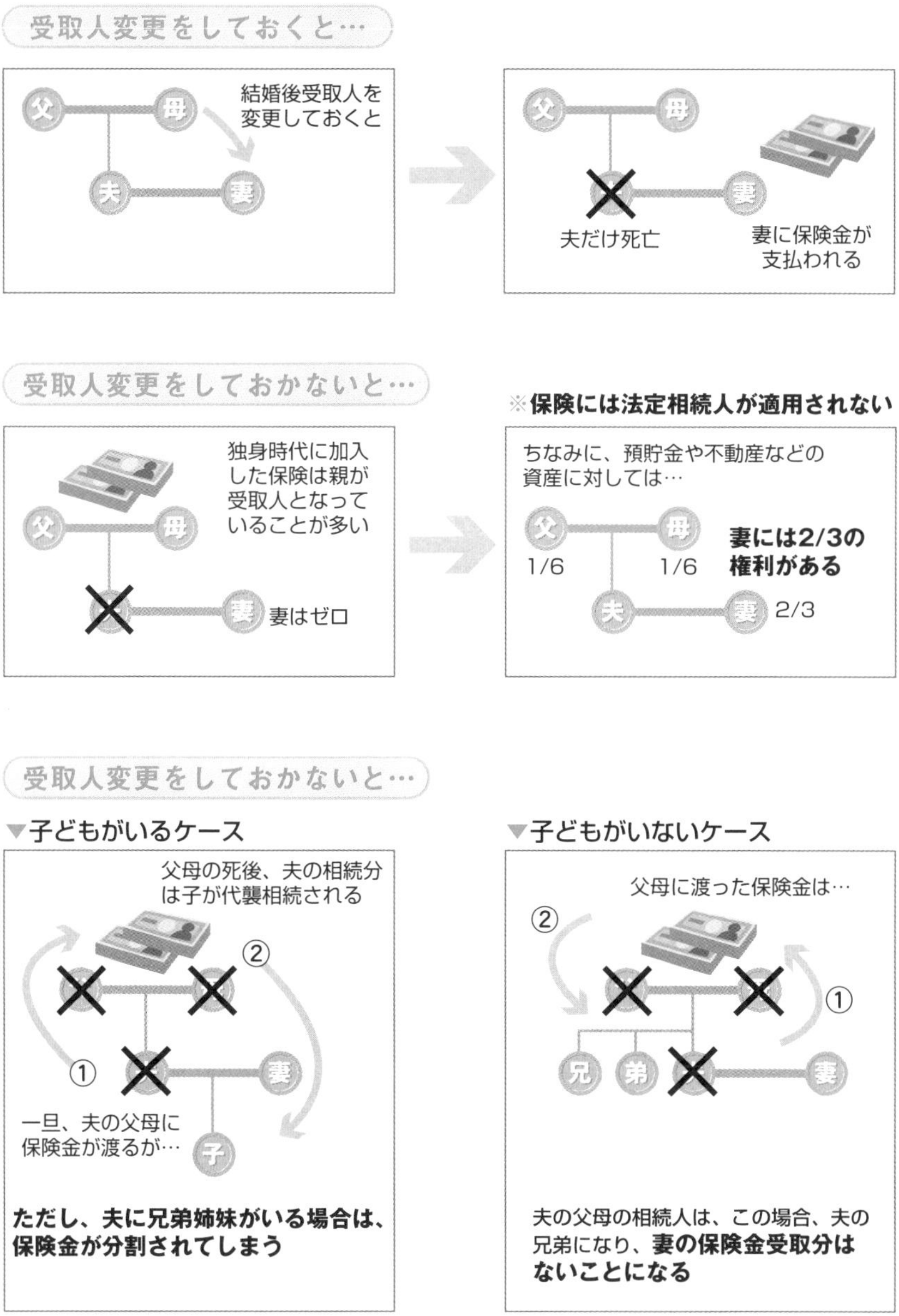
受取人変更をしておくと…
父
母
夫
妻
結婚後受取人を
変更しておくと
父
母
妻
夫だけ死亡
妻に保険金が
支払われる
受取人変更をしておかないと…
独身時代に加入
した保険は親が
受取人となって
いることが多い
父
母
妻
妻はゼロ
※保険には法定相続人が適用されない
ちなみに、預貯金や不動産などの
資産に対しては…
父
母
1/6
1/6
夫
妻
2/3
妻には2/3の
権利がある
受取人変更をしておかないと…
▼子どもがいるケース
父母の死後、夫の相続分
は子が代襲相続される
②
①
妻
子
一旦、夫の父母に
保険金が渡るが…
ただし、夫に兄弟姉妹がいる場合は、
保険金が分割されてしまう
▼子どもがいないケース
父母に渡った保険金は…
②
①
兄
弟
妻
夫の父母の相続人は、この場合、夫の
兄弟になり、妻の保険金受取分は
ないことになる

Column 意外と少ない保険金の支払額

このテーマは、前回の第3版でも書いたことですが、意外と反響が大きかったので、改めて今回の第4版でも書かせていただきます。

「保険会社が、保険金を支払った平均はいくらでしょうか？」

保険に加入されている方の多くは、3,000万円とか5,000万円といった死亡保障のある保険に加入していることだと思います。

なので、保険金はおそらく、平均2,000～3,000万円くらいは支払われているだろうと思っておられる方も多いことでしょう。

しかし、「正解は320万円ほどです」

はぁ？ 320万円？

「そうです、400万円にも満たないんです」

生命保険の動向2022年版（生命保険協会）を見ると、2021年度の死亡保険金支払い件数は111万件、支払われた死亡保険金は3兆5,173億円であり、保険金の1件当たりの支払い金額の平均は、317万円となっています。

世間の多くの人は、多額の死亡保障のある保険に加入していても、実際には死ぬことなく、その保険の有効期限を過ぎても立派に生きているので、保険金は受け取らなかったということです。

ちなみに、入院給付金の支払いは、827万件、7,622億円で、1件当たり9万円となっています。

死亡保険金は、人の命は1回限りであり、受取保険金も1回限りですが、入院給付金は、一人で何度も受け取られる方もおられます。一生涯で一人平均どのくらい受け取ったのかといったデータはありませんので、あくまでも筆者個人の推測ですが、おそらく一生涯一人当たり100万円も受け取らないかと思われます。何度か入院した方であっても、一生涯で平均30～50万円くらいといったところではないでしょうか（あくまでも推測です）。

数字だけで見ると、結構な金額を支払った割には、意外と受け取る金額が少ないというのが保険の現実なのです。いかに、こうした掛け捨てとなる保険料を抑えていけばいいのか、これが保険見直しのポイントとなるのです。

第2章

死亡時の保険について知っておこう その1「定期保険」

定期保険とは、期間の定めのある保険です。ですが、半永久的に保険の効力が継続されると思われている方も多くおられます。しかし、定期保険の保険料は掛け捨てであり、きちんと理解しておかないと、いたずらに保険料をムダにしてしまいます。そこでまずは、定期保険とはいったいどんな保険なのかについて理解を深めていくことにしましょう。

2-1

定期保険は「保険料が掛け捨てになる」生命保険

定期保険は毎月保険料を支払っても、満期時に受け取れるお金のない掛け捨ての保険です。支払った保険料が戻ってこないので損をする気もしますが、利点も多くあるのです。

定期保険は掛け捨ての保険

定期保険は、満期があって返戻金のない保険です。返戻金がない保険とは、払い込んだ保険料が満期を迎えても戻ってこない掛け捨ての保険のことを言います。せっかく支払った保険料が戻ってこないのでは、なんだかもったいないような気もしますが、その分、毎月支払う保険料は安く抑えられています。

ただ、厳密に言うと、定期保険であっても返戻金がゼロではありません。満期時には返戻金はゼロになりますが、保険期間の途中で解約した場合は、わずかながらも解約返戻金があることもあります。

しかし、この金額は、一般的には期待できるほどの金額ではありません。ご自身の保険で、解約時にどの程度の返戻金があるのか、これは保険証券に書いてありますのでご確認ください。

最近の定期保険は返戻金ゼロが多い

最近の定期保険は、「低解約保険」といった解約時の返戻金がゼロというものが多くなっています。従来ならば、たとえわずかでも返戻金があったのですが、これがいつ解約しようが、全くお金は戻ってきません。

顧客側にとっては不利な条件にも思えますが、でも、さらに保険料は下がります。いっそのこと、わずかな返戻金など加入当初から期待していないと割り切っているのであれば、こうした「低解約保険」もいいのではないでしょうか。

たとえ数百円であっても、毎月の出費を抑えたいと考えるのが、保険見直しにおいては重要なことです。したがって、保険料が割安な「低解約保険」はオトクな保険だと言えます。

! 安い保険料で大きな保障を得るには、定期保険は欠かせません。

図2-1 定期保険とはどのようなものか？

▼定期保険

満期時に返戻金は**ゼロ**

ただし…

少ないながらも、途中で解約した場合に**「解約返戻金」**がある

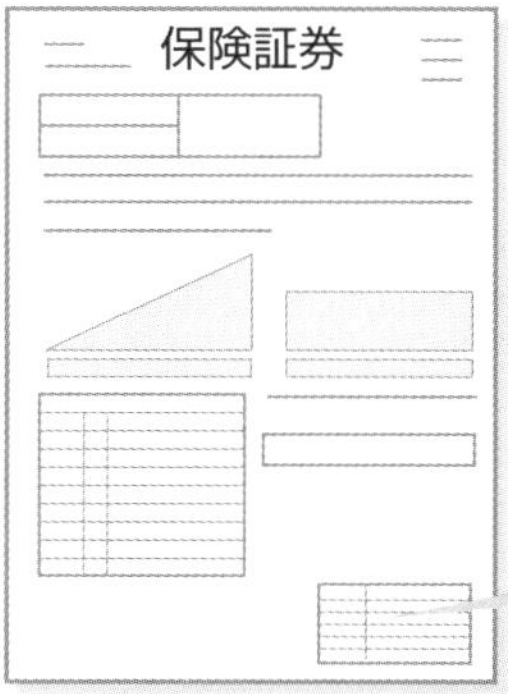

解約返戻金

経過年数	払戻金額
1年	0
2年	0
3年	0
4年	0
5年	0
6年	0
7年	0
8年	6,000
9年	13,000
10年	25,000
11年	23,000
12年	20,000
13年	15,000
14年	9,000
15年	0

このわずかな返戻金はいっそのことゼロでいいので
保険料を安くしてほしい！

このようなニーズから…

- **「無解約返戻金型」**保険が多くなっている
- この「無解約返戻金型」保険は言うまでもなく、
  いつ、どのタイミングで解約しても、
  解約返戻金は**ゼロ**である
- ただし、**保険料は安くなる**

2-2

定期保険だと、毎月支払う保険料が割安になる

保険料が掛け捨てとなる定期保険、保険料は低く抑えられています。子育て中の世帯は何かとお金が必要ですが、安い保険料で遺族が安心できる保障が得られます。

毎月の保険料を比較してみる

定期保険は、満期時に返戻金がありません。これは保険会社の立場からすると、満期時に契約者にお金を支払う必要がないため、そのためのお金を契約者からいただく必要もなく、結果、毎月の保険料が安く抑えられています。

ここで、ある保険会社の定期・終身保険における毎月の保険料を比較してみましょう。

左ページの上の図にあるように、30歳男性が1000万円の死亡保険に加入した際の毎月の保険料の例を比較しています。

終身保険は、保険会社からすると、死亡時に保険金を支払う義務があり、保険料は2万円を超えておりますが、満期返戻金の支払い義務のない定期保険は、その保険料が1800円程度と、その差は歴然としています。

子育て世帯には安い保険料は魅力

特に、子育て中の世帯においては、教育費や日々の生活費など、何かとお金が必要となります。そのため、いくら万が一のための備えとはいえ、保険料ばかりにお金を掛けるわけにはいきません。そうすると、たとえ掛け捨てであっても毎月の保険料を抑えて、かつ遺族が困らないための大きな保障が必要となります。

定期保険はこのように、保険料を抑えたいが大きな保障を得たい、そんな世帯に適した保険です。

! 非喫煙優良体になるために、1年がかりで健康診断に備えましょう。

図2-2 毎月の保険料が割安な定期保険

定期保険の保険料は終身保険と比べ割安

（月額保険料）

定期保険	終身保険
1,883	21,640

上記は、30歳男性、保険金額1,000万円、保険期間30年（終身保険は終身）、払込期間は30年で計算した例

保険会社で保険料は違う

（月額保険料）

A社	B社	C社	D社	E社
2,031	2,440	1,760	1,950	1,812

上記は、30歳男性、保険金額1,000万円、期間30年で計算した例

健康な人ほど保険料は割安

▼標準体、非喫煙優良体、喫煙優良体の保険料

（35歳男性、保険金額1,000万円、払込期間20年）

保険会社	定期保険		
	標準体	非喫煙優良体	喫煙優良体
A社	6,780	5,300	6,280

※優良体…健康診断の結果、異常のない人
※喫煙、非喫煙…タバコを吸わない人は保険料が安くなる

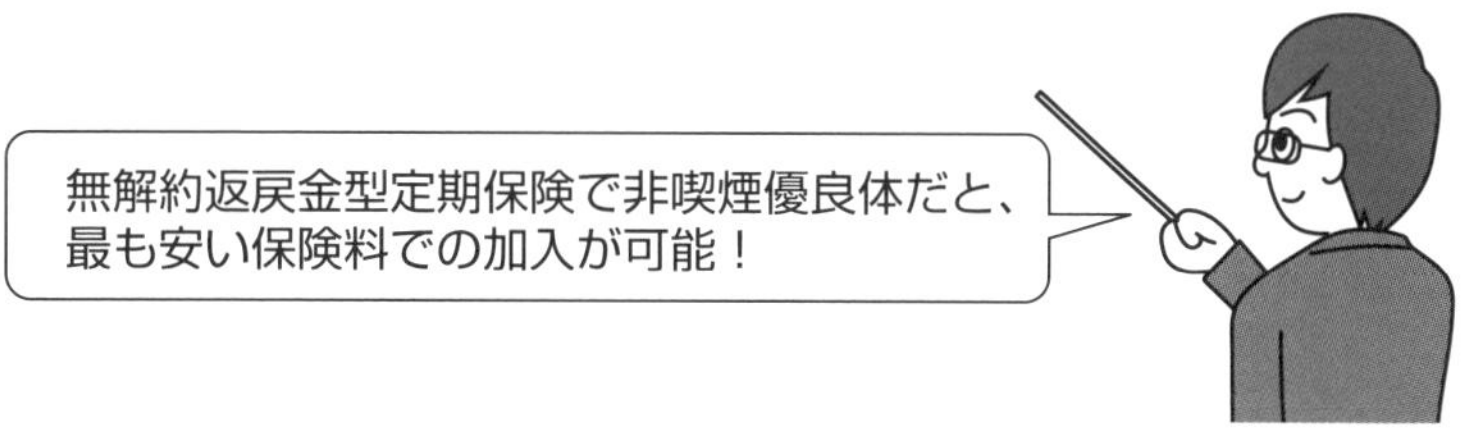
無解約返戻金型定期保険で非喫煙優良体だと、
最も安い保険料での加入が可能！

2-3

定期保険は、通勤定期のように「期限」がある

定期保険の「定期」とは、「期」限が「定」められていると書きます。つまり、最初から期限が定められている保険なのです。あなたの保険の期限はいつなのでしょうか?

▼定期保険は通勤定期だと考えよう

定期保険は、読んで字のごとく期限に定めがあるのですが、どうも半永久的に継続すると思われている方が多くいます。これは、銀行の定期預金が、満期があっても自動的に継続していくことから、同じ金融業である保険もそのようになっていると思われているようです。

確かに、保険においても自動更新というものがありますが、毎月の保険料が高くなるなど、契約者にとっては、「ほったらかし」状態の銀行の定期預金とは違いがあります。

保険の場合は、銀行の定期預金ではなく、電車の通勤定期と同じだと考えましょう。

▼期限到来後には自動改札を通れない

電車の通勤定期は、期限が到来した後は自動改札を通ろうとしてもブザーが鳴って通れません。期限が到来する前に、お金を支払って定期券の更新の手続きをしておく必要があるのは周知の通りです。

ただ、定期券とは違い、保険の場合は自動的に更新されるのですが、その際に保険料が高くなることもあり、満期の際は保険を見直すいい機会ともなります。

まずは、ご自身の加入の生命保険はいつ頃満期が到来するのか、保険証券に記載されていますのでご確認ください。

! 期限到来前には、保険会社から郵送で通知があるのでチェックを。

図2-3 定期保険の「期限」について

定期保険 → **期**限が**定**められている保険。主に5年刻みの保険が多い

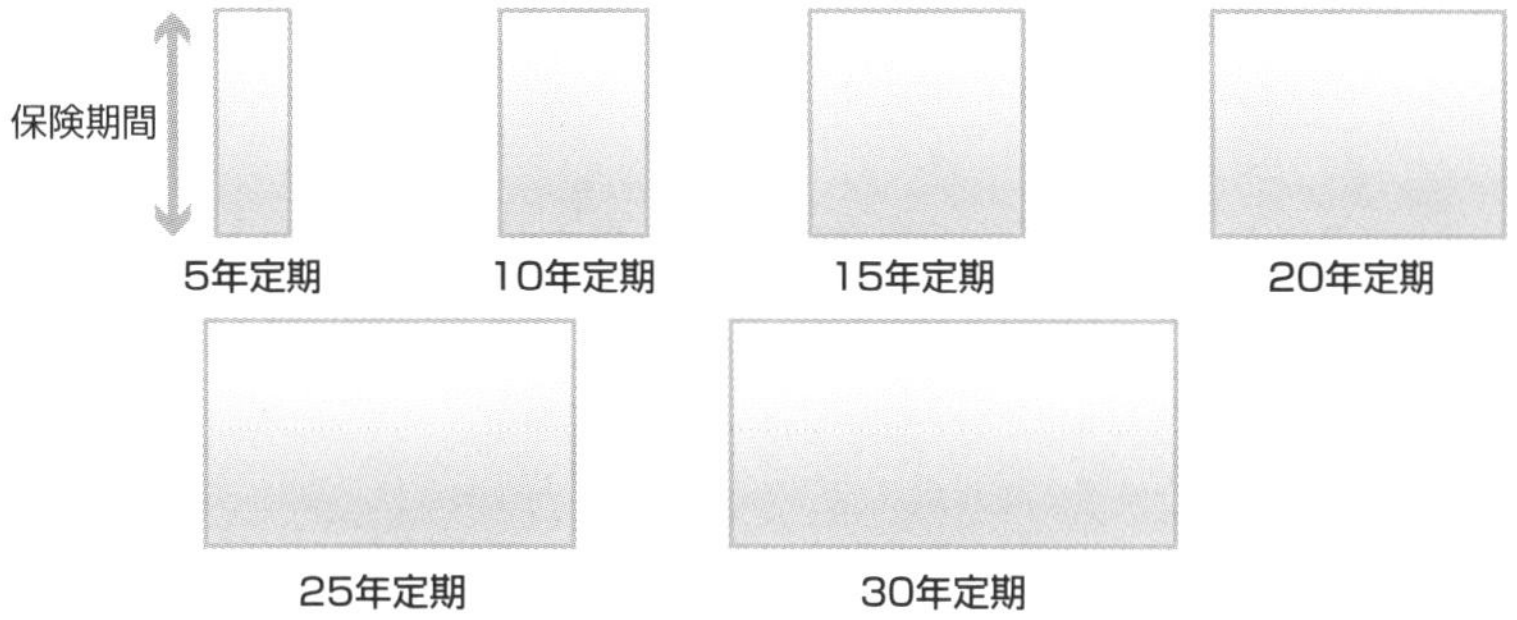

▼30歳男性の毎月保険料（保険金額1,000万円）

	10年	20年	30年
A社	974	1,500	1,883
B社	1,068	1,419	2,031

また、**「歳満了」**というものもある

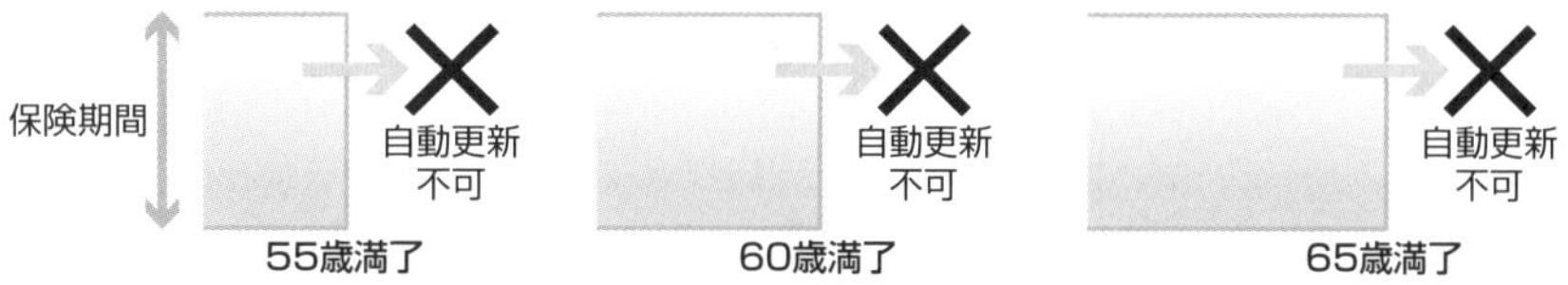

この「歳満了」の場合は **自動更新されない!!**

生命保険会社からのハガキなどは、必ずチェックするようにしましょう。単なる営業の案内だけのこともありますが、時には、保険が失効するといった重要な連絡もありますので。(詳しくは 200 ページ)

2-4

期限になった時の「自動更新」って何？

定期保険はその期限が到来しても、加入時のごとく、医師の診査や書類への署名捺印などの必要はありません。自動的に更新されます。ただし、保険料は上がります。

▼保険加入時が健康であればよい

加入時の年齢や保険金額によって医師の診査は不要のこともありますが、通常、保険加入時には医師の診査が必要となります。

30歳の男性ならば、保険会社によって差はあるものの、保険金額が１５００万円以上の保険に加入するのであれば、医師の診査、もしくは健康診断の結果表が必要となります。

健康診断結果表は、会社などでの年1度の健康診断を受診し、送られてくる結果表さえあれば、わざわざ医師の診査を受ける必要はありません。

保険は、当初の加入時が健康であれば、加入後に病気やケガが原因で重い病に侵されても問題ありません。保険期間中はその効力を維持し続けます。

▼自動更新は毎月支払う保険料が上がる

定期保険は期限の定めがあります。満期を迎えると、保険の有効期限が切れることになりますが、保険は自動的に更新されるようになっています。自動的にということなので、医師の診査なども不要です。

顧客側にとっては便利な反面、保険を見直す機会を逸することにもなります。また、この更新時に最も注意したいのが、支払う保険料が上がることです。

たとえば10年定期保険の場合、30歳で加入すれば40歳時に更新となります。30歳時の保険料と40歳時の保険料では、年齢とともに死亡率の高くなる40歳時のほうが、保険料は高くなることからも、更新時に保険料は上がる仕組みとなっています。

ⓘ保障額は自動的に更新しますが、保険料はそのままではありません。

図2-4 定期保険の自動更新について

保険の自動更新とは？

当初加入した期間と同じだけ、期間が自動的に更新される

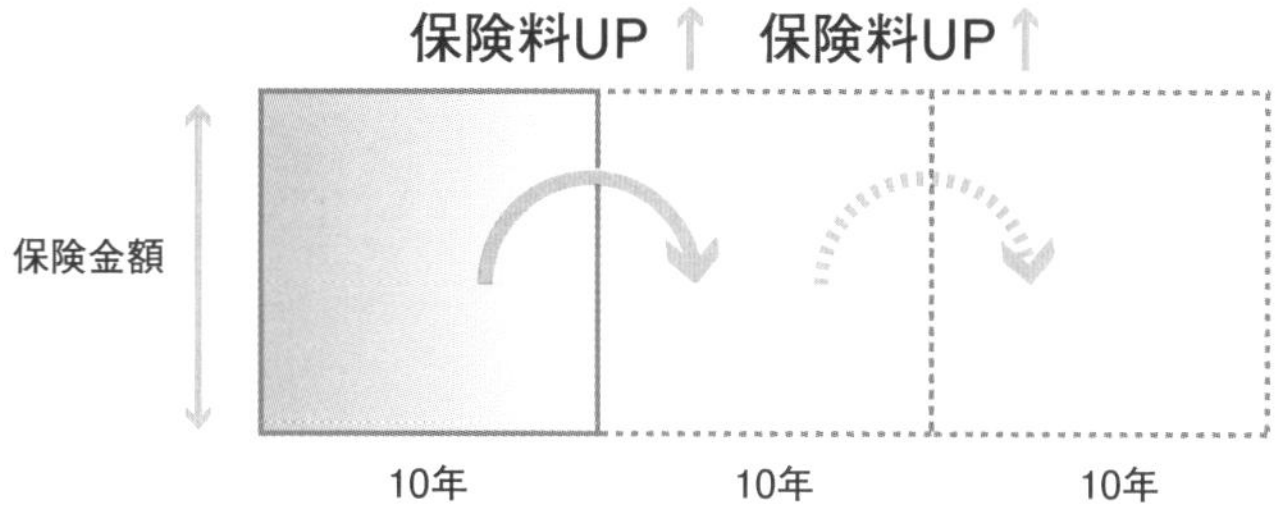

ただし、更新時に保険料は上がる

ある保険会社の毎月保険料（60歳まで加入）

（男性、保険金額1,000万円）

	10年定期	15年定期	30年定期
30歳	974　1.9倍	1,317　2.7倍	1,883
35歳			
40歳	1,823　2.1倍		
45歳		3,548	
50歳	3,933		
55歳			
支払総額	807,600	875,700	677,880
月平均額	2,243	2,432	1,883

平均すれば、小刻みに更新するよりも、30年定期がお得です。ただし、20～30代には、少しでも出費を抑えたいことも。ライフプランとのバランスを考慮しましょう。（詳しくは200ページ）

保障額が徐々に減っていく「逓減定期保険」って何？

受け取る保険金が年々減っていく定期保険があります。逓減定期保険と言い、「逓減」とは、「だんだん減っていく」という意味です。しかし、保障が減るのは不安という声も。

保障額が減っても実は生活にマッチしている？

逓減定期保険とは、わかりやすく言うと「受け取る保険金が年々減っていき、かつ、期限がある掛け捨ての保険」です。通常の定期保険と違い、「受け取る金額＝保障額」が減っていくので、不安に思われる人が多くいます。

仮に、30歳で保険に加入する場合、子どもが成人するまでの20数年分の生活費や教育費を保険で用意する必要があります。しかし、40歳で加入するならば、子どもが成人するまでの10数年分を保険で用意すればよく、40歳までの10年分は消化されていることになります。こうして、年々保障額が減ったとしても、実は生活にマッチした、合理的な保険とも言えるのです。

保障額が減るだけでなく保険料も減ることに！

年々保障額が下がるということは、当然ながら保険料も低く抑えられます。ただし、保障額が年々下がると同時に、保険料が年々下がるわけではありません。保険料が数年ごとに減っていくという逓減保険もありますが、一般的には、加入時から年々下がっていく保障額も考慮して計算された保険料を、保険期間中支払っていくことになります。

保険を合理的に、かつ、保険料を抑えた見直しを希望するならば、この保険金が逓減する定期保険は、魅力的な存在となるでしょう。

! 「逓」という字は、しだいに、だんだん、といった意味があります。

図2-5 逓減定期保険の仕組みについて

▼逓減定期保険とは

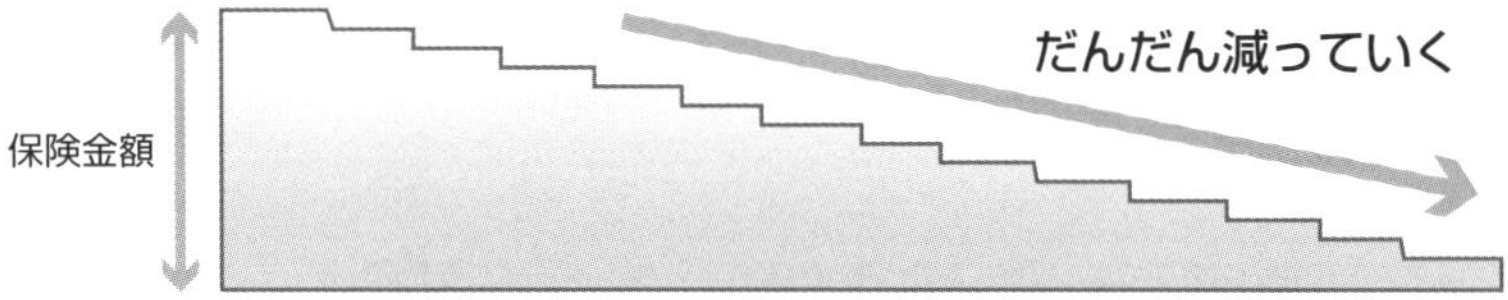

逓減定期保険には様々なパターンがある

最初が長いパターン

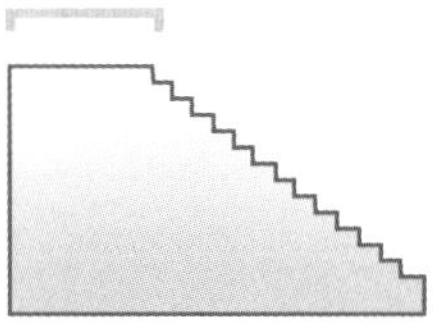

保険加入当初に大きめの保障を持っておきたい場合

（例）
子どもが小学生の間は保障を大きめにしておきたい

最初と最後に一定の保険期間があるパターン

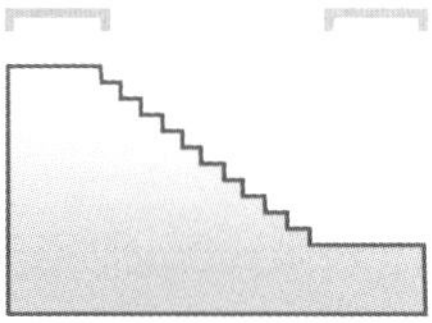

保険加入当初と、終了前の一定期間、保障を維持したい場合

（例）
子どもが中学3年間の分と、定年後、年金をもらうまで保障を維持したい

最後が長いパターン

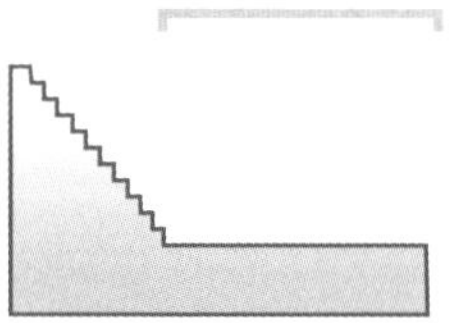

保険加入後の保障はすぐに減ってもいいが、終了前を長く維持したい場合

（例）
定年後、年金をもらうまでの5〜10年、保障を維持したい

▼保険料を安く抑えられる逓減定期保険

通常の定期保険は保険期間中、一定の保険金額が保障されています。しかし、必要とする保障金額は年々減っていくものです。

通常の定期保険に比べて、
ココの保障部分をカットすることで合理的な保険となっています。

2-6

分割で保険金を受け取る「収入保障型の保険」って何？

収入保障型の保険は、保険金が一括ではなく、毎月、もしくは毎年、分割して受け取ることができます。将来にわたり、安定して保険金を受け取ることができるのです。

▼一括で保険金を受け取ると困ることがある

収入保障型の保険とは、毎月毎月、加入時に決めた金額を、保険期限内に受け取ることができる保険です。

保険といえば、死亡時に３０００万円や５０００万円といった大金を受け取るイメージですが、そうではなく、毎月10万円や15万円といった金額を、少しずつ長きにわたって受け取っていくというものです。

遺族にすると、いきなり大金を受け取っても、貯金しておく以外にどう運用すればいいのかわからないということがあります。なので、分割で受け取るほうが望ましいという人が多くいます。

ちなみに、この分割で保険金をもらう保険は、逓減定期保険から派生した商品です。

▼安定して収入が確保でき遺族に安心感も

たとえば、子どもの幼少期に夫が亡くなった場合、妻は10～20年にわたる生活を支えていく必要があります。ここで、公的年金である遺族年金とは別に、毎月10万円といった金額を保険金として受け取ることができれば、将来にわたり安定した収入を得られ、生活に希望を持てるといった安心感があるでしょう。

ただし、遺族の収入次第では、この分割して受け取る保険金に税金がかかってしまうことがあります。

また、希望すれば一括して保険金を受け取ることはできますが、この場合、分割で受け取る場合と比べ、保険金額が減額されます。

このような税金負担の可能性と、一括での受け取り時に保険金額が減額されるデメリットがあります。

(!) 収入保障型の保険金は、所得税がかかることもあるので注意を。

図2-6 収入保障型の保険の仕組みについて

▼収入保障型の保険とは…

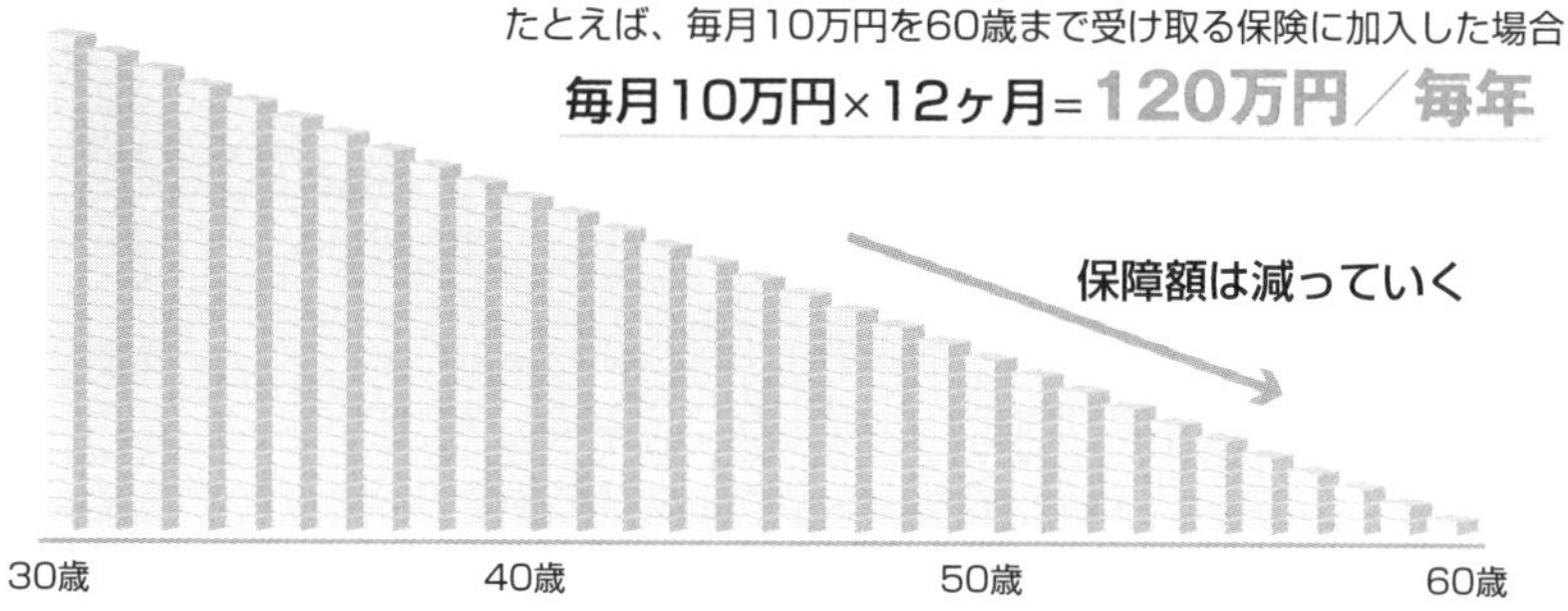
たとえば、毎月10万円を60歳まで受け取る保険に加入した場合
毎月10万円×12ヶ月＝120万円／毎年
保障額は減っていく
30歳
40歳
50歳
60歳

30歳時に死亡した場合
毎月10万円×12ヶ月×30年間＝総額3,600万円

40歳時に死亡した場合
毎月10万円×12ヶ月×20年間＝総額2,400万円

▼保険料には保険会社によって差がある

（毎月保険料）

A社	
標準体	非喫煙優良体
2,670	1,830

（例）30歳男性　毎月10万円60歳までで計算

収入保障型の保険は、分割で受け取るほうが、将来、収入面において安定した生活の見通しが立てられます。
しかし、時と場合によっては、一括が良いケースも。
（詳しくは 201 ページ）

2-7

定期保険のメリット・デメリットと「必要保障」について

掛け捨てで損をするイメージがある定期保険ですが、掛け捨てである分、毎月支払う保険料は低く抑えられています。こうしたメリット・デメリットを整理しておきましょう。

メリットは保険料の安さ、デメリットは掛け捨て

定期保険のメリットは、やはり保険料の安さです。30歳男性で、60歳まで・保険金額が1000万円ならば、月々2000円程度です。終身保険ならば2万円程度ですので、保険料は10分の1程度で済みます。

しかし、支払った保険料は、健康で満期を迎えたならば掛け捨てとなります。これが定期保険のデメリットです。たとえ月々2000円であっても、それを30年間支払うと、約70万円もの金額が掛け捨てとなります。万一があれば1000万円の保険金ですが、何もなければ70万円の掛け捨てとなることからも、生命保険を検討する上で、なんだかもどかしい気持ちにさせられます。

子育て世代なら必要保障を見直そう

こうなると、定期保険では、いかに掛け捨てする金額を最小限に抑えるか、これが保険を検討する上での大きなポイントになります。ムリ・ムラ・ムダのないような、贅肉をそぎ落としたスリムな保険を理想とするならば、保障額が年々減っていく逓減定期保険を検討するのも1つの手でしょう。

また、掛け捨てであるとか逓減であるとか以前に、たとえばMサイズの体型なのにOサイズの服を着ているといった、不必要な保障の保険に加入していないかなども見直し対象となります。

特に子育て世代であれば、とにかく保険よりも教育費にお金を充てるために、保険の整理をしておきましょう。

! 小さな保険料で大きな保障というのが定期保険の特徴です。

図2-7 本当に必要な保障は？

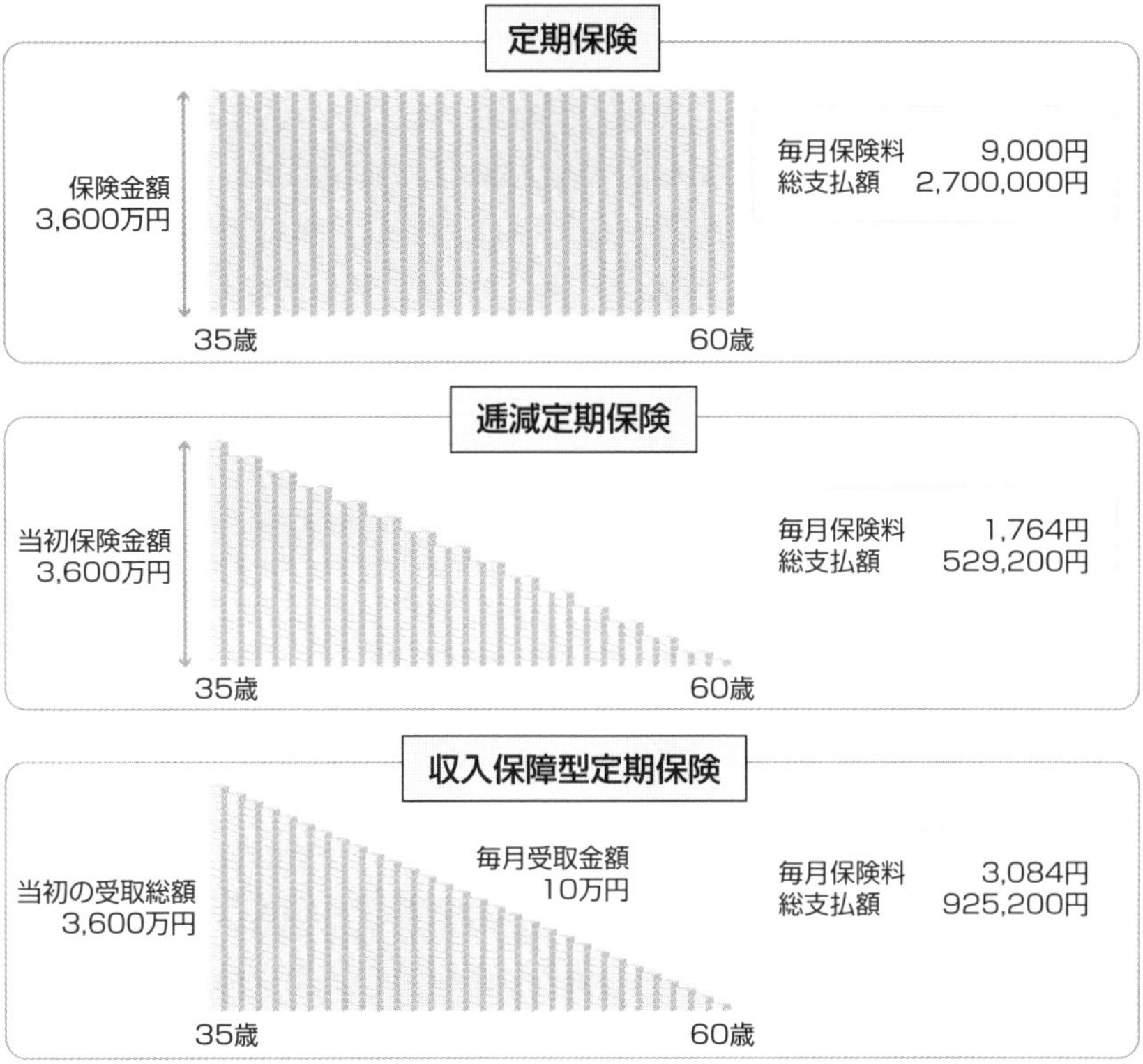
定期保険
保険金額
3,600万円
35歳
60歳
毎月保険料　9,000円
総支払額　2,700,000円
逓減定期保険
当初保険金額
3,600万円
35歳
60歳
毎月保険料　1,764円
総支払額　529,200円
収入保障型定期保険
当初の受取総額
3,600万円
毎月受取金額
10万円
35歳
60歳
毎月保険料　3,084円
総支払額　925,200円

※非喫煙優良体で試算

保険にムリ、ムラ、ムダがないか？
体型が
Mサイズなのに…
Oサイズの服を
着ていないか？
保険料よりも、日々の生活費や教育費などを
優先するように保険を見直してみよう！

Column

生命保険に県民性はある？

社団法人生命保険協会が発表している生命保険の動向2022年度版には、2021年度末、個人保険の都道府県別新契約状況が掲載されています。

これによると、死亡保険や医療保険といった個人保険の1世帯当たりの保険金額は、全国平均で1,385万円となっています。

では、全国でその平均金額が最も高い都道府県はどこでしょう？

正解は福井県で、その金額は2,178万円、断トツの首位です。

2位は富山県の1,927万円、以下、石川県1,680万円、鳥取県1,660万円と続きます。

なぜ、福井県や富山県といった北陸の加入金額が高いのかはわかりませんが、全国平均を300～800万円も上回っています。

逆に、平均金額が低い都道府県はというと、1位：沖縄県847万円、2位：北海道953万円となっています。3位:宮崎県1,077万円、4位:鹿児島県1,109万円、5位:青森県1,188万円と続きます。

調査する年度によって加入金額の増減もあるでしょうが、景気の低迷による雇用状況の厳しさなど、都市と地方の所得格差といった問題があるのかもしれません。

また、このデータからは不思議というべきか、おもしろい結果が読み取れます。

東京都の平均は1,524万円ながら、周辺県の神奈川県1,278万円、埼玉県1,286万円、千葉県1,290万円と全国平均以下です。

大阪府の平均は1,418万円と全国平均並みですが、周辺の奈良県1,373万円、京都府1,321万円、兵庫県1,327万円と、関西は全国平均に近い数字となっています。

北陸3県の保険加入金額が高く、また、都市と地方の金額格差、あるいは都市部と周辺部の金額格差など、生命保険を通じて、いろんな県民性を分析するのもおもしろいかもしれません。

第3章

死亡時の保険について知っておこう その2「終身保険」

生命保険に加入している人のほとんどが、終身保険に加入しています。「いつ死んでも、とにかく死んだら保険金がもらえる」のが終身保険の特徴なのですが、問題は、その「もらえる金額」にあります。なぜなら、意外に少ない金額しかもらえないといったことが多くあるからです。ここでは、その終身保険についての理解を深めていくことにしましょう。

終身保険は「死亡時に保険金が支払われる」生命保険

終身保険とは、生涯を終えるまで保険が有効な保険です。人間は不死身な生き物ではない以上、死期がおとずれます。その死亡時には保険金が支払われます。

▼保険会社は保険金を支払う義務がある

終身保険は、死亡時に保険金が支払われます。つまり、保険加入の契約をすれば、保険会社はいずれ保険金を支払う義務を負うことになります。

保険に加入する立場からすれば、人間は必ず死期を迎えることからも、「保険加入＝いずれ保険金が受け取れる」ことになり、金銭勘定を計算した場合はオトクな気もしますが、保険金を支払う立場の保険会社からすると、「保険加入＝いずれ保険金を支払う」ことからも、その分、保険料は高く設定されることになります。

第2章でも触れましたが、30歳男性で保険金額１０００万円、払込期間30年とすると、月々の保険料は2万円ほどで、定期保険の２０００円に比べると約10倍となります。

▼終身保険は死後整理資金に向いている

終身保険は、死亡時に保険金が支払われる反面、保険料は高く設定されています。このことからも、子育てにお金のかかる世代には、その高めの保険料は重い負担となります。つまり、この子育て中の保険は定期保険に任せて、葬式代などの死後の整理資金に終身保険は向いていると言えます。

30代であっても、50代であっても、80代であっても、規模の大小はあれ、葬式や墓石や仏壇の購入など、死後に何かとお金がかかります。いつ何時の死亡にも対応してくれるのは、有効期限のない終身保険が適当だと言えるでしょう。

このように、死後の整理資金にはきちんと対応しておきたいものです。

！葬儀費用は、葬儀一式、飲食代、返礼品で平均１００～１５０万円。

図3-1 終身保険の仕組みについて

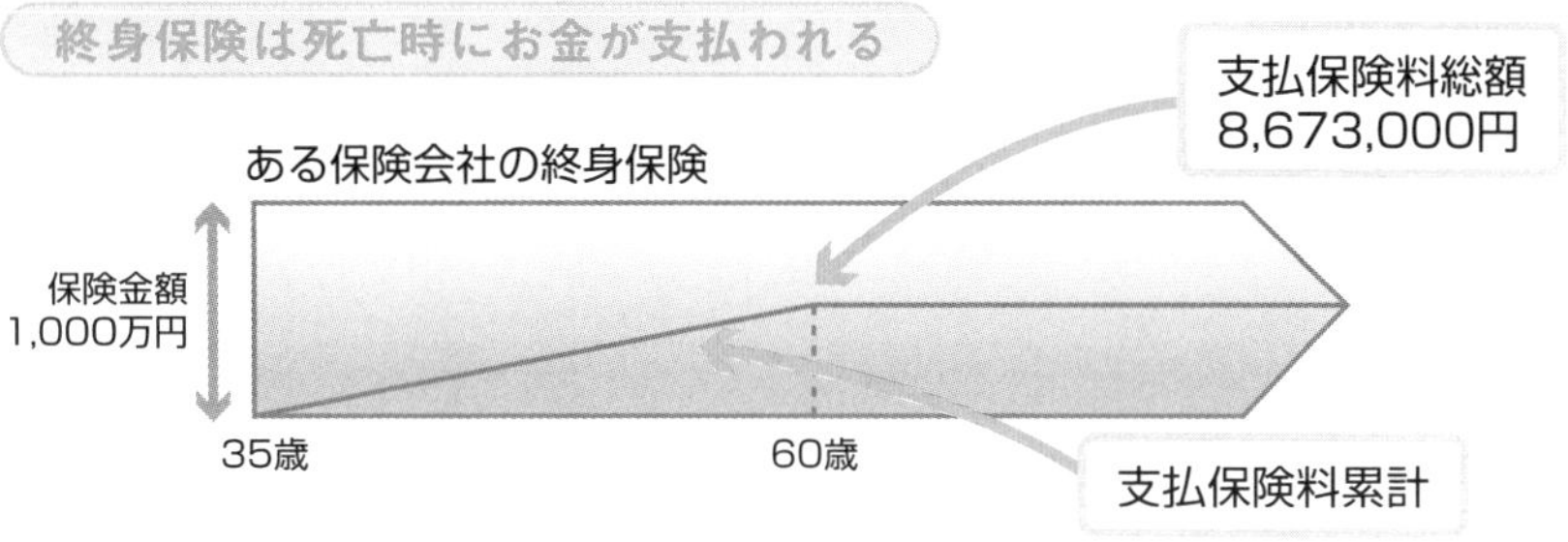
終身保険は死亡時にお金が支払われる
支払保険料総額
8,673,000円
ある保険会社の終身保険
保険金額
1,000万円
35歳
60歳
支払保険料累計

毎月保険料28,910円
28,910×12ヶ月×25年＝8,673,000円

保険会社からすると、**「保険加入＝保険金支払義務の発生」**
保険加入者からすれば…、
60歳までに**8,673,000円**を支払えば、
その後の支払いはなくとも**10,000,000円**受け取れることに!!
（終身保険に加入し、60歳払込とした場合）

健康状態や喫煙の有無によって保険料に差がある!!

低解約返戻金終身保険の例

ある保険会社の保険料

低解約返戻金終身保険		
標準体	非喫煙者標準体	非喫煙者優良体
25,630	25,470	25,300

（30歳男性、保険金額1,000万円、払込期間60歳まで）

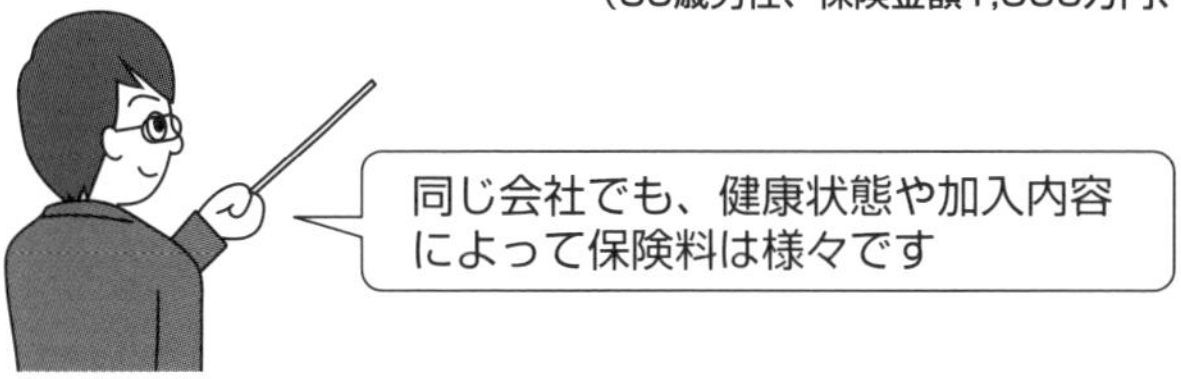
同じ会社でも、健康状態や加入内容
によって保険料は様々です

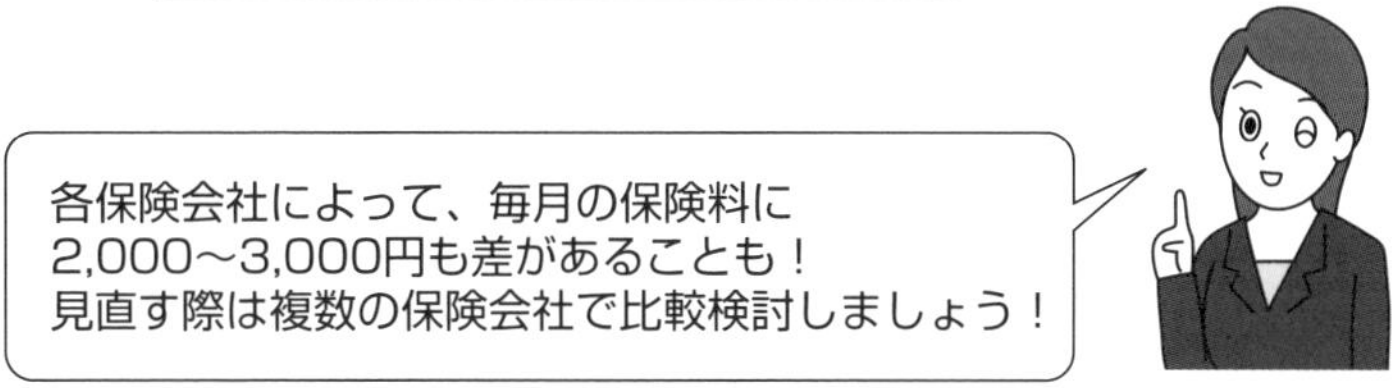
各保険会社によって、毎月の保険料に
2,000～3,000円も差があることも！
見直す際は複数の保険会社で比較検討しましょう！

3-2

終身保険には満期が無いけどお金は貯まる

終身保険は掛け捨てではありません。死亡時に保険金が支払われるほか、途中で解約しても解約返戻金があります。その額は、保険金額の7割になることも。

▼返戻金が期待できる終身保険

終身保険は、解約してもお金が戻ってきます。ただし、それまでに支払った保険料すべてが戻ってくるわけではありませんが、年数が経過すればするほどその返戻率が上昇し、保険金額の約7割に達することもあります。つまり、３００万円の終身保険に加入すれば、解約しても２００万円以上の返戻金が得られることもあります。

死後の整理資金用にと加入した終身保険であっても、保険加入期間中に治療費で高額の費用がかかる場合とか、老後の生活費が困窮するなどの場合に、死後のお金うんぬんよりも、今生きるためのお金が必要となる場合もあります。終身保険を解約、もしくは、この貯まっているお金を利用してお金を借りる契約者貸付を利用することもできるのです。

▼保険会社からお金を借りる「契約者貸付」も利用可能！

契約者貸付とは、終身保険や養老保険・年金保険といった貯蓄性の高い保険において、貯まっている解約返戻金などを担保にお金を借りるものです。いわば、自身で貯めたお金を、金利を支払って借りることになるのですが、保険本来の持つ保障機能を残したまま、当座の資金を調達できることからも便利な制度と言えます。

ただし、この契約者貸付を利用し、返済されなかった分に関しては、死亡保険金と相殺されますのでご注意ください。

(!) 契約者貸付の金利は年２～５％ほどです（保険会社によって差あり）。

図3-2 解約返戻金と契約者貸付について

終身保険には解約返戻金がある

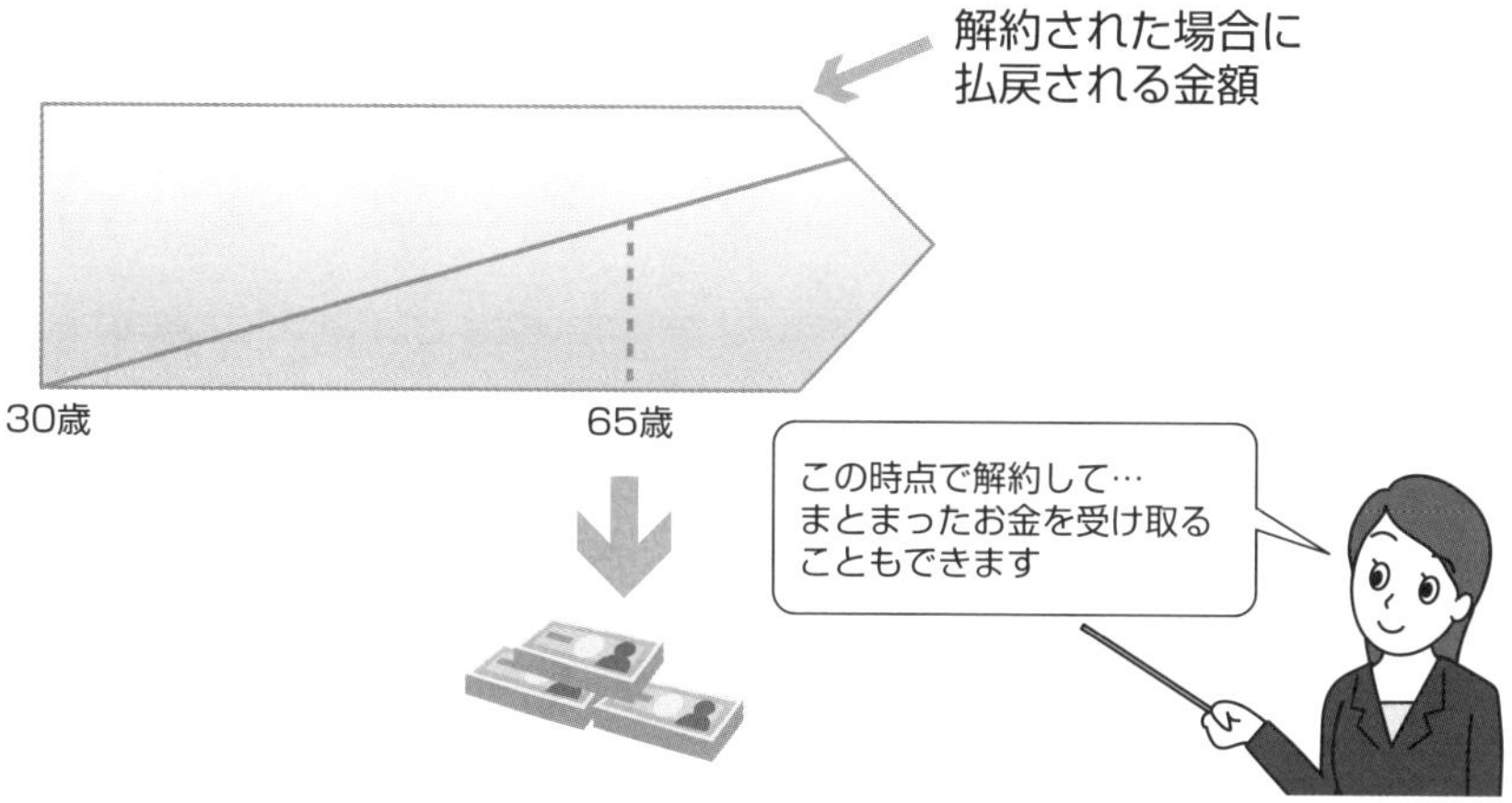
解約された場合に
払戻される金額
30歳
65歳
この時点で解約して…
まとまったお金を受け取る
こともできます

ただし…
死亡時に受け取れる保険金はなくなってしまいます！

▼契約者貸付とは？

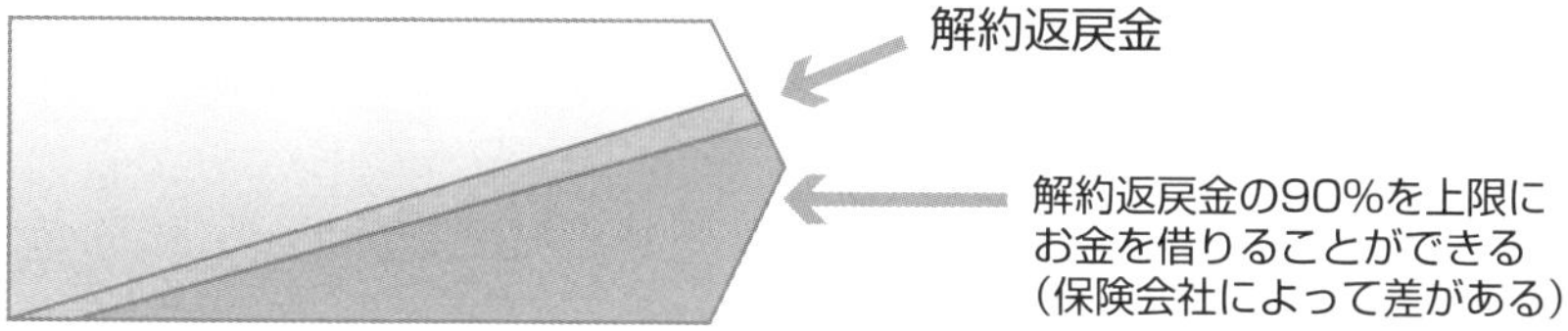
解約返戻金
解約返戻金の90%を上限に
お金を借りることができる
（保険会社によって差がある）

返済期限はなく、いわば「ある時払い」が可能。
しかし、死亡時には、保険金額から差し引かれる

（例）保険金額1,000万円で契約貸付金を200万円利用した場合
1,000万円－（200万円＋利息）＝約800万円←死亡時の受取金額

終身保険には「5年ごと利差配当」と「無配当」のタイプがある

かつてのバブル期の生命保険と言えば、配当が支払われていたこともありました。こうした配当の支払われる保険と、そうでない保険とがありますが、その違いは？

▼運用成績次第で支払われる配当

生命保険会社は、顧客から徴収する保険料を将来の保険金支払いに備えるのですが、支払いまでの間、保険料を国債や株式などの市場で運用し利益を上げています。よく、ニュースなどで「機関投資家」という言葉を耳にされるかと思いますが、この「機関投資家」には、生命保険会社が含まれます。

保険加入者が支払った保険料を、保険会社が株式市場や国債市場などで資金を運用して得られる見込みの利率が「予定利率」です。ただ、現在は0〜1％程度と、低金利となっています。

今後、国債市場などの金利が上昇して運用益も拡大し、予定利率を上回るような収益があれば、その一部が「配当」として保険加入者に還元されます。

▼5年ごと利差配当は、無配当より保険料が高い

終身保険には、「5年ごと利差配当終身保険（利差配）」と「無配当保険」があります。

5年ごと利差配当終身保険は、株式市場などで得られた「予定利率」を大きく上回る利益を得た場合、5年ごとに配当として加入者に還元します。ただ、昨今のように株式市場が低迷している状況では、大きな配当は期待できないかもしれません。

一方、無配当保険とは、こうして保険会社が運用益をたくさん計上しても、加入者には還元されません。加入者には損な話ですが、その分、毎月の保険料は低く設定されています。配当などあてにしていない人には、無配当保険がいいでしょう。

！「利差配当付」か「無配当」かは、保険証券に記載されています。

図3-3 利差配当と無配当について

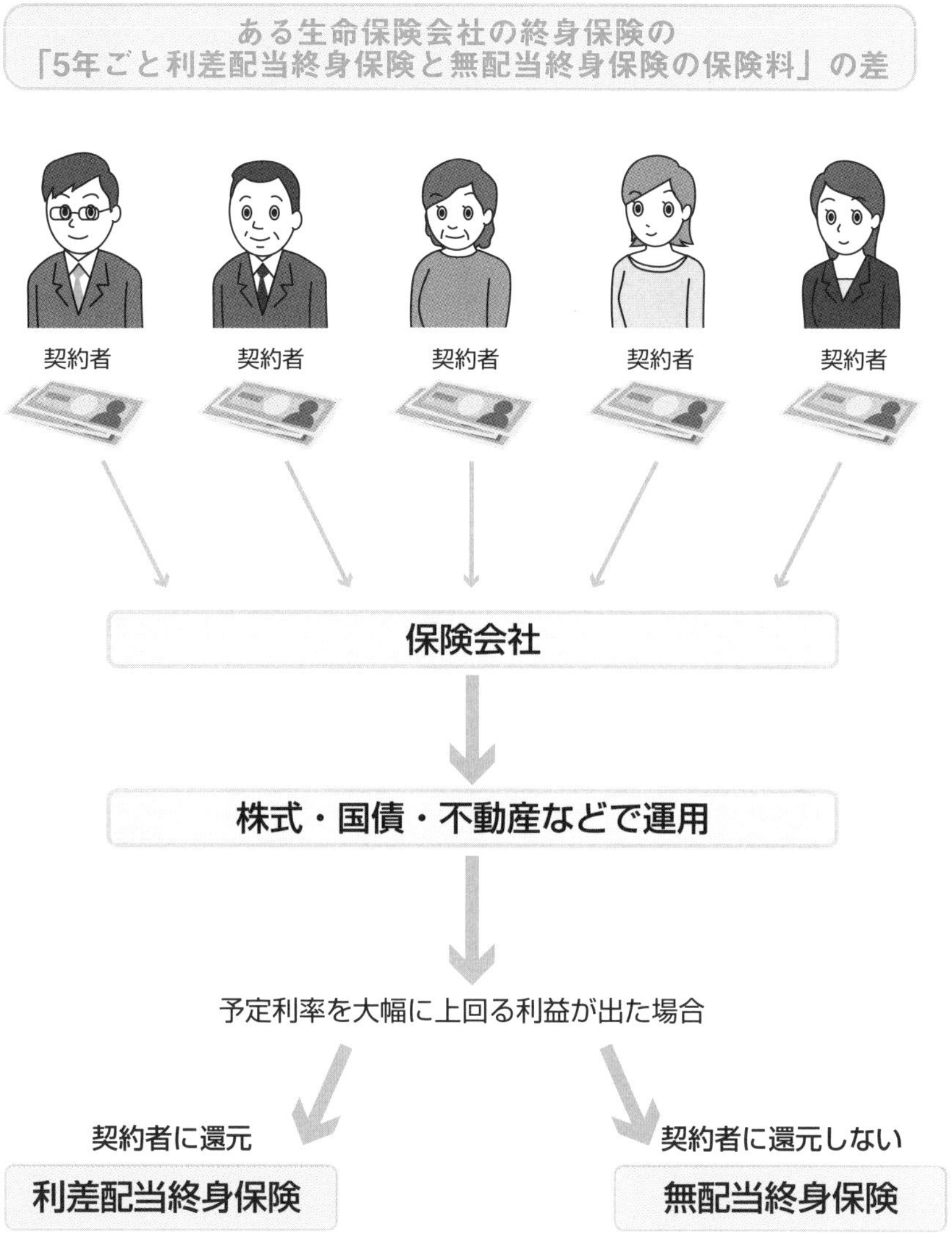

3-4

終身保険は老後の資金準備も兼ねている

終身保険は掛け捨てではなく、年数を重ねれば解約返戻金も期待できます。公的年金制度の不安もささやかれる昨今においては、老後資金の確保も重要です。

支払期間を支払い能力に応じて選べる

終身保険は、その支払期間を選べます。本書では、30歳男性が30年間、つまり60歳に払い終わる例をあげておりますが、実際には、終身払いという、死亡時まで毎月支払う終身保険もあるほか、逆に10年といった短い期間で支払いを終えてしまうことも可能です。

支払い期間が長ければ、それだけ毎月支払う金額は少なく済みますが、逆に支払期間が短いと、毎月の負担も重くなります。

支払期間が短いと総支払額は少なく済み、得な感じがしますが、得なことはわかっていても毎月の支払は少なくしてほしいという人もいて、どちらがいいのか、一概には言えません。それぞれのライフプランに応じて考えていく必要があるのです。

「老後に不安感あり」が85％も！

身が終わるまでの終身保険ですが、死後の整理資金を確保する保険本来の機能を有しながら、かつ、その貯蓄機能をもって、老後の資金に転用することが可能です。

左ページの図のように、老後に不安を持つ人が多くいます。死後の整理資金も大切ですが、もし、この貯蓄機能を有する終身保険を維持するがために、老後に資金面で困窮した生活を送るとしたら、それは本末転倒です。

死後のことより、終身保険を解約するほか、契約者貸付などを利用することで、まず老後の日々の生活に希望を持たせるように準備しておきましょう。

! 保障と貯蓄を備えた老後対策ができるのが、生命保険の利点です。

図3-4 老後の不安と終身保険

ある生命保険会社の終身保険で払込期間による保険料の差

（30歳男性、保険金1,000万円、無配当終身保険（低解約払戻金型））

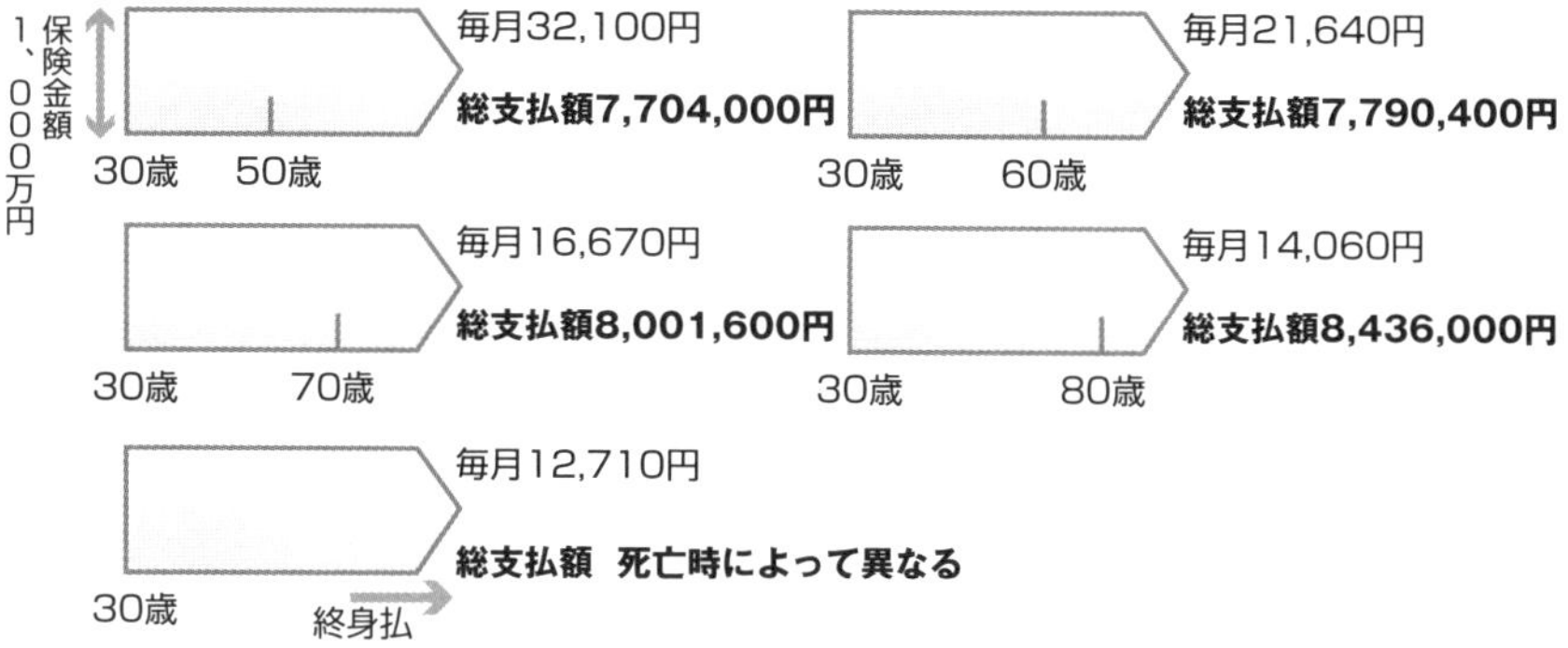

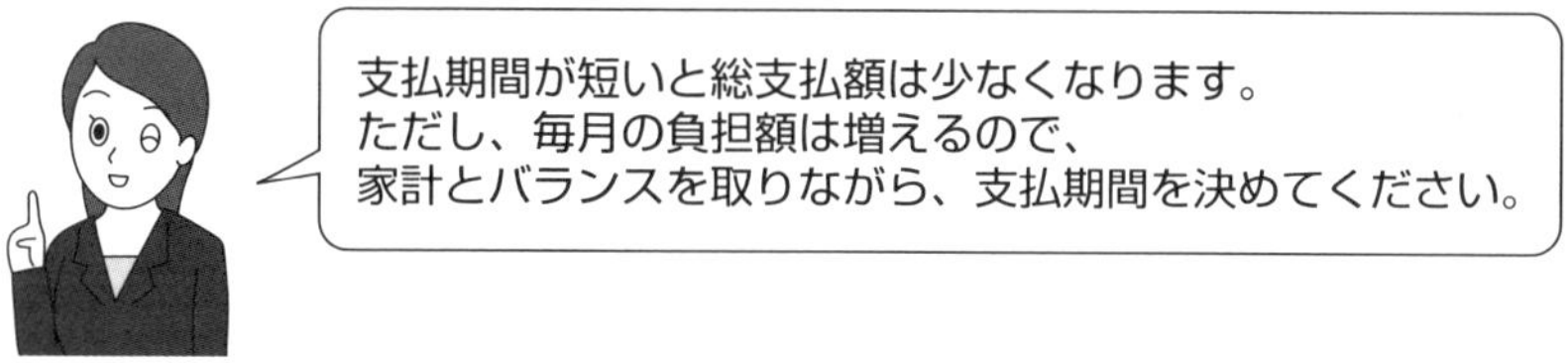

▼老後生活に対する不安の有無・不安の内容

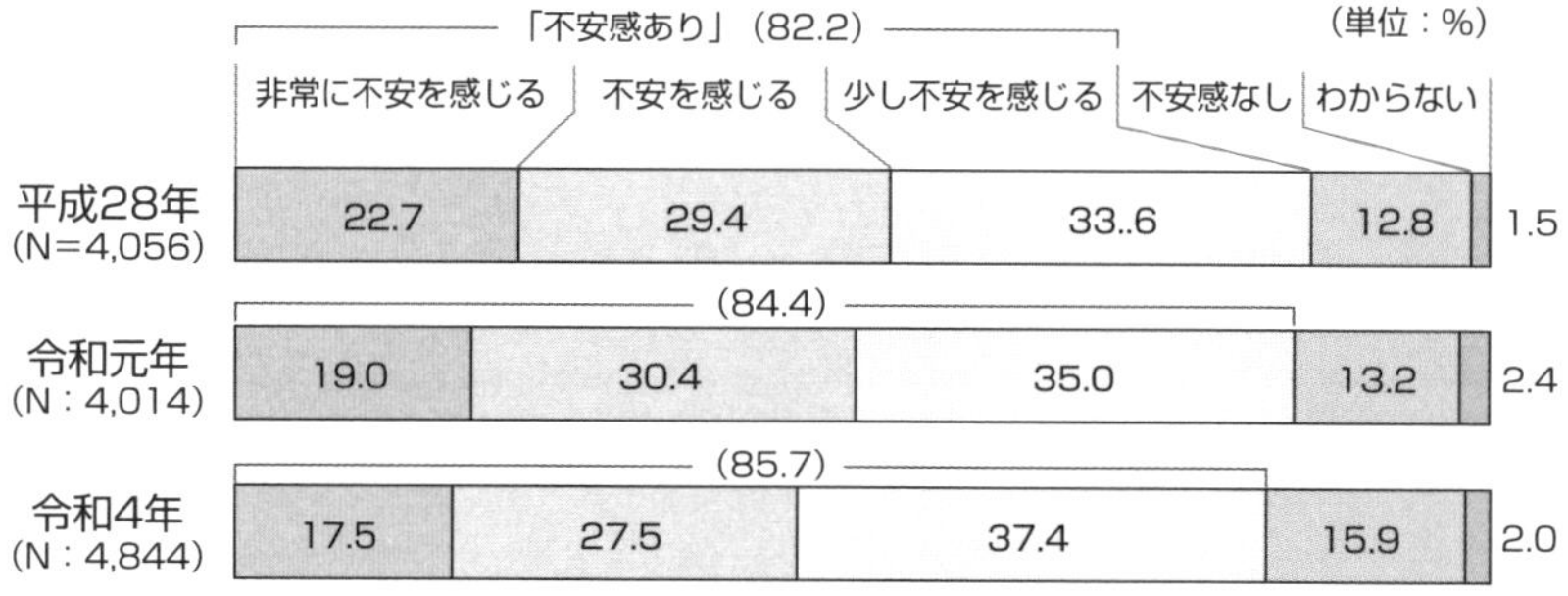

＊参考：生命保険文化センター令和4度「生活保障に関する調査」より

3-5

日本の生命保険会社が扱う「定期付終身保険」って何？

日本の生命保険会社が多く扱う「定期付終身保険」。定期保険なのか終身保険なのか、まぎらわしい保険ですが、この保険に加入している人が圧倒的に多くいます。

▼終身保険が「車」で定期保険が「カーナビ」

生命保険契約には、主となる契約である「主契約」と、オプションで追加できる「特約」とがあります。これを車に例えると、主契約が「車」本体で、特約が「カーナビ」です。基本的に、「車」という本体があってこそ付加できるものが特約です。

そこで、この定期付終身保険ですが、正確には「定期保険特約付き終身保険」であり、終身保険という「車」に定期保険という「カーナビ」が付加されています。

実際の保険契約には、このほかにも「入院特約」や「災害特約」「三大疾病特約」といったものなど、様々な特約が付加されている、そのような保険商品が多くなっています。

▼定期付終身保険のメリット

もし、30歳男性が、遺族に対し３０００万円の保障が必要だとした場合、終身保険だけでは毎月約６万円支払うことになります。これが定期保険だと６０００円ほどで済むのですが、これだけでは葬式代などの死後整理資金を準備できません。

そこで、死後整理資金２００万円の終身保険と、２８００万円の定期保険を組み合わせれば、毎月約９４００円で死後整理資金と遺族の保障を準備することができます。これが、さらに収入保障型だと、保障額は年々減少するものの、毎月約７０００円で、より大きな保障が可能となります。

このように、それぞれの保険の特徴を組み合わせることで、安い保険料で大きな保障といった理想の保険プランを設計することができるのです。

! 定期付終身保険のように、通常、名称の最後が主契約の保険です。

図3-5 定期付終身保険の仕組みについて

定期保険特約付き終身保険とは？

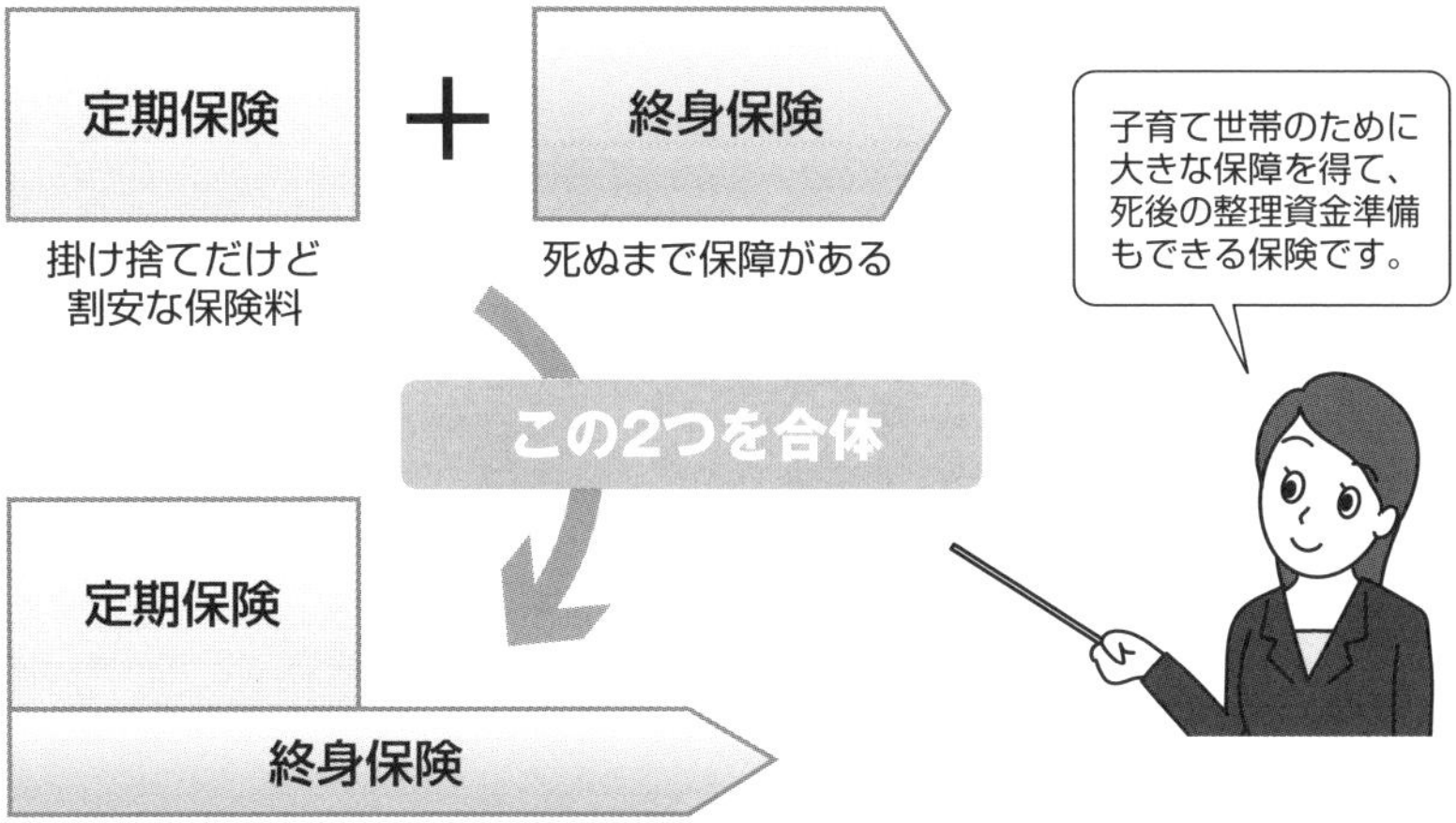

主契約…メインの保険　→　**終身保険**

特約　…オプションの保険　→　**定期保険**

気になる保険料の例

（例）30歳男性
終身保険60歳払込
定期保険30年

毎月保険料	9,390円
うち終身	4,526円
定期	4,864円

収入保障型の保険もある

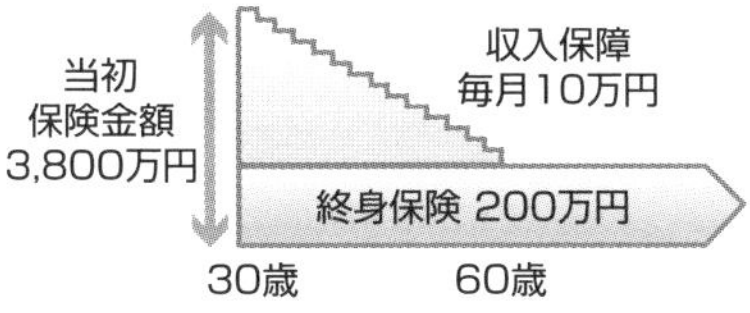

（例）30歳男性
終身保険60歳払込
定期保険60歳まで

毎月保険料	6,976円
うち終身	4,526円
定期	2,450円

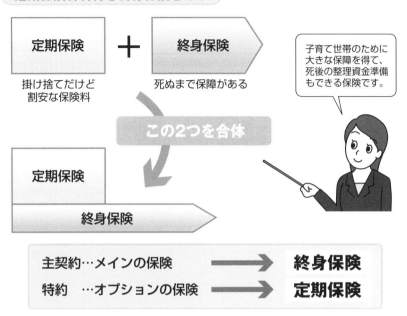

3-6

定期付終身保険の保険金額を確認しておこう

多くの人が加入しているのが定期付終身保険。終身で保障のある終身保険と、掛け捨ての定期保険をミックスさせた保険ですが、問題は、それぞれの保険金額です。

定期付終身保険のそれぞれの金額を確認

毎月、何気なくというか仕方なくというか、とにかく支払っている保険料ですが、この保険料にはそれぞれ内訳があります。つまり、定期付終身保険ならば、定期部分と終身部分のそれぞれの保険料が合算されて、保険料が構成されています。

この内訳を、保険証券に記載している保険会社もあります。また、保険加入時には、保険会社の営業担当者から設計書や提案書で説明を受けるかと思いますが、その設計書や提案書にも、その内訳が書いてあります。

証券などを確認すると、場合によってはその終身保険の金額の少なさにビックリすることがあります。本書では、終身保険は葬式代などの死後整理資金を準備するのが望ましいという観点からも、２００～３００万円程度の保障額を例に説明をしておりますが、実際の定期付終身保険においては、終身保険が数十万円というものも少なからず存在します。

更新時に保険料が上がっていくことも

また、同時に注意をいただきたいのが定期保険の期間です。本書では30年の例をよく使っていますが、実際には10～15年といった定期保険が多くなっています。満期時には、医師の診断などの健康状態のチェックもなく自動更新されますが、その更新時には保険料が上がることになります。

更新時に保障金額をそのまま継続すると、保険料は1・5倍程度上がることもあるので、保障金額を見直す機会にするのもいいでしょう。

! 主契約の終身保険がわずか１０万円という保険もあるのでご注意を。

図3-6 定期付終身保険の保険金額

定期付終身保険の「定期」部分と「終身」部分について

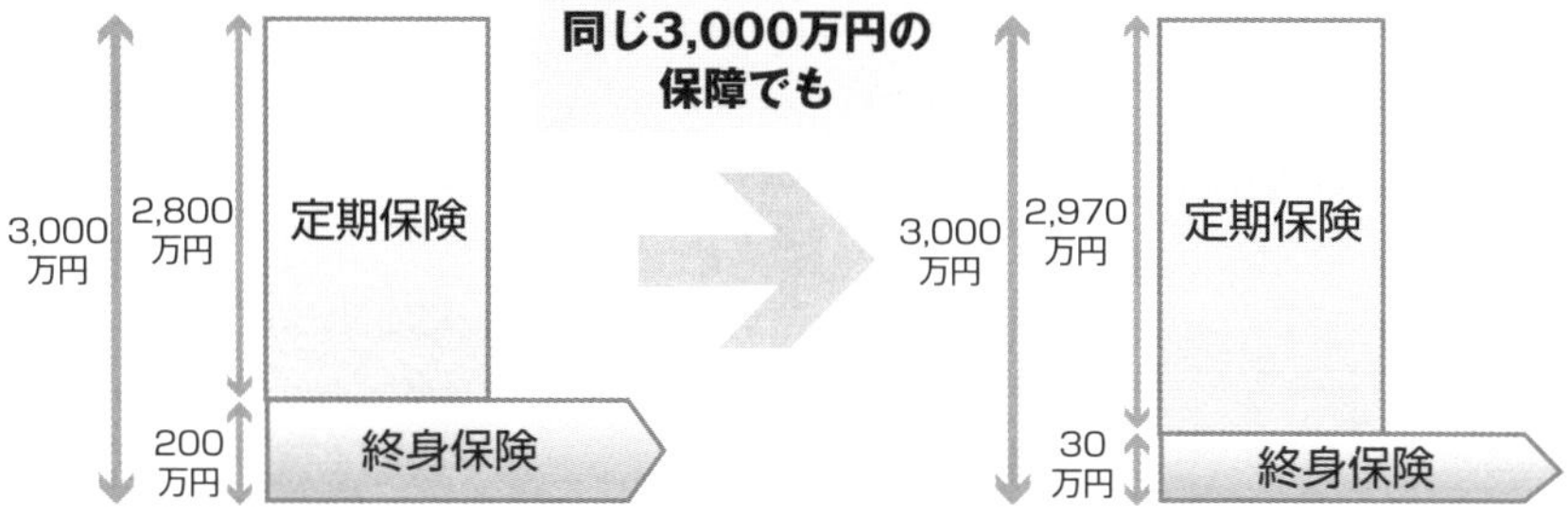

同じ3,000万円の保障でも、定期保険満期後に残る**終身保険**がいくらなのかを確認しておかないと、**死後整理資金**（葬式代、墓石代など）で困ることも…

定期付終身保険は保険料が上がることもある

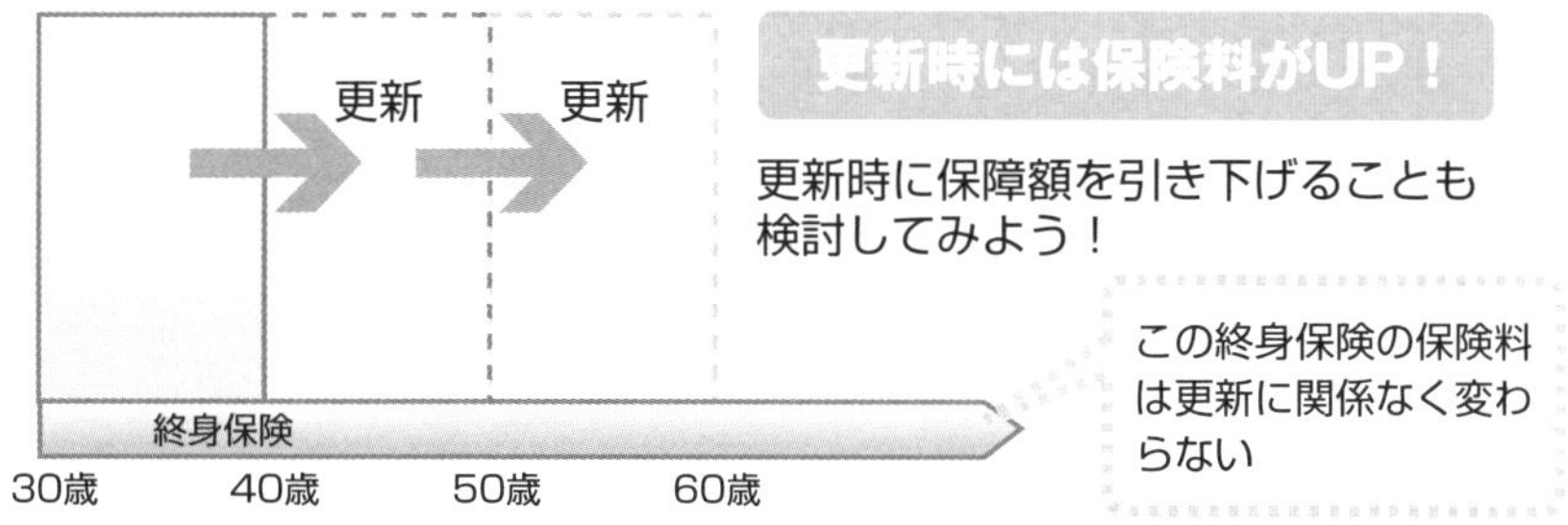

更新時には保険料がUP！

更新時に保障額を引き下げることも検討してみよう！

終身保険 200万円	4,526円	60歳まで同額	
定期保険 2,800万円	2,281円	4.658円	10,566円
終身＋定期 毎月保険料	**6,807円**	**9,184円**	**15,092円**

3-7

「アカウント型の終身保険」って何？

２０００年に発売を開始した「アカウント型」保険。日本の国内生保はそれまでの定期付終身保険に変わり、アカウント型の販売に力を入れてきましたが、その内容とは？

▼毎月の保険料を積立と保障に分ける

　アカウント型終身保険は、従来の定期付終身保険の終身保険部分を、アカウント型終身保険に換えています。このような定期保険特約を付加したアカウント型終身保険の正式名称は、「定期保険特約付利率変動型積立終身保険」です。「アカウント」とは「口座」のことで、銀行の預金口座のような積立金があることを意味します。しかし、何のことだかわかりづらいので、例をもとに説明しましょう。

　たとえば、毎月、保険のために支出できるお金が２万円だったとしましょう。そこで、生命保険を考えるとき、まだ結婚をしていない20代ならば、そう大きな保障は必要ないとします。その場合、毎月２万円のうちの１万５０００円を積立金とし、５０００円を保障にまわすといったことができます。子育て世代になると、逆に、２万円のうち１万７０００円を保障にまわし、残りの３０００円を積立金にまわすのです。

　こうして、積立していった金額相当額が終身保険金額となり、積立と保障が同時にできるのですが、現実には、思ったより積立金額が少ないといったケースも散見されます。積立金が少ないということは、同時に終身保険金額も少ないということになるので注意が必要です。

▼積立した終身保険の利率は変動する

　こうして積み立てられた積立金には、預貯金のように利息が付きます。その利息は、「利率変動型」ということもあって経済情勢によって変動します。つまり、景気のいい時には高利で、逆に景気が悪い時には低利となるわけです。

！まずは、積立部分に充当されている金額をよく確認しましょう。

図3-7 アカウント型終身保険の仕組みについて

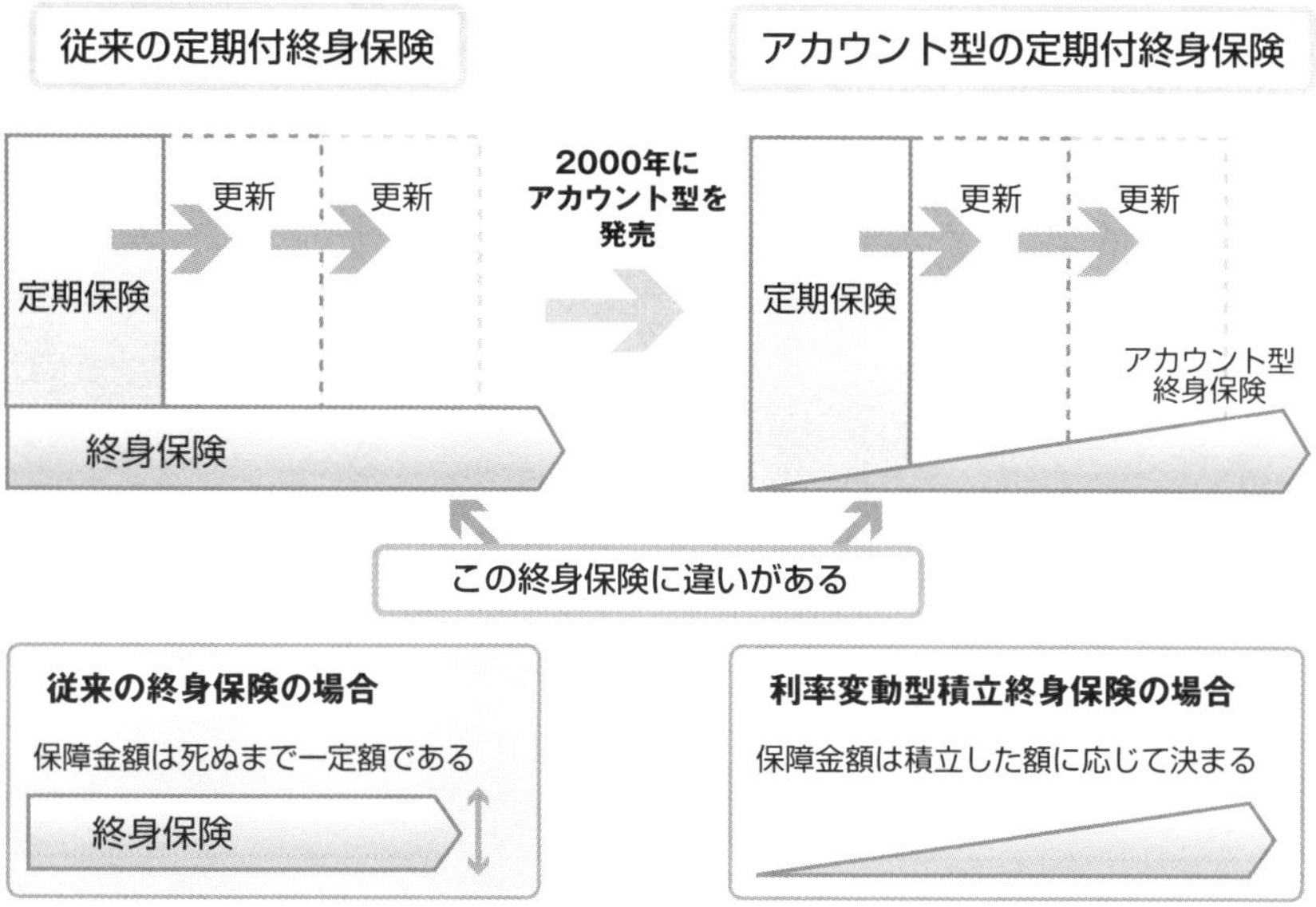

▼保険料をライフプランに応じて振り分け可能

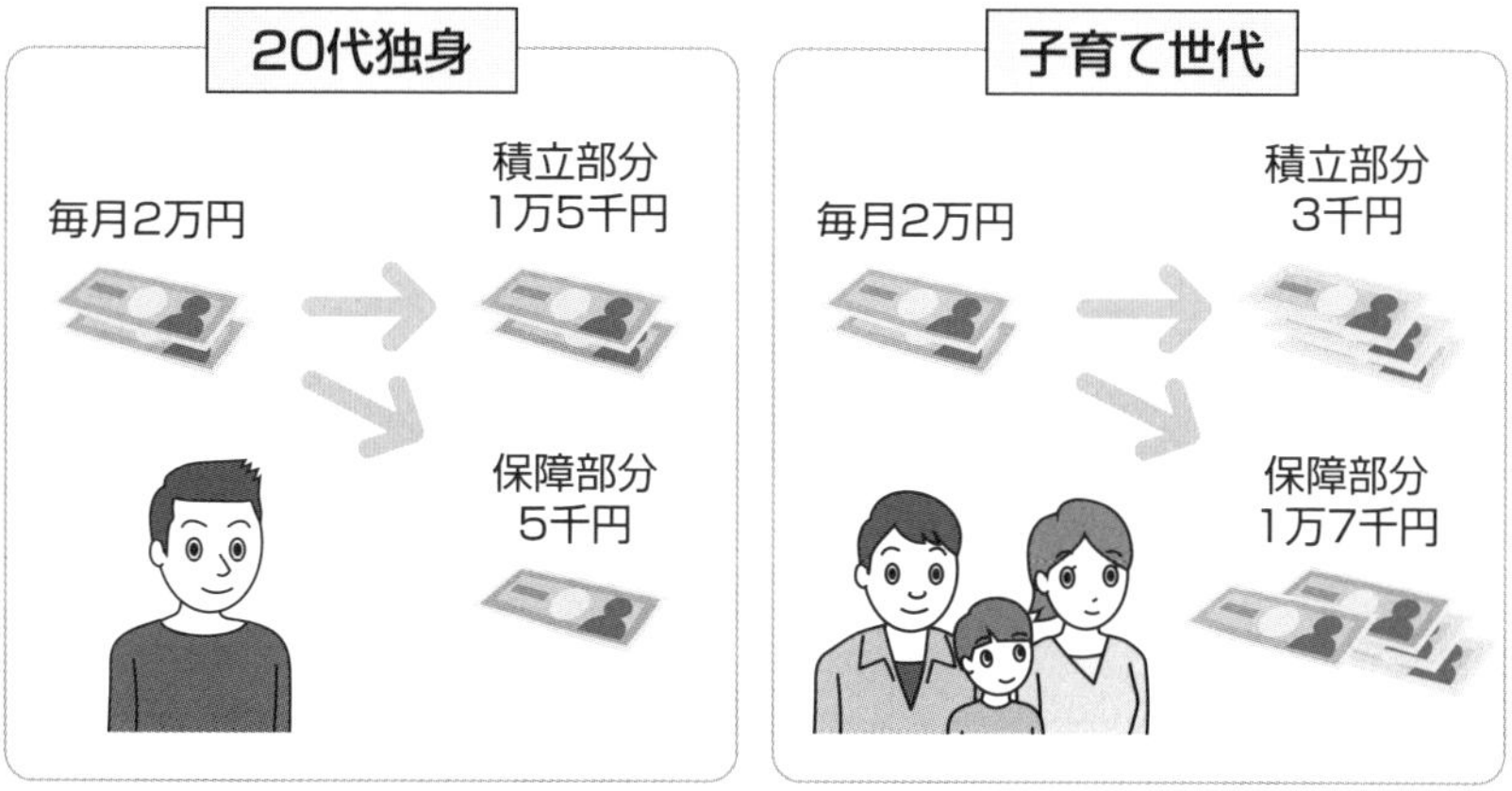

ご自身の保険料がどのように振り分けられるのかをご確認ください！

3-8

リスクが高いと思われている「変額終身保険」って何？

変額保険と聞くと、なんだかリスクがあって怖いというイメージがあります。保障額や解約返戻金が運用次第で変動するので、不景気になるとリスクを感じます。

保障金額と解約返戻金が変額する

これまで説明してきた終身保険は、加入時に決めた保障金額は変わりません。つまり、３００万円の終身保険に加入すれば、いつ死亡しても、３００万円が受け取れます。同様に、解約返戻金においても、加入時に約束した解約返戻金が受け取れます。

しかし、変額終身保険は、保障金額と解約返戻金が株式市場などの動向次第で変額します。この点で、一般的な終身保険と違いがあります。

まず、死亡時に支払われる保障金額が変動します。ただし、ここが重要なポイントなのですが、加入時に決めた最低保障金額を下回ることはありません。つまり、加入時に３００万円の終身保険の最低保障金額を決めれば、たとえ運用が上手くいかなかったとしても、保障が３００万円未満に下げられるということはありません。

変額するのは、運用が上手くいった場合です。保障金額が３００万円から３５０万円に引きあがるという変額があるのです。ありがたいことです。

ただし、解約返戻金のほうは、最低保障はありません。なので、運用次第で、期待以上の解約返戻金を得られることもあれば、かなり少ない額ということもあるのです。こうしたリスクがあることを覚悟しておいてください。

保険料は安くなっている

毎月の保険料は、通常の終身保険に比べ、かなり安い金額となっています。ただし、株式市場などが冷え込んでいるせいか、最近は扱っている保険会社は少なくなっています。

! 最低保障金額は変動しませんが、解約返戻金は変動するので注意。

図3-8 変額終身保険の仕組みについて

一般的な終身保険と変額終身保険の違い

保障額が変動する

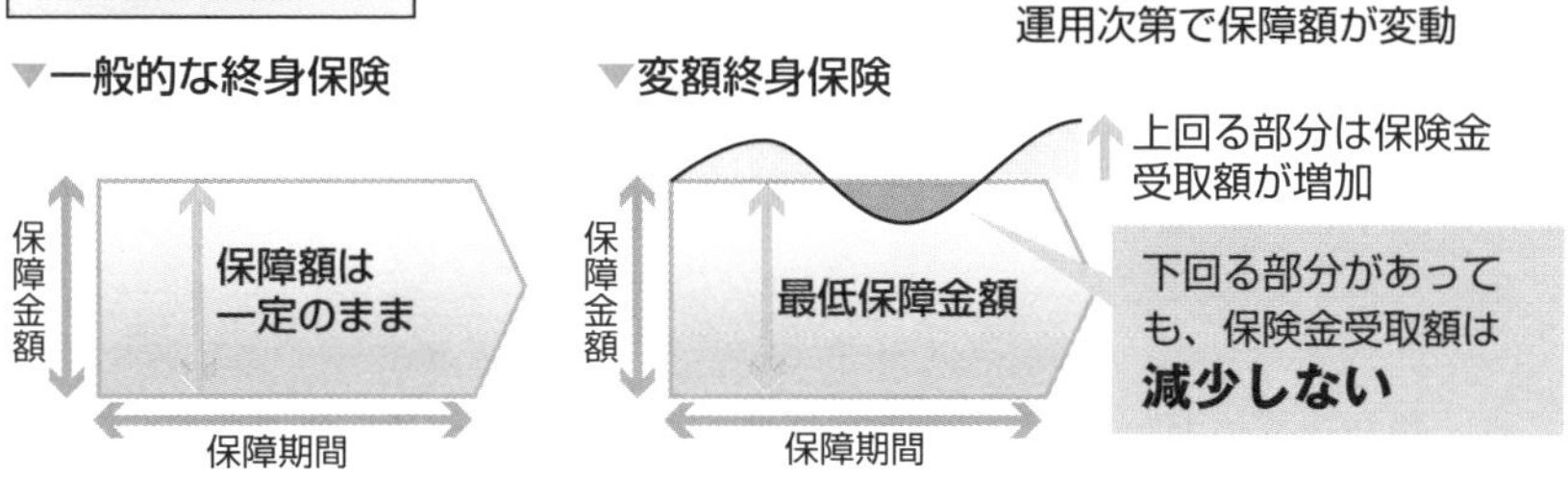

解約返戻金が変動する

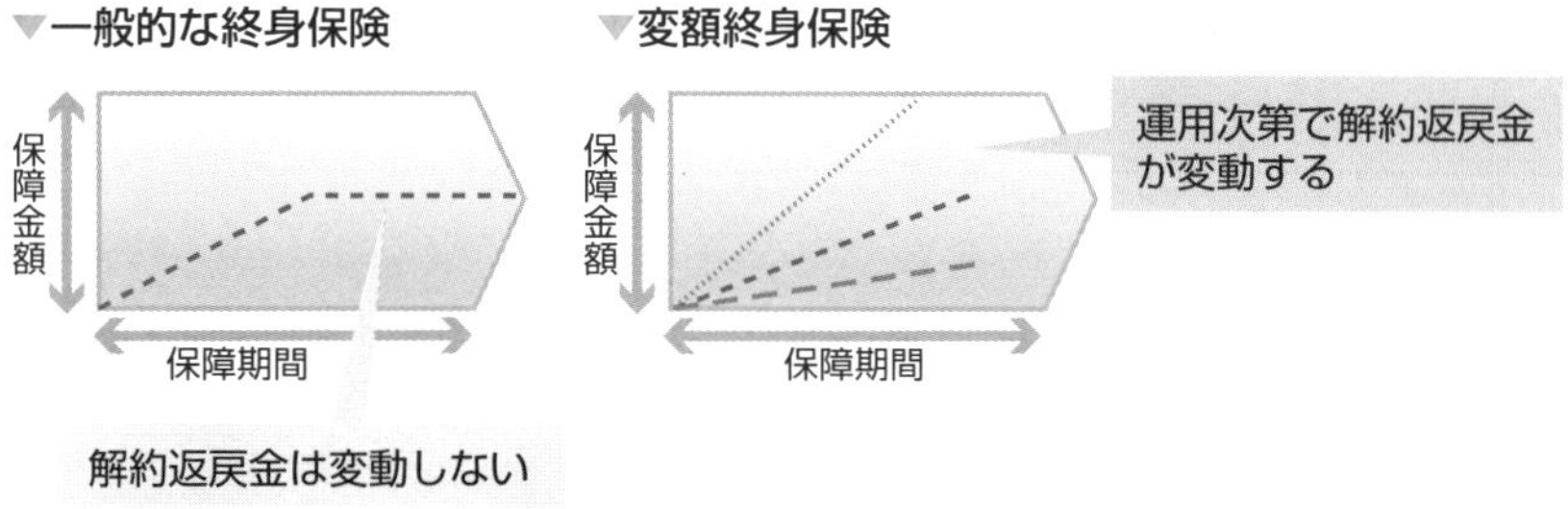

毎月の保険料は変額終身保険は安い！

（例）35歳男性　保険金額1,000万円　払込60歳まで

▼ある保険会社の保険料

一般的な終身保険	変額終身保険
28,910円	26,690円

株価下落の損失を保険会社が被るなどのリスクを想定して、一般的な終身保険は保険料が高めに設定されています。

3-9

終身保険のメリットと必要保障額を整理しておこう

一生涯の保障があるので、契約すれば、将来必ず保険金を受け取れますが、保険料は高く設定されています。その保険料に見合う加入目的などを、整理しておきましょう。

▼終身保険で死後整理資金を対応

終身保険の利点は、なんといっても保障が一生涯続くことです。つまり、終身保険に加入すれば、同時に将来保険金を受け取る権利を得るのです。

しかも、支払った保険料の総額以上の保険金を受け取るケースが多く、掛け捨てではありません。

また、解約したとしても、まとまった解約返戻金を受け取れるほか、契約者貸付制度を利用することで、お金を借りることもできます。

ただ、毎月の保険料は定期保険に比べ10倍ほど高く、高額の保障には適しているとは言えません。特に子育て世代においては、いくら掛け捨てでないとはいえ、保険料の支出は抑えたいものです。なので、死後の整理資金である葬式代などの費用を準備しておくというのが終身保険加入の一般的な考え方です。

▼現在の保険の終身部分はいくら?

この終身保険と組み合わせて、定期付終身保険やアカウント型と呼ばれる利率変動型積立終身保険といった保険が多く存在します。

こういった組み合わせの保険は、いったい終身保険部分がいくらで、定期保険部分がいくらなのか、加入者自身もわかっていない契約が多くあります。

死亡保障5000万円の保険であっても、そのうち終身保険金額が10万円といった保険もあります。

まず見直しにあたっては、保険証券などで、終身の保障金額がいくらあるのか、葬式代などの死後整理資金に事足りるのかについて、よく確認するようにしてください。

(!) 葬儀代などを預貯金で対応可能な場合、終身保険は不要なことも。

図3-9 終身保険の利点と必要保障額について

終身保険は掛け捨てではない

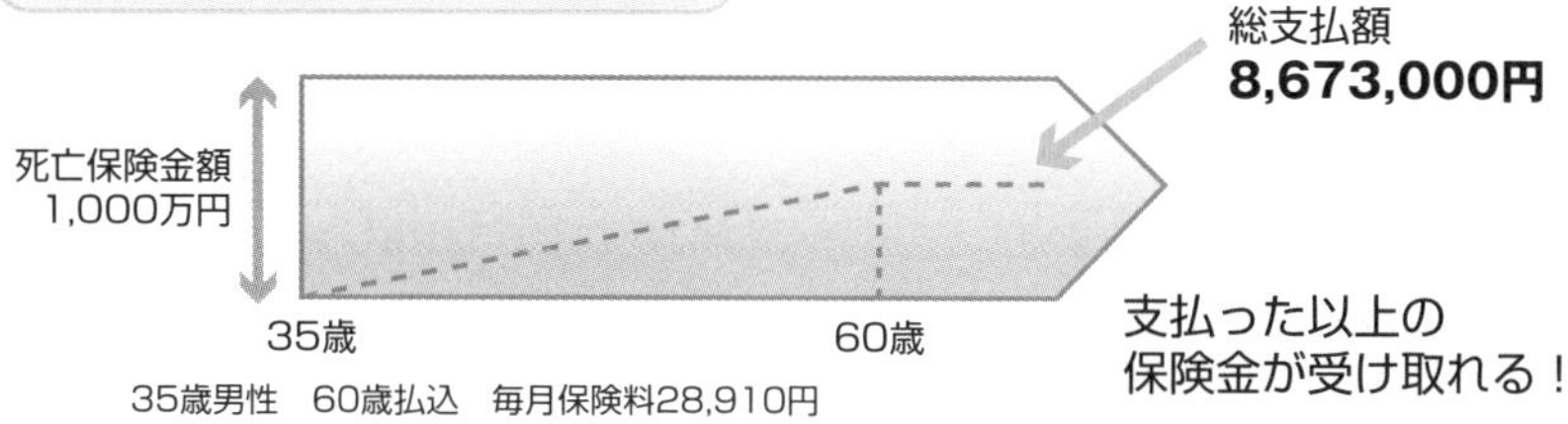

35歳男性　60歳払込　毎月保険料28,910円

だからといって、いつまでも大きな保障が必要なのか？

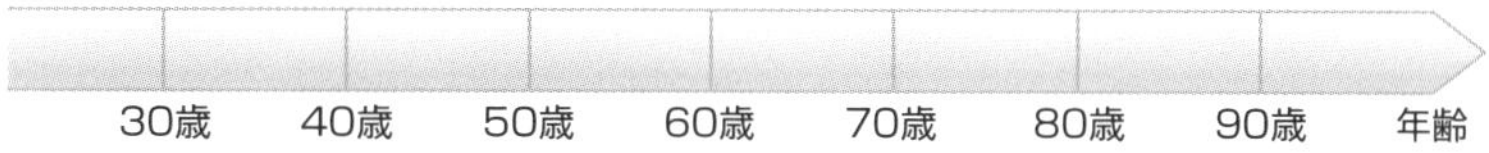

もう一度、保険加入の目的を確認しておこう

1. 医療費や入院のため
2. 万一のときの家族の生活保障のため
3. 災害・交通事故などに備えて
4. 万一のときの葬式代のため
5. 老後の生活維持のため

これらの中で、30代でも50代でも80代でも同じ保障額が必要なものはどれか考えてみよう！

現在加入している保険のうち終身保険金額がどの程度必要なのかを確認しておこう

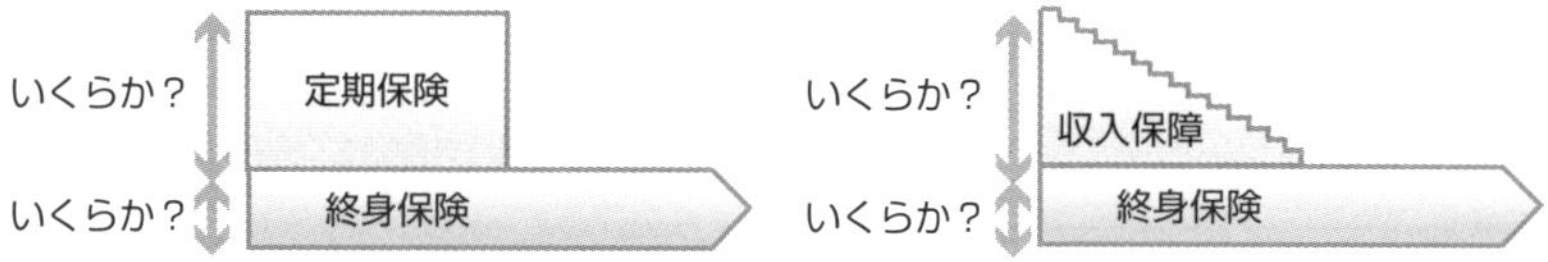

葬式代などの死後整理資金を終身保険で用意するのがベターです。
そのためにも、終身保険金額がいくらなのかを確認しておきましょう

Column

保険加入時の医師の診査

保険会社によって違いはありますが、保険金額1,500万円以上ならば、健康診断の結果が書かれた実物を保険会社の営業担当者に渡してコピーをしてもらうほか、医師の診査が必要となります。

医師の診査についてですが、2つのパターンがあります。

1つは、医師に来てもらうか。もう1つは、医師のところに行くか。

いずれであっても、診査する内容は、血圧をはかり、検尿をし、聴診器で内診をし、医師からの質問に答える問診を行う、という4つです。

これ以外に、非喫煙タイプの保険に加入する場合は、唾液を含ませる綿棒のようなものを口にくわえるといったことをする必要があります。一般的には、上記の4つ＋非喫煙タイプの診査をすることになります。

そこで、生命保険に加入する被保険者に対して、お願いしておきたいことがあります。なるべく診査の前日は、暴飲暴食は避けていただきたいということです。

アルコールのせいで、脈拍に異常があるといったことがあると、保険に加入できないこともあります。また診査当日も、できるだけ缶コーヒーなどの糖分の高いものは控えていただければと思います。

というのも、検尿において糖分が高い場合、糖尿病を疑われ、これまた保険に加入できないこともあるのです。

保険の加入においては、ウソ偽りなく、告知書にも「ありのまま」を記入していただくのは当然です。だからといって、悪い体を、ウソをついてでも良い体にみせろと言っているのではありません。けれども、良い体を、自ら悪い方向へもっていく必要はないはずです。

毎朝、コーヒーを飲まれる方もおられることでしょう。そして、それが至福の時間だと、楽しみにされている方もおられるでしょう。

しかし、保険加入における診査の日というのは、一生でも数回しかないはずですので、我慢していただきたいと思います。

第4章

死亡時の保険について知っておこう その3「養老保険」など

ここでは、養老保険のほか、学資保険や個人年金といった貯蓄性の高い保険について見ていきます。銀行預金の利子よりも多くの利益が期待でき、また、保険本来の機能である「死亡時の保障」もありますが、解約時には損をすることもあるのがこれらの保険。そこで、こうした貯蓄性の高い保険についての理解を深めていくことにしましょう。

4-1

養老保険は「貯蓄機能を持っている」生命保険

養老保険には貯蓄機能があります。貯蓄機能があるということはお金が貯まります。つまり、お金を貯めながら保障も受けられるというのが、養老保険なのです。

▼満期時に保障額と同額の満期金が受け取れる

養老保険の特徴は、何と言ってもお金が貯まることにあります。加入時に決めた保障額が満期時に受け取れるのです。そして、保険ですから当然保障もあります。つまり、貯蓄しながら保障もある保険ということです。

たとえば、30歳男性が60歳満期で、保障金額１０００万円の養老保険に加入したとします。毎月の保険料は3万６０００円で、これを30年間支払うと、その総額は１１００万円を超えてしまいます。

つまり、１１００万円を支払うものの、受け取る保険金額は１０００万円で元金割れとなります。

ただ、保険料を支払っている30年間に、万が一のことがあれば、１０００万円の保険金が受け取れるので、保険としての機能は有していますが、貯蓄性を重視して運用するのであれば、適しているとは言い難い商品となっています。

▼銀行にも証券会社にもない「保障」という特性

保険会社の扱う商品には、「保障」という、銀行の貯金にも、証券会社の株式などにもない特性があります。

しかしながら、超低金利の昨今、保険会社が扱う貯蓄性の高い商品がなかなか運用益を確保できていないもの事実です。「保障」と「貯蓄」を一体として考えるよりも、銀行や証券会社を含め、様々な金融商品の中から、ライフプランに合った最適なものを選ぶほうがいいでしょう。

(!) 生命保険は保障があります。預貯金や投資信託にはない特徴です。

図4-1 養老保険の仕組みについて

養老保険とは？

保険金額と同額の満期金が受け取れる

▼ある保険会社の月額保険料
（35歳男性　保険金額1000万円　期間25年）

	毎月保険料	支払総額	差額
A社	36,700	1,1010,000	△1,010,000
B社	36,450	10,935,000	△935,000

このように
元本割れとなります

＊養老保険は満期まで契約しても元金割れすることがある

毎月2～3万円の積立をするとしたら…

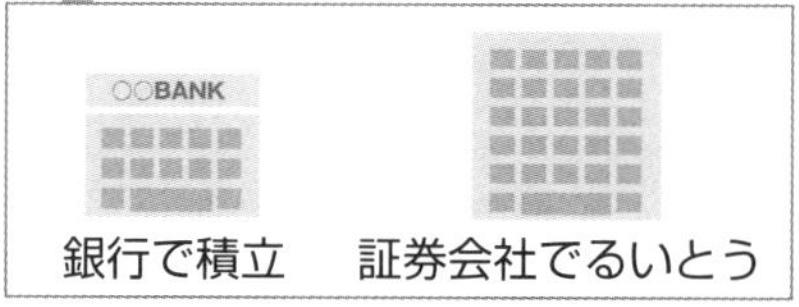

るいとうとは、毎月
一定金額を株や国債
などの購入に充てる
ものです

10～30年という期間で考えた場合、どれがベストかはわからない
ただし、**保険の場合には、「万一の保障」がある！**

※もしリスクを抑えたいならば、分散投資も選択肢の一つ

銀行	証券会社	保険会社
確実に貯める	大きく利ザヤを稼ぐこともできる	途中で解約すると元金割れするかもしれないが、万一の保障が魅力

4-2 貯蓄と保障があって理想的な養老保険の保険料

定期保険は掛け捨てゆえに、保険料は低く抑えられています。終身保険は掛け捨てではない分、保険料は高く設定されていますが、養老保険はさらに高くなっています。

▼定期・終身・養老の中で最も保険料は高い

養老保険の保険料は高く設定されています。掛け捨てではなく、保障もあることからも、保険会社の立場からすれば、加入と同時に将来の満期金支払いに備えるほか、万一の際の死亡保険金支払いにも対応することになります。将来、加入者に満期保険金を支払わなければならない保険であることからも、その分は加入者から保険料を多くいただくことになります。

ただ、現在では各社とも、養老保険という商品はラインナップに加えているものの、実際の販売件数は少ないようです。経済的に余裕があればともかく、子育て世代においては、教育費や住宅ローンが生活を圧迫している状況において、老後の備えを準備するような、しかも保険料が高い養老保険なんて、選択肢にはないというのが本音だと思われます。

▼貯金は三角形、保険は四角形

貯金と保険の最大の違いは、保険の場合、加入と同時に保障が得られることです。万一の時、貯金においてはそれまでに貯めた金額しか得られません。

しかし保険は、万一の際に、支払った保険料以上の保険金を受け取ることができます。つまり、万一の事態があった場合、左ページの図のように、貯金は三角形ですが保険は四角形のごとく、加入時点から大きな保障が得られるメリットがあります。

これが、貯金と保険の大きな違いです。

ただし、いくら貯蓄機能がある養老保険でも、早期の解約では支払った保険料以下の解約返戻金しか受け取れませんので、ご注意ください。

(!) 生命保険のメリットは、加入した時点で大きな保障を得られること。

図4-2 貯金と保険の違いは？

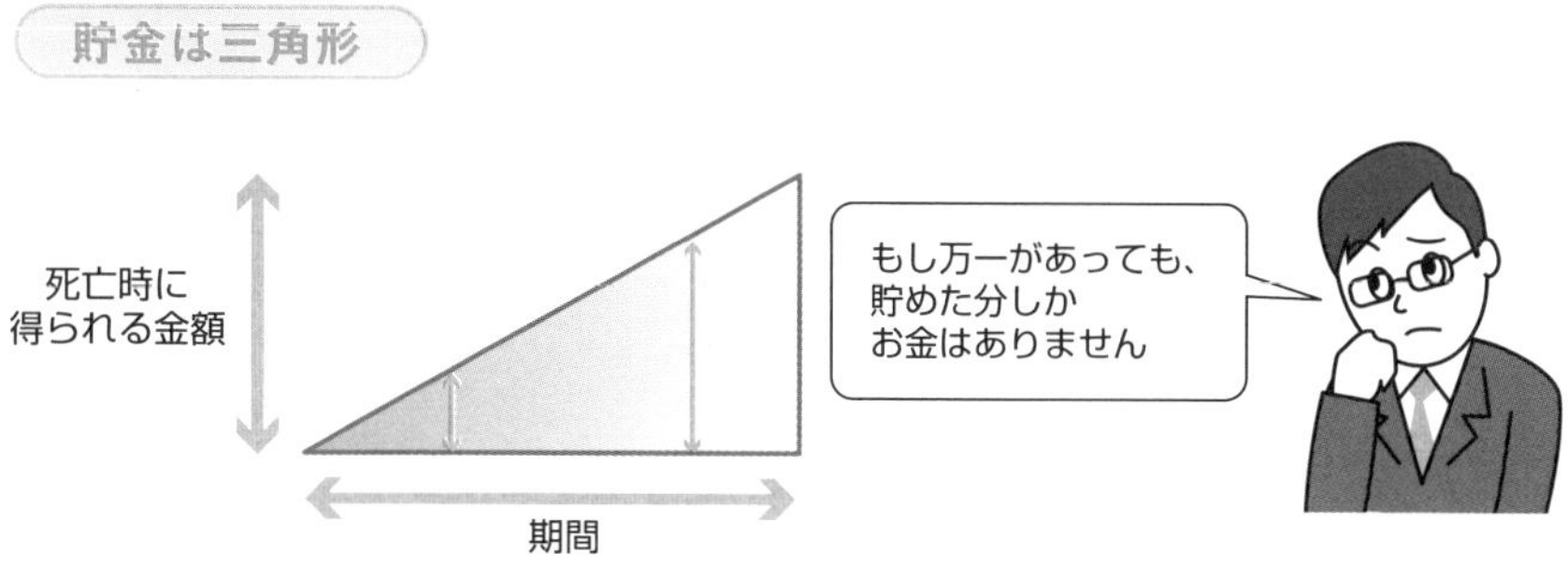
貯金は三角形
死亡時に
得られる金額
期間
もし万一があっても、
貯めた分しか
お金はありません

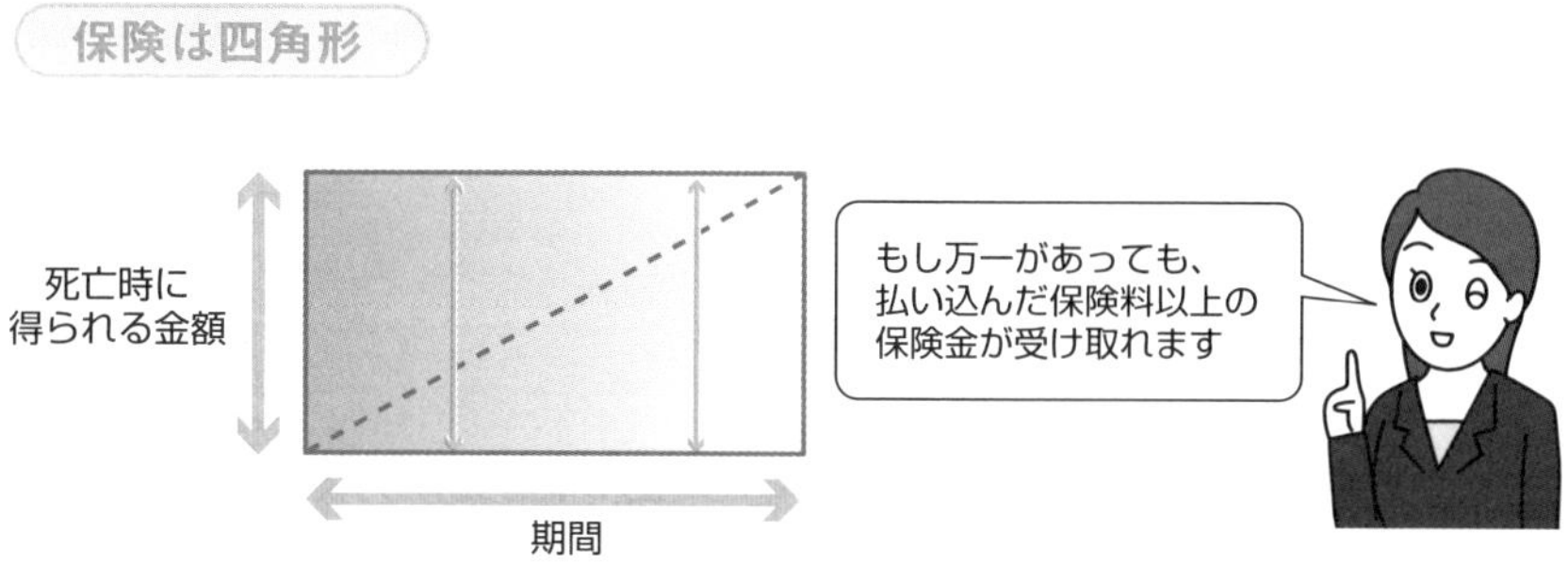
保険は四角形
死亡時に
得られる金額
期間
もし万一があっても、
払い込んだ保険料以上の
保険金が受け取れます

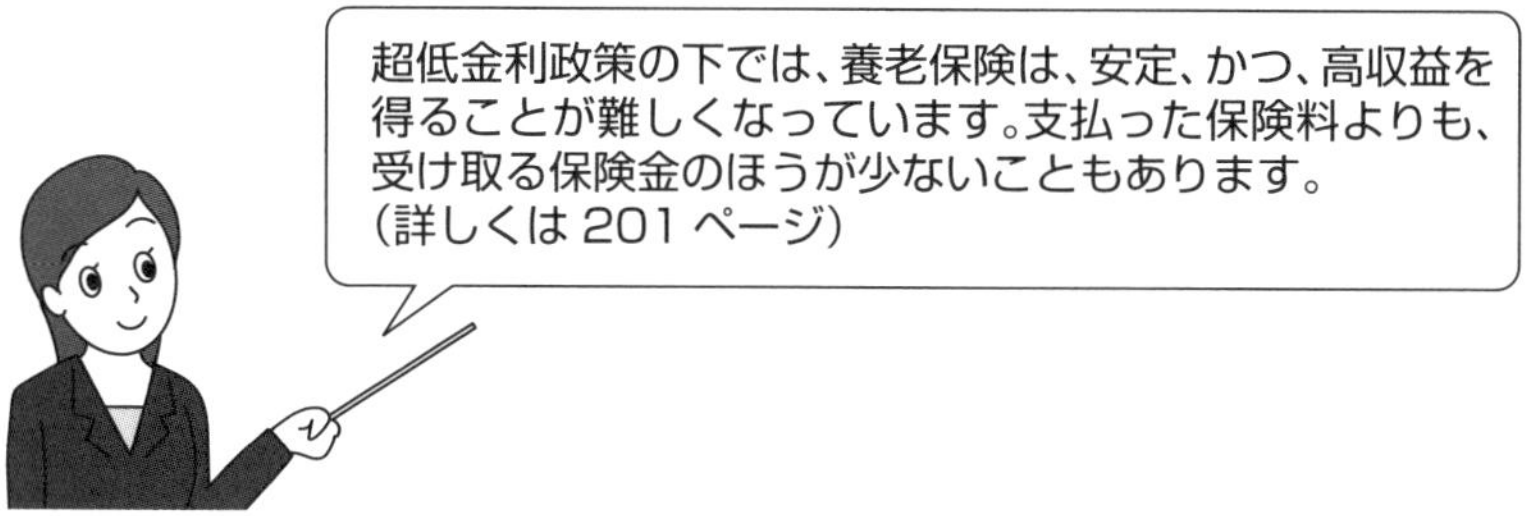
超低金利政策の下では、養老保険は、安定、かつ、高収益を
得ることが難しくなっています。支払った保険料よりも、
受け取る保険金のほうが少ないこともあります。
(詳しくは 201 ページ)

4-3

子どもが生まれたら学資保険に加入すべき？

養老保険の代表的な商品は学資保険です。子どもが生まれたら、将来の学資のために学資保険を勧められるのですが、この学資保険とはどのような内容なのでしょうか？

学資保険はどのくらいオトクなの？

子どもが生まれたら、条件反射的に学資保険に加入を考える人が多くいます。

実際、不景気な世相で、かつ少子化の時代であっても大学の数は増え続け、教育費も上昇しています。

そうなると、将来に支払うべき大学入学時の費用などを、生まれてから10～20年かけて準備しておく必要があります。

では、その学資保険ですが、現在、某保険会社の学資保険においては、支払った保険料の総額よりも受け取る満期金のほうが少なくなっています。つまり、元金割れとなっているのです。

しかし、子どもの成長過程で、一家の大黒柱に万一があった場合でも、学資保険に加入していれば、死亡時以降の保険料の支払いが免除されます。そのうえ、子どもが大学進学時などに、加入時に定めた学資金を受け取れる「育英年金」という仕組みとなっています。このことからも、「保険加入＝将来の学資金の準備＋万一の時にも保障あり」という優れた内容となっています。

多少の元金割れがあっても、万一の保障部分に充当される「安心料」と割り切るべきでしょう。

被保険者が子どもという保険契約

学資保険は、その保険の対象となる被保険者は子どもです。なので、加入時の子どもの年齢で保険料は変わってきます。年齢が低い＝保険料支払い期間が長いほど、保険料は低くなっています。

大学に進学すると５００万円以上の学費が必要だと言われています。早いうちから準備しておけば、後であわてずに済むことになります。

! 保険ゆえ、途中で安易に解約せず貯蓄できるのが学資保険のメリット。

図4-3 学資保険の仕組みについて

ある保険会社の学資保険―保険内容推移表

単位＝円

お子様年齢	契約者年齢	年度	保険料累計	死亡保険金	学資金
1	31	1	54,480	54,480	0
2	32	2	108,960	108,960	0
3	33	3	163,440	163,440	0
4	34	4	217,920	217,920	0
5	35	5	272,400	272,400	0
6	36	6	326,880	326,880	0
7	37	7	381,360	381,360	0
8	38	8	435,840	435,840	0
9	39	9	490,320	490,320	0
10	40	10	544,800	544,800	0
11	41	11	599,280	599,280	0
12	42	12	653,760	653,760	0
13	43	13	708,240	708,240	0
14	44	14	762,720	762,720	0
15	45	15	817,200	817,200	0
16	46	16	871,680	871,680	0
17	47	17	926,160	926,160	0
18	48	18	980,640	980,640	0
満期時			980,640		1,000,000

こっちはトク
しますが
こちらは元金割れ
することも…

死亡保険金はお子様が亡くなられた時に、払い込んだ保険料と同額の保険金が支払われます。保険料を支払う保護者が亡くなられた場合、以降の保険料支払は免除され、満期には満期金が支払われます。

別の保険会社の学資保険では？

（契約者30歳男性、子どもが現在0歳で18歳時に満期、満期時100万円）

毎月保険料4,700円

4,700円×12ヶ月×18年＝1,015,200円←払込金総額

1万円以上の元金割れとなる
ただし、運用に応じて契約者配当金が支払われることもある

元金割れはするものの、保護者に万一があれば、以降の保険料は免除されます

4-4

不安な老後に備えるための「個人年金保険」って何？

保険会社には、貯蓄機能を備えた保険として個人年金保険があります。これは、死亡保障を目的とした保険ではありません。この年金保険について説明しましょう。

▼個人年金は老後に備える保険

個人年金保険とは、保険という名がついていますが、死亡時などの高額な保障を期待できるものではありません。もちろん、死亡後にも遺族が受け取ることができる年金もあるので、銀行などの預貯金とは違うものですが、でも基本的には、老後に備えた資金を、若いうちから少しずつ貯めておくものだととらえてください。

先のページで説明した養老保険ならば、貯蓄機能に加え、保険加入期間中の死亡時には、死亡保険金が受け取れます。しかし、個人年金保険においては、保険料を支払っている間に死亡しても、それまでに支払った保険料相当額の保険金を受け取れるにすぎません。

ゆえに、個人年金保険で大きな保障を期待することはできません。

▼老後に年金方式で受け取る

貯蓄機能のある養老保険では、満期時にその満期金を一括で受け取ります。しかし、個人年金保険の場合は、年金と名のつく以上、「年」ごとに、お「金」が受け取れるという、言い換えると、定期的に一定金額が銀行口座に振り込まれる保険です。

実際には、1年に1度という個人年金保険もあれば、毎月受け取れるタイプのものもあります。

受け取る方法は、「終身年金」とか「5年確定」など様々ですが、バブル期には「終身年金」がよく販売されていました。ですが現在は、「5年確定」などが多いようです。

! 個人年金保険は、毎月積立型と一括で支払う２つの支払い方法あり。

図4-4 個人年金保険の仕組みについて

個人年金保険とは？

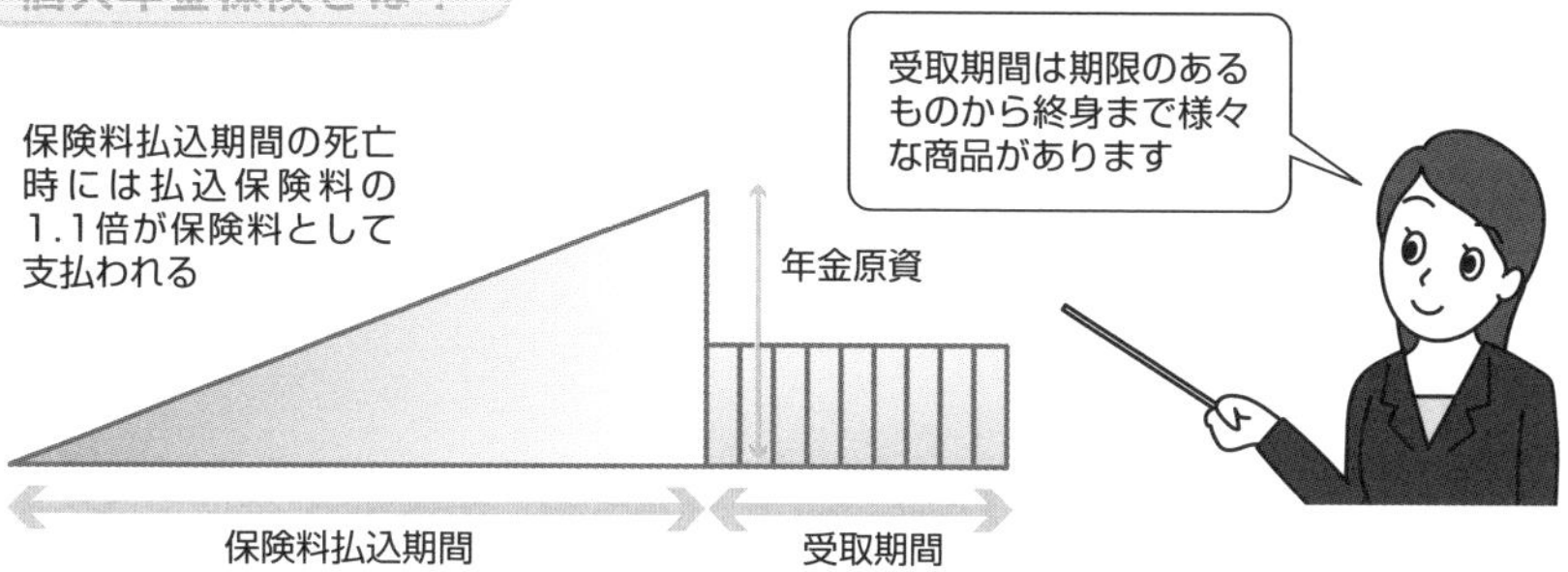

保障という点からすれば、受け取れる保険金は少ない

▼個人年金の種類について

種類	支払われる内容及び期間	生存時		死亡時	
		期間内	期間後	期間内	期間後
終身年金	一生涯支払われる	○	○	×	×
保険期間付終身年金	一生涯支払われる かつ、当初定めた期間中は、 死亡しても遺族が年金を受け取る	○	○	○	×
確定年金	生死に関係なく、当初定めた 期間中は年金を受け取る	○	×	○	×
有期年金	生きていれば、当初定めた 期間中は年金を受け取る	○	×	×	×

老後の生活資金に対する安心感・不安感

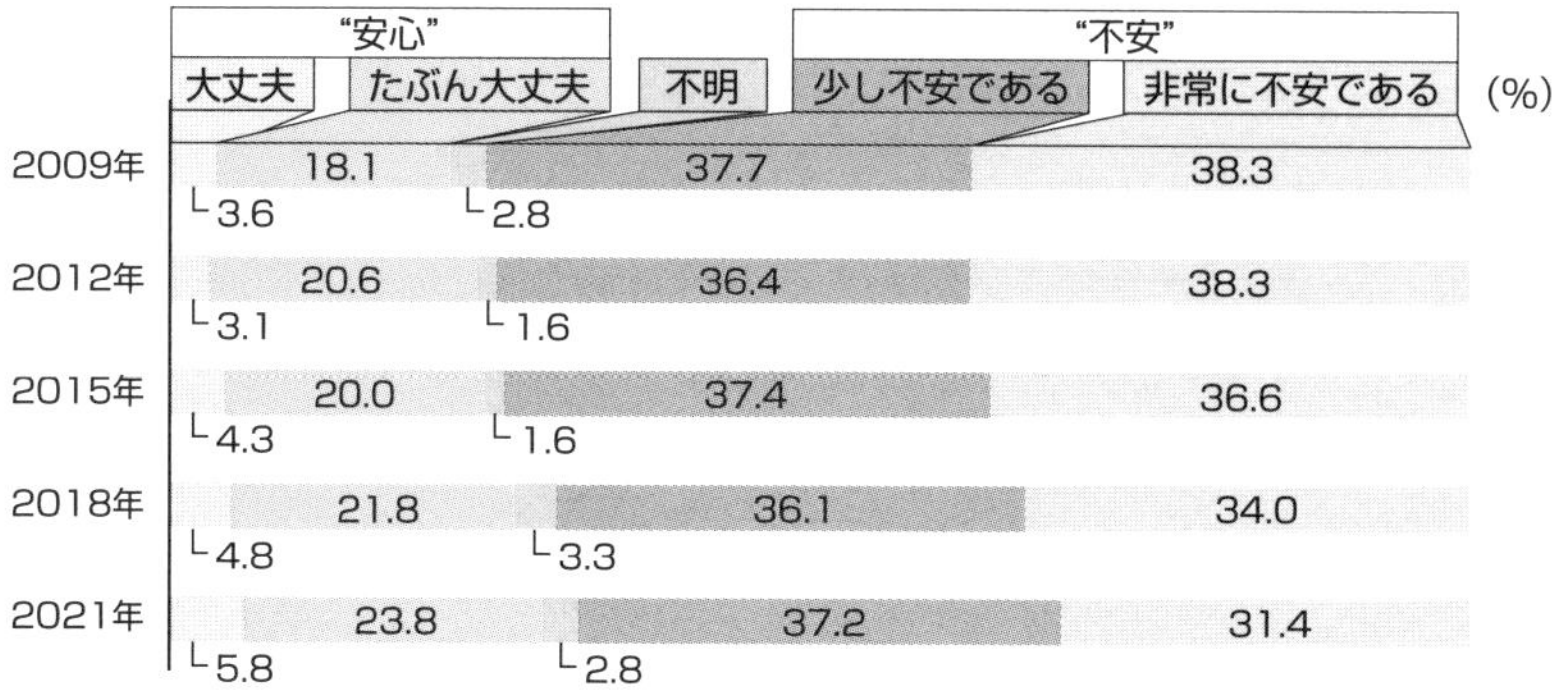

＊参考：生命保険文化センター令和3年度「生命保険に関する全国実態調査」より

4-5

リスクが高いと思われている「変額個人年金保険」って何？

「変額」と聞いただけで、なんだか怖いという人が多くいます。将来受け取れる金額が変動するということもあり、不安に思うのも当然ですが、反面、利益を得ることも！

▼定額の個人年金保険との違い

変額個人年金保険は、先のページで説明した個人年金保険と大きく違う点として、将来受け取れる年金額が加入当初に決めた金額どおり定額なのか、それとも変額するのかという点にあります。

定額の個人年金保険の場合は、たとえ株式市場などが不況で運用難となっても、保険会社が責任を持って約束どおりの金額を準備します。しかし、変額の場合はそうはいきません。支払った保険料を保険会社が運用するのですが、それが市場の不況等で上手くいかない場合、受け取る金額に損失が発生することがあります。逆に運用が好調ならば、当然、その利益も保険加入者に還元されます。

定額保険ならば、加入時に１００万円と決めた金額を将来年金として受け取れるのですが、変額保険の場合は、加入時に決めた１００万円が、90万円にもなれば、１１０万円にもなるのです。

▼「投資型年金」とも呼ばれている

変額個人年金保険の保険料ですが、定額の個人年金同様、毎月少しずつ積み立てていくタイプのものもあります。

しかし、現在加入している人の多くは、加入時に一括で支払い、数年~数十年かけて運用していくタイプのものです。退職金などのまとまった金額を、この変額個人年金保険に払い込み、数年運用後、払い込んだ保険料に加え、運用益を受け取るのが理想のプランです。ただし、運用益が得られることもあれば、運用損を被ることもあります。それゆえ、「投資型年金」とも呼ばれ、投資信託のように、運用に関するリスクは自己責任ということになります。

！退職金等、まとまったお金の運用に適していますが、注意も必要。

図4-5 定額個人年金保険と変額個人年金保険

定額個人年金保険と変額個人年金保険との違い

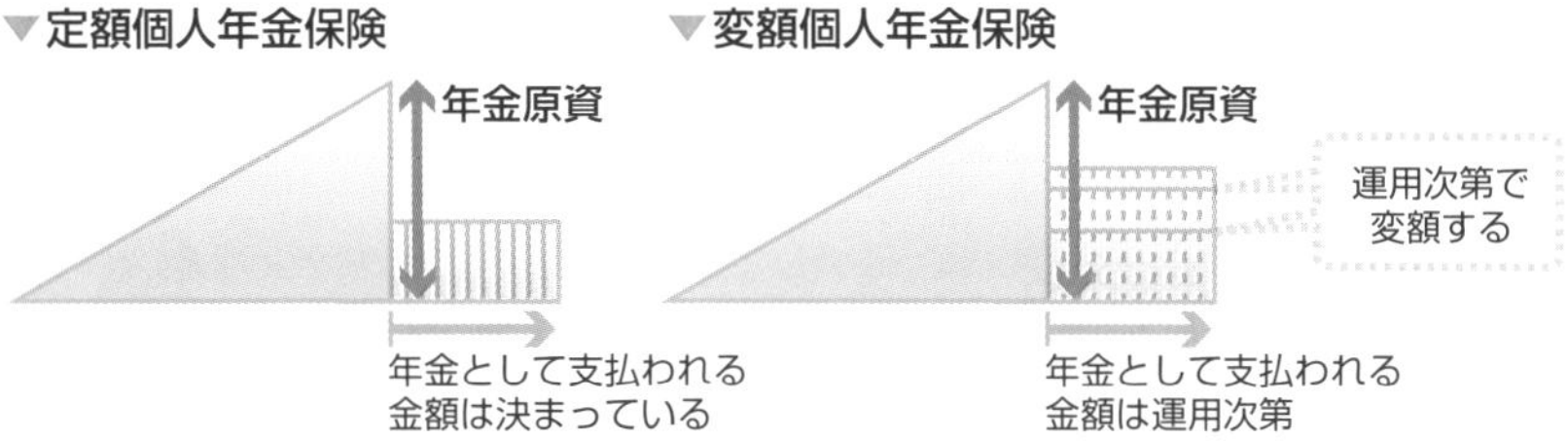

※変額個人年金保険は

毎月保険料を支払っていくタイプより、退職金の一部など、まとまった金額を一括で払込むタイプが多い

なかには、払込保険料の105%を保証するものもある

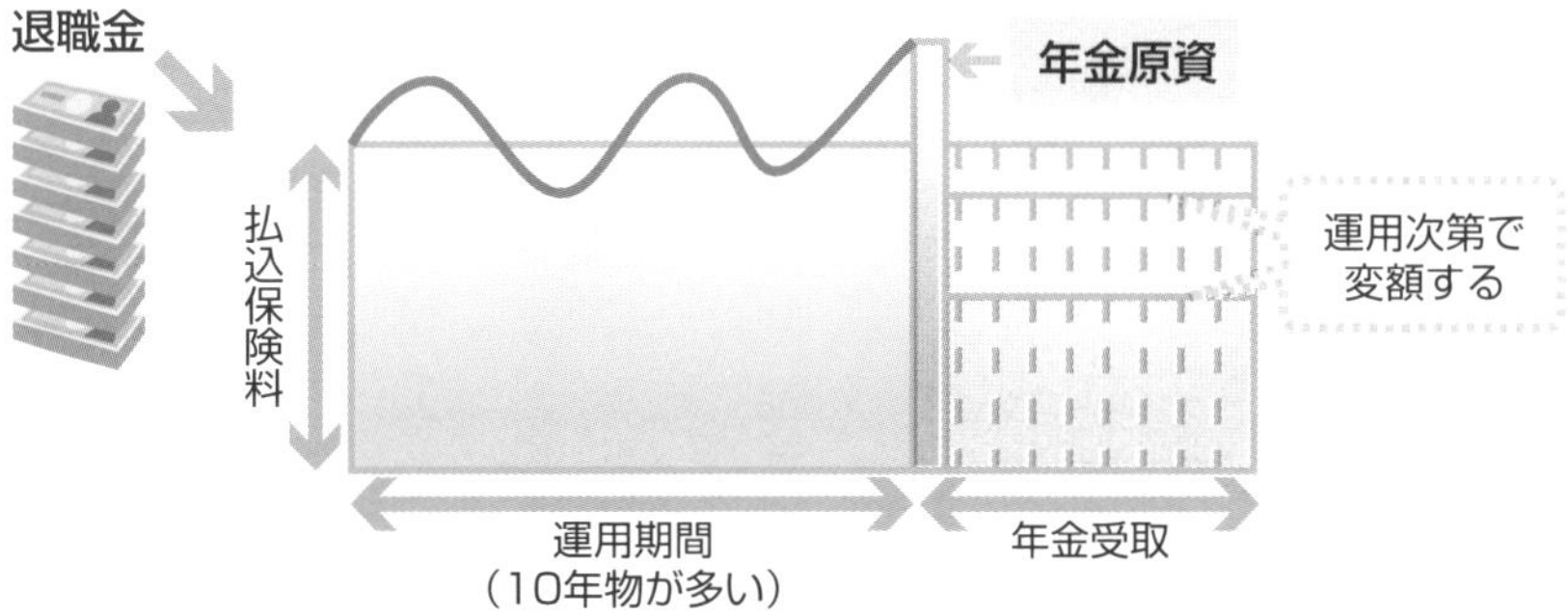

年金として受け取る人もいれば、年金受取開始日の前日に解約して、まとまった**解約返戻金を受け取る人**も多い。

60歳から運用を開始し、10年後の70歳時の健康状態で手元にお金を置いておきたいという人もいて、解約するケースもあります。

4-6

資産運用で活用されている「外貨建て個人年金保険」って何？

個人年金保険を外貨建てで運用という言葉を耳にします。ドルやユーロなどの通貨で運用していますが、そのリスクや、メリット、デメリットを整理しておきましょう。

日本円で運用される個人年金保険との違い

日本円で運用される個人年金保険は、保険料も年金の受け取りも、当然ながら、日本円で行われます。

しかし、外貨建て個人年金保険は、保険料の払い込みも、原則、外貨建てで行われます。

ただし、契約者がドルなどの外貨を準備するのではなく、日本円で保険料を支払い、それを、保険会社が外貨に交換します。

年金を受け取る際も同様で、外貨で運用されていた保険金を、ドルなどの外貨で受け取るのではなく、円に換算されて、日本円で受け取ります。

保険料の払い込みは、日本円の個人年金同様、月払いや年払いといったほか、一時払いも可能で、これで退職金を運用される方もおられます。

為替リスクのメリットとデメリット

日本は超低金利政策が続いていることから、日本国内で運用するよりも、外国で資産を運用したほうが高金利というメリットがあります。

その反面、為替の影響を受けるリスクがあります。１ドルが１００円の時に契約し、１ドルが90円の時に満期となった場合、10円分の為替差損が生じます。もちろん、逆に円安となった場合は、為替差益が得られることになります。

外貨建て個人年金は、日本円の個人年金保険よりも高金利を得られ、また、為替差益が得られるメリットと、為替によって差損が生じるデメリットがあることを理解しておきましょう。

! 海外の金利が高いのは魅力ですが、為替の相場には注意が必要です。

図 4-6 外貨建て個人年金保険の仕組み

主要各国の政策年金一覧

▼各国の政策金利一覧（単位%）　　2023年9月現在

日本	アメリカ	イギリス	カナダ	オーストラリア	ニュージーランド
－0.10	5.50	5.25	5.00	4.10	5.50

注：政策金利とは
景気や物価の安定といった金融政策上の目的で、中央銀行が操作・誘導目標とする金利のこと。
不況時は政策金利を下げることで経済を刺激し、好況時には政策金利を上げることで景気過熱やインフレを抑制する。政策金利の上げ下げは預金金利、貸出金利、住宅ローン金利、長期金利などに影響を及ぼす。（出典：小学館　日本大百科全書）

為替差益と差損について

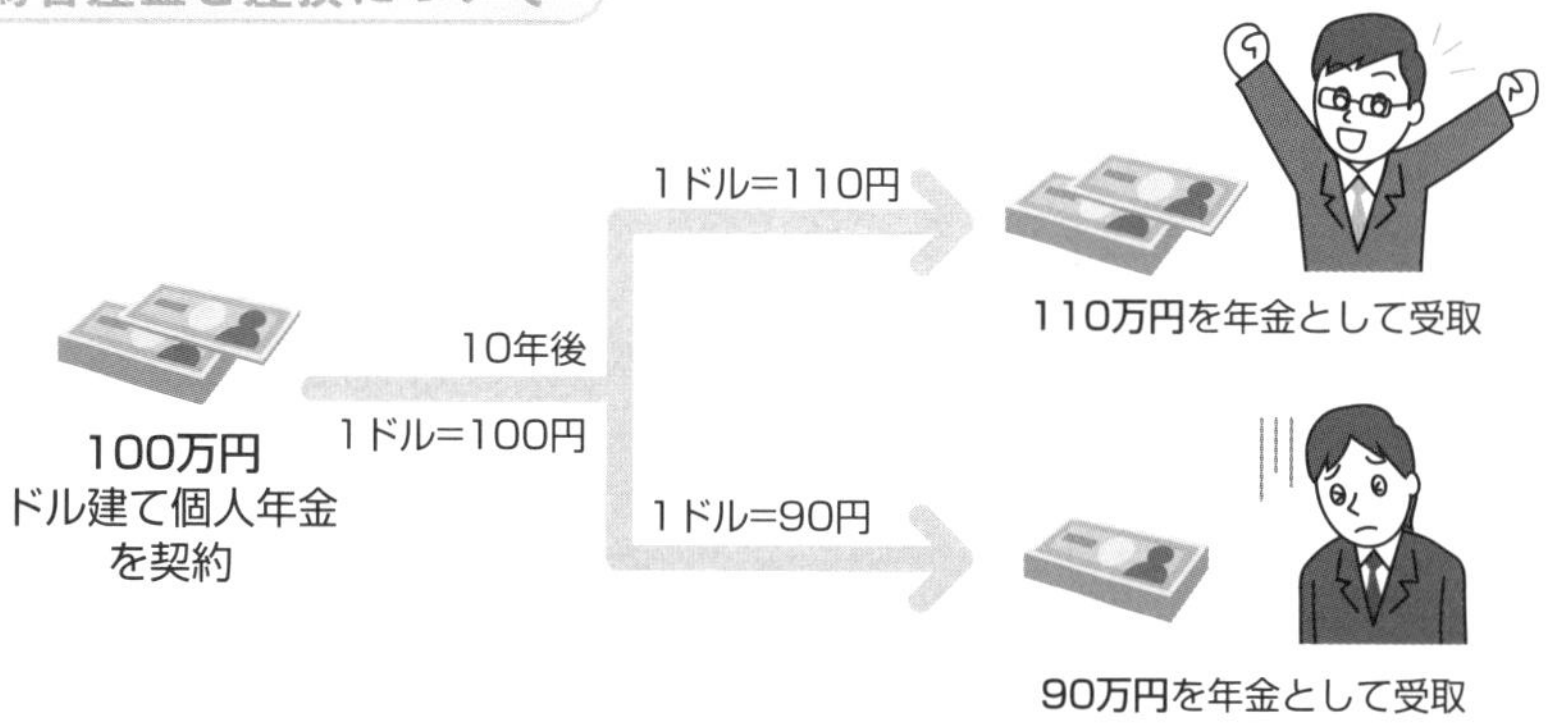

（注：ここでは、わかりやすく解説するため、配当については省略しています）

外貨建ての金融商品は、円高、円安といった為替の影響を受けます。将来の為替相場を予測するなんてことは困難ゆえ、リスクを許容できる範囲の金額で運用しましょう。(詳しくは 202 ページ)

Column

学資保険の満期の時期には要注意！

大学進学に備えて、子どもが生まれたら学資保険に加入される方が多いです。

大学進学時には、入学前に受験料や入学金、前期の授業料や施設設備費など大学への納入金、また下宿をする場合はその住まいに関する費用など、100～200万円といったお金が必要になります。

そうした多額の出費を、子どもが生まれた段階から備えておくというのは、親としての務めだと話す方もおられます。

しかし、ここで注意をしたいのが、その満期の時期です。

子どもが高校3年生の3月に、満期の設定をされる方がおられます。大学に入学するのは4月なので、3月でいいじゃないかと思われるかもしれませんが、実は、大学入試はどんどん早期化しています。

最近よく耳にする総合型選抜入試は、高校3年生の夏休み頃に、もう内定を出す大学や専門学校もあるほどです。

推薦入試となると、10～11月頃に行われている大学が多く、もし合格すれば、合格決定後1週間以内に、入学金や前期分の授業料など100万円近いお金を納入しなければならないといった事態も生じます。

そうなれば、高校3年生の3月に満期を設定している学資保険では、最悪、満期前に解約しなければならないといったことにもなりかねません。

実際、一部の進学校を除く、偏差値が中堅レベル以下の高校となると、半数以上の生徒が推薦入試で大学進学を決めているのが現状です。推薦入試で進学を決めている＝お金も早く必要になる、ということになります。

学資保険の満期は、高校3年生の秋以前に入試が行われている現状からも、夏以前に設定しておくことが無難でしょう。

入学直前の時期にすると、お金が必要な時に間に合わないといったことがありますので、くれぐれもご注意願います。

第5章

死亡時の保険について知っておこう その4「その他」

万一の時のために加入する生命保険ですが、その保険料を支払うために日々の生活を切り詰めなければならないのであれば本末転倒です。生命保険ばかりに頼らなくとも、遺族年金といった公的な保障や、住宅ローン借入時に加入する団体信用生命保険制度のほか、奨学金など様々な支援制度があります。万一のことばかりを考えて高額の保険に加入するのではなく、そうした制度についても知っておきましょう。

5-1

「誰のために加入する保険なのか」確認しておこう

万一の時に備えて加入する保険ですが、誰もかれもが同じような金額の保険というのも本来おかしな話です。家族構成や家庭事情など、よく考えてみる必要があります。

保険受取人を誰にする？

生命保険には、保険料を支払う契約者、その生命保険の死亡や入院の対象となる被保険者、そして、生命保険金を受け取る受取人、以上３人が登場人物となります。

ただし、それぞれの人物が別々である必要はなく、契約者と被保険者が同一人物である場合が多く、また契約者と受取人が同じということもあります。

そこで、保険加入に対して、万一があったら経済的に困る人物を被保険者にするのは当然としても、受取人を誰にしておくのか、これは何のために保険に加入するのかという目的を明確にするものです。

ただ漠然と生命保険に加入するのではなく、誰のために、どのくらいのお金を残しておくのかを考えておきましょう。

子どもの数によって必要額は変わる

生命保険は誰もが同じような保険に加入しています。職場などで生命保険の勧誘を受けた場合、独身者でも、子どもが1人いる世帯でも、子どもが４人以上いる世帯でも同様に、死亡保障額が３～５０００万円の保険に加入しているなんてことも珍しくありません。

しかし、厳密に言うと、これはおかしな話です。

なぜなら、子どもが1人の場合と４人とでは、子育ての費用に差があるのは当然で、ましてや独身者においてはなおさらです。なのに、みな同じような保険というのは疑問を感じます。

必要とする額に応じた保険を、オーダーメイドで作ることが主流となっています。

！ 生命保険は、個々の家庭事情を考慮し、オーダーメイドで作成しましょう。

図5-1 誰にために加入するのか？

独身の場合

- 保険受取人 ―― **親** もしくは **兄弟**
- 加入を検討すべき保険
  自身の葬式代などの死後整理資金
  自身の医療保険　など

独身時代に保険に加入した人は、結婚後、
受取人を変更しておきましょう！

結婚はしているが、子どもがいない場合

- 保険受取人 ―― **配偶者**
- 加入を検討すべき保険
  自身の葬式代などの死後整理資金
  自身の医療保険
  配偶者の生活保障　など

結婚をして子どもがいる場合

- 保険受取人 ―― **配偶者** もしくは **子**
  ※保険金は受け取る割合を設定可能
  （例）受取割合　配偶者70%　子30%
- 加入を検討すべき保険
  自身の葬式代などの死後整理資金
  自身の医療保険
  配偶者の生活保障
  子どもの生活保障
  学資保険　など

5-2

いつまで必要な保障なのかを確認しておこう

保険料をいつまで支払うのかご存じでしょうか？ そして、保険金は何歳までなら受け取れるのでしょうか？ 実は、それぞれ加入時に決めた期間があるのです。

意外と短い定期保険の有効期間

生命保険加入時は、死亡時に受け取れる保険金をどのくらいにしようかとか、毎月支払う保険料はどのくらいまでなら支払い可能なのかを決めた上で、保険に加入されるかと思います。

しかし、保険の有効期限はどうでしょうか？ いつまで保障が必要なのか、これを決めないまま、知らないまま保険に加入される方が実に多くいます。

現在、多くの方が加入されている定期保険特約付終身保険（定期付終身保険）の場合だと、その加入されている方の多くが、「一生涯の保障」があるとか、「一生涯とは思わないが、それでも30年くらいは保障があるだろう」と思っているようです。

しかし、国内で販売されている定期付終身保険の場合、その保障額の大部分を占める定期保険の期間は、およそ10～15年といった商品が多く存在します。

10～15年後に給料は上がっているか

定期保険の期限が到来すれば、自動的に保障は更新されます。ただし、保険料もそのまま更新されるわけではありません。30歳での加入と40歳での加入では、年齢に比例し保険料も上がります。

これまでは、保険料が上がるという不安に対し、「その頃になると給料も上がっているでしょうから大丈夫ですよ」というように上手く言い含められていたのですが、昨今の経済状況だと、保険料を支払っていけるのかといった不安が先行するのもやむを得ません。

将来、保険金額を減額し、保険料を抑えて更新していくなど、自動更新のまま放置しておくのではなく見直しが必要だと言えるでしょう。

(!) 生命保険には、期限が到来するものも。その期限がいつか確認を。

図5-2 定期付終身保険の見直し時期は？

定期付終身保険は、期限が10～15年のものが多い。つまり、更新を続ければ10～15年ごとに保険料が上がっていくことになる！

（例）

30歳時：2,704円 ➡ 40歳時：5,275円 ➡ 50歳時：12,151円

かつての「年功序列」「終身雇用」の時代なら、給料も上昇して保険料支払に問題はなかったのだが…、自動更新で保険料が上がるのは辛いという人が多くなっている！

そこで…

今すぐ見直し派

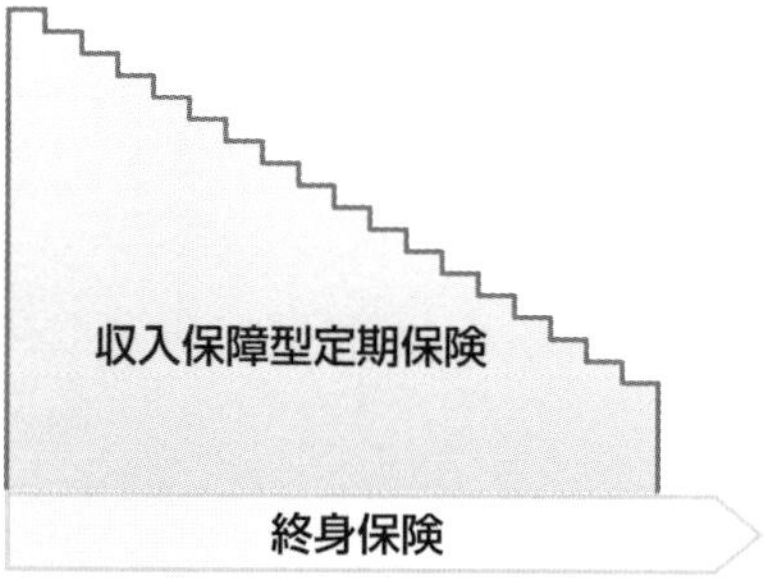

新たな保険に入り直す。その際に、毎月一定額が支払われる収入保障型の定期保険に切り替える

更新時に見直し派

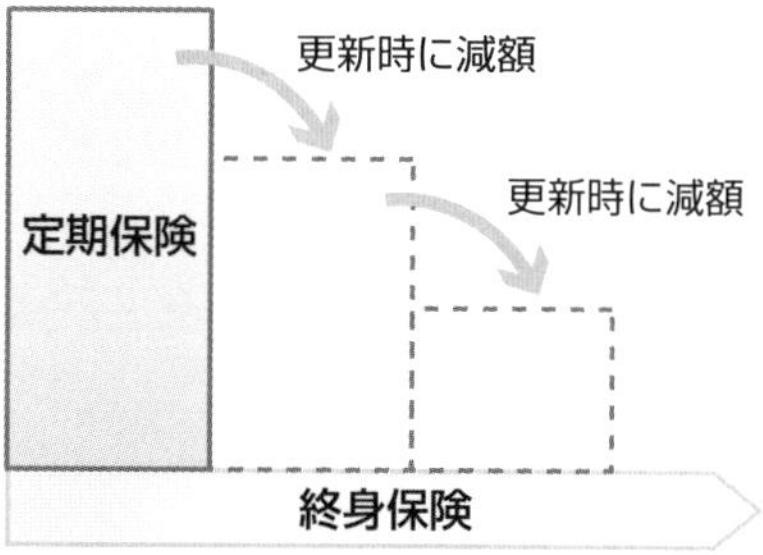

従来、加入している保険を、その更新時に保険金額を減額することで、保険料が上がることを抑えていく

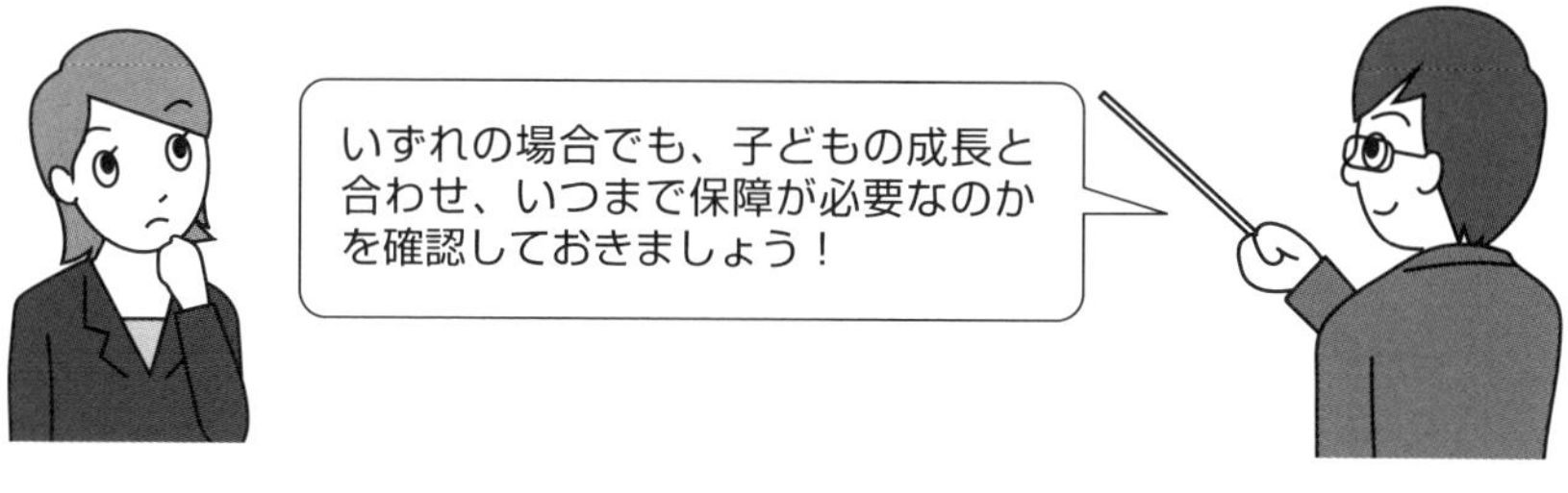

5-3

遺族年金などの公的保障も確認しておこう

万一に対する備えは、民間の生命保険会社だけで対応するわけではありません。国家として遺族の生活を支える、遺族年金といった公的年金制度もあるのです。

▼サラリーマン世帯なら月10万円以上も

年金と言えば、老後に支給されるものだというイメージがあるかと思います。しかし、この老後に支給される老齢年金以外に、若い世代からも支給対象となる障害年金や遺族年金といった公的年金制度があります。こうした公的年金制度は、自営業者ならば毎月支払う国民年金保険料、サラリーマンなどは給料から天引きされている厚生年金保険料を元に、こちらも保険である以上、「相互扶助」の精神のもとで国がそれを運営しています。

さて、この遺族年金ですが、意外に多くのお金が支給されます。

一例で言うと、サラリーマン世帯で子どもが2人いる場合、その世帯主が死亡した場合には、毎月13万円程度支払われます（左ページの図参照）。

支給は子どもが18歳になるまでなどの期限があるものの、子どもを抱えて夫に先立たれた妻にとっては、ありがたい制度と言えます。

また、子どもが18歳以降になり妻が40～64歳までの間は、中高齢寡婦加算制度といった未亡人に対する経済的支援としての遺族年金が年間１００万円以上あるほか、65歳以降は妻自身の老齢年金もあって、年間１３０万円ほど支給されます。

▼高額の生命保険は踏みとどまるべき

生命保険の加入を考える際にも、この支給される遺族年金を考慮に入れて保険金額を決めるべきです。これを考慮に入れれば、あまりにも高額の保険は不要となります。こうした公的年金制度を知ったうえで、適正な保険金額を考えていくことが望まれます。

! 遺族厚生年金は、現在の年収が高ければ、支給額も高くなります。

図5-3 公的保障を確認しておく

遺族年金の支給額の目安

▼遺族基礎年金（自営業者の世帯）

（単位：円）

	基本額	子の加算	支給額
子どもが1人の場合	795,000	228,700	1,023,700
子どもが2人の場合	795,000	228,700+228,700	1,252,400
子どもが3人の場合	795,000	228,700+228,700+76,200	1,327,200

子どもが18歳になるまで支給される

▼遺族厚生年金（サラリーマン世帯）

遺族基礎年金に加え、遺族厚生年金が支給される
遺族基礎年金＋遺族厚生年金の支給額の目安

（単位：円）

	標準報酬月額25万円	標準報酬月額35万円	標準報酬月額45万円
子どもが1人の場合	月額約12万円	月額約13万円	月額約14万円
子どもが2人の場合	月額約14万円	月額約15万円	月額約16万円
子どもが3人の場合	月額約14万円	月額約16万円	月額約17万円

※上記金額は、あくまでも目安です。正確に知りたい場合は、社会保険労務士などにご相談ください。

▼中高齢寡婦加算

夫を亡くし、子のいない40～65歳の妻に、遺族厚生年金や遺族共済年金に上乗せして支給される
この場合の「子のいない」とは、子のすべてが18歳以上になっている妻を含む
（自営業者が加入する遺族基礎年金のみの加入者には、中高齢寡婦加算はない！）
遺族厚生年金＋中高齢寡婦加算の支給額の目安

（単位：円）

	標準報酬月額25万円	標準報酬月額35万円	標準報酬月額45万円
遺族厚生年金	月額約3万円	月額約5万円	月額約6万円
中高齢寡婦加算	596,300円（月額約5万円）		
支給額	月額約8万円	月額約10万円	月額約11万円

※上記金額は、あくまでも目安です。正確に知りたい場合は、社会保険労務士などにご相談ください。

住宅ローン借入時に加入する「団体信用生命保険」って何？

住宅ローンを借りるときには、銀行で団信に加入させられます。団信とは団体信用生命保険のことで、住宅ローンとセットで強制加入することになっているのです。

▼住宅ローンがチャラになる保険

　銀行から住宅ローンを借りると、その際に団体信用生命保険（団信）に加入します。この団信とは、住宅ローンの返済期間中に債務者に万一があった場合、その保険金が銀行に支払われることになり、以降、ローンは支払わなくてもいいことになるものです。平たく言うと、万一の際はローンがチャラとなり、遺族はローンから解放され、家も借金がなくなった状態で住み続けることができるのです。

　この団信の保険料は、ローンの債務者が支払うわけではありません。厳密にいうと、住宅ローン借入時に銀行に支払う諸費用の中の保証料の一部が保険料として支払われおり、顧客側には、ローン返済期間中の保険料負担といったことはありません。

▼住宅ローン分を除いて考える

　このように、団信で住宅ローンの返済負担がなくなる以上、この住宅ローン分は生命保険の保険金額から除いて考えるべきでしょう。

　かつては、「家を買ってローンがあるから、その分も保険に入っておかないと」として高額の保険の加入を勧めた、なんて話もあったようですが…。

　ただし、ローンでも連帯債務という、２人以上でローンを返している場合などは注意が必要です。特に親子リレーなどの住宅ローンの場合は、親が亡くなった際の団信割合を多めにしておきましょう。

　仮に、残高が３０００万円の住宅ローンがあるときに親が死亡した場合、団信割合を親７：子３としておけば、２１００万円分のローンはなくなり、残りの９００万円分を返済すればいいのです。

! 8大疾病と診断されたら、住宅ローンがゼロになる団信もあります。

図5-4 団体信用生命保険の仕組みについて

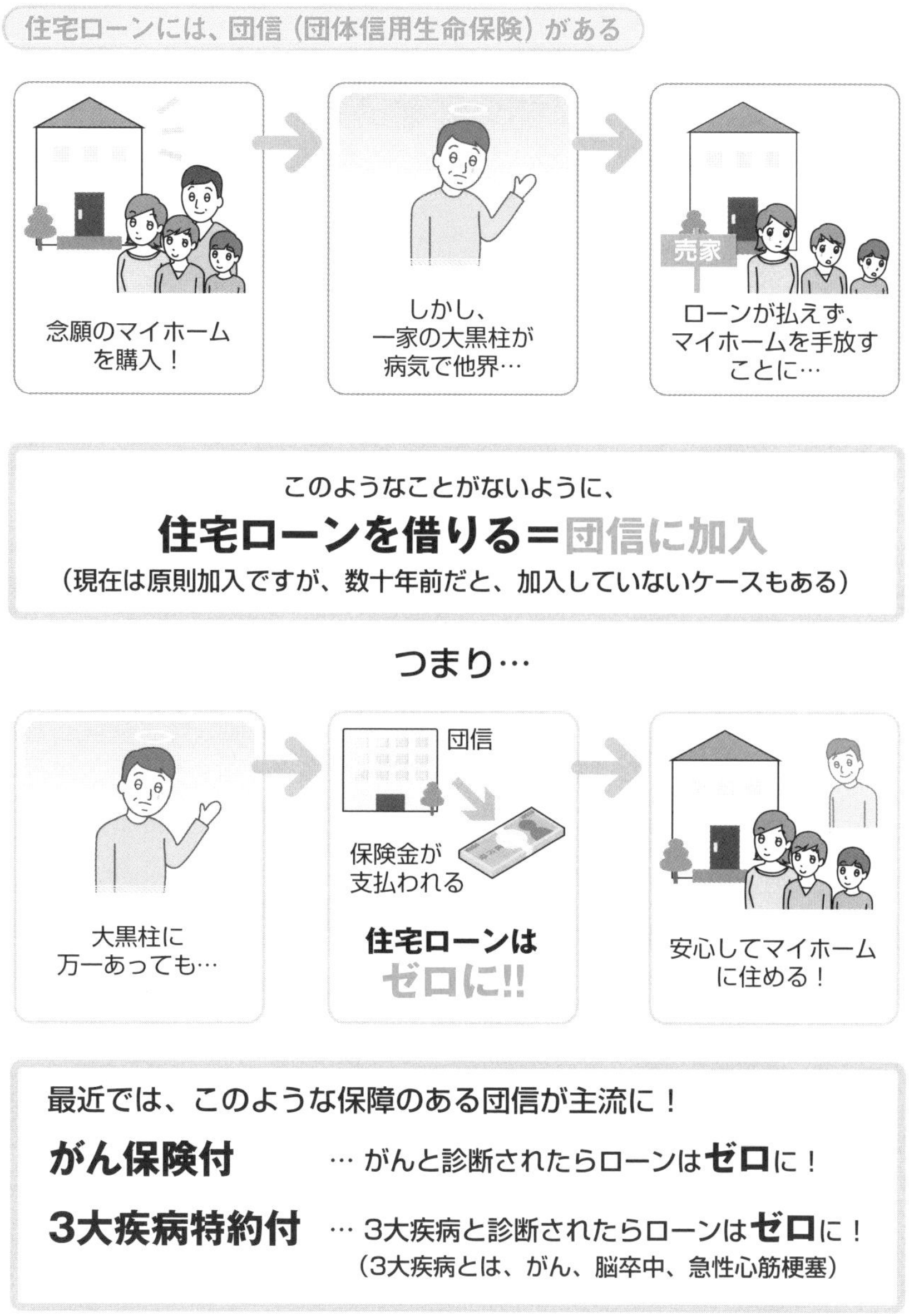

住宅ローンには、団信（団体信用生命保険）がある
念願のマイホーム
を購入！
しかし、
一家の大黒柱が
病気で他界…
売家
ローンが払えず、
マイホームを手放す
ことに…
このようなことがないように、
住宅ローンを借りる＝団信に加入
（現在は原則加入ですが、数十年前だと、加入していないケースもある）
つまり…
大黒柱に
万一あっても…
団信
保険金が
支払われる
住宅ローンは
ゼロに!!
安心してマイホーム
に住める！
最近では、このような保障のある団信が主流に！
がん保険付 … がんと診断されたらローンはゼロに！
3大疾病特約付 … 3大疾病と診断されたらローンはゼロに！
（3大疾病とは、がん、脳卒中、急性心筋梗塞）

5-5

死亡時の必要な保障額を計算しておこう

死亡保険金が3000〜5000万円といった生命保険商品が多くあります。しかし、どの程度が適当なのかは個々によって違うはずです。では、適正な価格はどのくらいなのでしょうか？

▼目安となる必要保障額の算出方法

一家の大黒柱である世帯主が万一の際に、残された遺族にはどのくらいお金があればいいのでしょうか？　それを算出する方法としては、一般的に、次のような計算式があります。

必要保障額＝遺族生活費（末子独立までの家族の生活費＋末子独立後の配偶者の生活費）＋別途必要資金−収入見込

まずは遺族生活費ですが、末子独立までは、現在の生活費の70％を目安とします。

この70％という数字は、世帯主の食費や小遣いなどの生活費の割合を30％と仮定しているので、残りの70％を遺族の生活費としているためです。

次に、末子独立後は、配偶者が平均余命まで生活する分として、現在の生活費の50％とします。

3つ目として、別途必要資金ですが、子どもの教育費や、子どもの結婚時の費用、住宅の改装費や葬儀費用などです。

最後に、これまでに計算した必要保障額から収入見込分を差し引くのですが、この収入見込とは、先に説明した遺族年金や団信のほか、サラリーマンの場合は死亡退職金などのことです。

▼実際に必要保障額を計算してみる

左ページの図を参考に、この必要保障額を計算してみましょう。計算結果は、あくまでも目安としての数字ですが、それでも、過大な、もしくは過少な保険に加入しているのであれば、生命保険を早急に見直すべきでしょう。

ⓘ 死亡時の必要な保障額を算出する際には、現在の生活費の確認を。

図5-5 必要な保障額の算出

必要保障額の算出方法は？

必要保障額＝遺族生活費＋別途資金－収入見込

- 遺族生活費＝末子独立までの家族の生活費＋末子独立後の配偶者の生活費
- 別途資金＝子どもの教育費＋子どもの結婚費用＋住宅改装費用＋葬儀費用
- 収入見込＝遺族年金＋預貯金の残高＋死亡退職金＋配偶者が働く場合はその収入額

※「平均余命」とは、ある年齢の人々が平均してあと何年生きられるのか、その年数のことを言います

▼平均余命　　(単位：年)

年齢	男			女		
	令和４年	令和３年	前年との差	令和４年	令和３年	前年との差
0歳	81.05	81.47	△0.42	87.09	87.57	△0.49
5	76.25	76.67	△0.42	82.28	82.76	△0.48
10	71.28	71.70	△0.42	77.30	77.78	△0.48
15	66.31	66.73	△0.42	72.33	72.81	△0.48
20	61.39	61.81	△0.42	67.39	67.87	△0.48
25	56.53	56.95	△0.42	62.48	82.95	△0.47
30	51.66	52.09	△0.43	57.56	58.03	△0.47
35	46.80	47.23	△0.43	52.65	53.13	△0.47
40	41.93	42.40	△0.43	47.77	48.24	△0.46
45	37.20	37.62	△0.42	42.93	43.39	△0.46
50	32.51	32.93	△0.42	38.16	38.61	△0.45
55	27.97	28.39	△0.43	33.46	33.91	△0.45
60	23.59	24.02	△0.43	28.84	29.28	△0.45
65	19.44	19.85	△0.41	24.30	24.73	△0.43
70	15.56	15.96	△0.41	19.89	20.31	△0.42
75	12.04	12.42	△0.38	15.67	16.08	△0.41
80	8.89	9.22	△0.33	11.74	12.12	△0.38
85	6.20	6.48	△0.29	8.28	8.60	△0.32
90	4.14	4.38	△0.24	5.47	5.74	△0.27

＊参考：厚生労働省「令和４年簡易生命表」より

生命保険金だけでなく奨学金なども活用しよう

必要保障額のすべてを生命保険で用意する必要はありません。特に、教育費に関しては、奨学金制度という公的な制度があります。奨学金利用者は急増しています。

学生の半数が利用している奨学金

奨学金といえば、かつては日本育英会という国の組織の奨学金を利用する学生が多かったのですが、この日本育英会は平成16年に組織改編され、独立行政法人日本学生支援機構となりました。ただし、大学生などに奨学金を貸与するという従来の業務は引き継がれているので、利用するにあたり、特に変更点はありません。

その日本学生支援機構の奨学金ですが、現在130万人もの利用者がおり、大学生の半数が利用していると言われています。

これは、平成11年に奨学金事業の改革が行われ、奨学金を希望する学生・生徒には奨学金を貸与していこうという方針もあって、大幅に利用者が増加しています。

もし、世帯主に万一があっても、こうした日本学生支援機構の奨学金を利用するほか、あしなが育英会などの民間の団体が扱う奨学金制度もあり、遺族の教育費負担を抑えることが可能となっています。大学生に対して、毎月2～12万円といった奨学金が貸与されるものであり、遺族にとってはありがたい制度です。利用を検討すべきでしょう。

高等教育無償化で、低所得者も進学可能に

令和2年度の大学入学者から、住民税非課税世帯やそれに準ずる世帯の学生に対し、授業料の減免や給付型奨学金の拡充が実施されています。

これにより、私立大学の場合は、入学金が最大26万円、授業料が最大70万円まで減免され、かつ、自宅生の場合は46万円までが給付されるので、進学の道が開けるかもしれません。

(!) 令和2年度から、低所得者向けに大学の無償化が開始されています。

図5-6 日本学生支援機構の奨学金

高等教育の無償化について

【支援内容】①授業料等減免制度の新設　②給付型奨学金の支給の拡充
【支援対象となる学生】住民税非課税世帯　及び　それに準ずる世帯の学生

◯授業料等減免の上限額

	国公立		私立	
	入学金	授業料	入学金	授業料
大学	約28万円	約54万円	約26万円	約70万円
短期大学	約17万円	約39万円	約25万円	約62万円
専門学校	約7万円	約17万円	約16万円	約59万円

◯授業料減免・奨学金給付対象

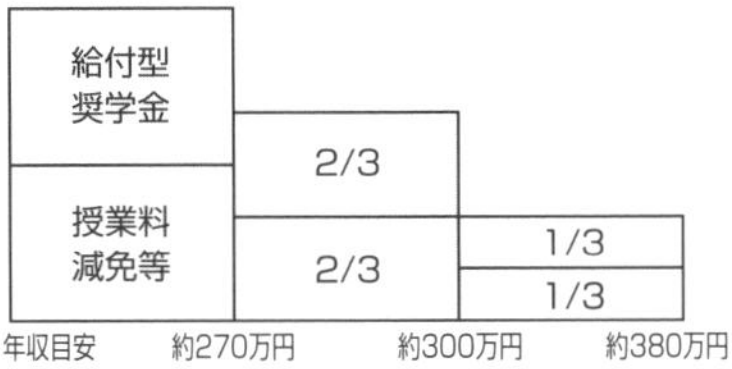

（両親・本人・中学生の家族4人の場合の目安
基準を満たす世帯年収は家族構成により異なる）

◯給付型奨学金

国公立		私立	
自宅	自宅外	自宅	自宅外
約35万円	約80万円	約46万円	約91万円

◯大学等の要件

国または自治体による要件確認を受けた大学などが対象

◯支援対象者の要件

・進学前の成績だけでは否定的な判断をせず、レポート等で本人の学習意欲を確認
・大学等への進学後の学習状況に厳しい条件

第1種奨学金（貸与型・無利子）

▼第1種奨学金　貸与額（2023年度実績）

区分	設置者	通学方法	最高額	選択			
大学	国公立	自宅	45,000円	20,000円	30,000円		
		自宅外	51,000円	20,000円	30,000円	40,000円	
	私立	自宅	54,000円	20,000円	30,000円	40,000円	
		自宅外	64,000円	20,000円	30,000円	40,000円	50,000円

▼第1種奨学金　返還例（2023年度実績）

	貸与金額	貸与月数	貸与総額	返還月額	返還回数
最高額	45,000円	48ヶ月	2,160,000円	12,857円	168回（14年）
	51,000円	48ヶ月	2,448,000円	13,600円	180回（15年）
	54,000円	48ヶ月	2,592,000円	14,400円	180回（15年）
	64,000円	48ヶ月	3,072,000円	14,222円	216回（18年）
選択	20,000円	48ヶ月	960,000円	8,000円	120回（10年）
	30,000円	48ヶ月	1,440,000円	9,230円	156回（13年）
	40,000円	48ヶ月	1920000円	12,307円	156回（13年）
	50,000円	48ヶ月	2,400,000円	13,333円	180回（15年）

第2種奨学金（貸与型・有利子）

月額2～12万円から選択

5-7

必要な保障額は年々減っていくことを確認しておこう

必要保障額を算出し実際に保険を考える際に忘れてはならないのが、必要保障額は年々減っていくということです。必要以上に保険料を払わずにしたいものです。

ムリ・ムラ・ムダのないように！

必要保障額というのは、あくまでも計算した現時点での必要保障額です。

もし、5年後にこれを計算した場合はどうでしょうか？　5年分の生活費のほか、子どもの教育費も5年分は消化されています。

つまり、第2章の定期保険でも説明しましたが、必要な保障額というのは年々減っていくことになります。

そこで、ムリなく保険料を支払い、保障額にムラがなく、支払う保険料にムダがない、スリムな保険を設計するならば、必要保障額が年月の経過とともに逓減していくタイプの、逓減定期保険や収入保障型の保険が理想的と言えるでしょう。

見直し時は営業担当者とよく話すこと

保険の見直しの際には、保険会社の営業担当者に「必要保障額をオーダーメイドで作成してくれるのか」を確認しておくべきです。

たとえば、「みんなこの程度の保険に入っていますから」といって保険をやや強引に勧誘してくるとか、「支払われるべき遺族年金の説明がない」など、営業担当者が信用できるかどうか、これを見極めないと、ムダに高い保険料を支払う可能性もあります。

本来、生命保険の必要保障額は、個々に違うはず。まずは家庭の状況をオープンにし、その上で保険の営業担当者と「オーダーメイドの保険を作っていく」ことが大切なのです。

複数の担当者と接するほか、信頼できる営業担当者を知人などから紹介してもらいましょう。

! 高校や大学の学費等も、インターネット等で調べてみましょう。

図5-7 必要とする保障額はこれだけ違う！

必要な保障は年々減っていく

もし夫の死去の1年後に妻が死去することがわかっていれば…
夫は妻に、1年分の生活費を残してあげようと思いますよね？
（ここでは生活費を200万円とします）

もしこれが
5年後に死去するのが
わかったとするなら…

200万円×5年分＝1,000万円

もしこれが
4年後に死去するのが
わかったとするなら…

200万円×4年分＝800万円

必要な保障は
年々減っていく

3年後なら600万円
2年後なら400万円
・
・
・

つまり、30歳で加入する保険と40歳で加入する保険とでは…

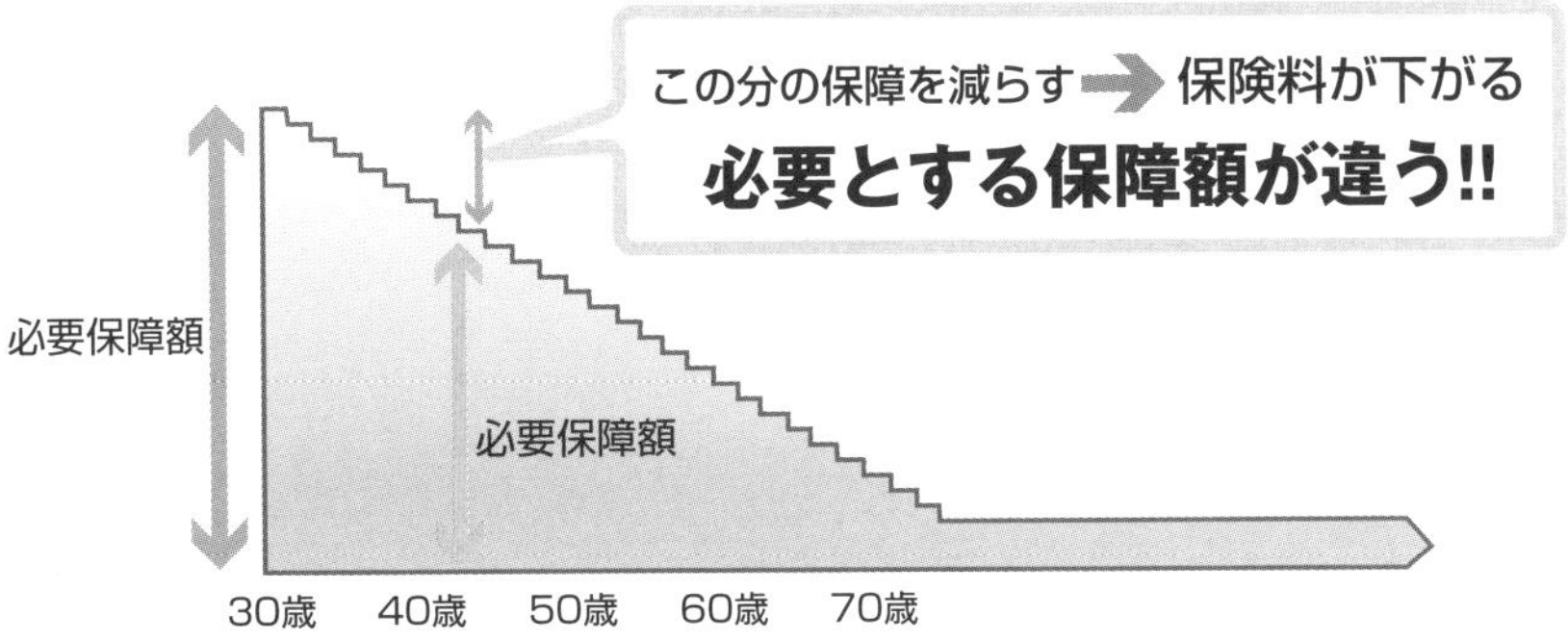

5-8

「妊娠すると生命保険に加入できない」というのは本当？

女性の場合、生命保険加入のタイミングとして気をつけたいのが妊娠です。妊娠すると生命保険を引き受けない保険会社が大半なので、妊娠前の加入が望ましいでしょう。

▼妊娠時はリスクがあり保険加入は厳しい

保険の提案を受けても、熟慮しているうちにケガや病気になれば保険に加入できないことがありますが、女性の場合、妊娠したら保険に加入できなくなります。

もちろん、妊娠自体はケガでも病気でもありませんが、出産時の母体にリスクがあるために、保険会社としては保険契約を引き受けないようにしています。保険の検討中に妊娠し、結果保険に加入できないといった事例もあるので、ご注意ください。

なお、妊娠前に加入した医療保険では、出産時において、正常分娩であれば給付金が支払われません。

しかし、帝王切開などの異常分娩であれば、給付金が支払われるようになっています。

保険加入の際に、その加入時点での健康状態などを記入する告知書においても、女性の場合は「現在、妊娠していますか？」という質問が設けられています。たとえウソを記入しても、出産日から逆算し、不審な点があれば、当然に「告知義務違反」となり給付金は支払われません。

▼帝王切開後は一定期間空けなければいけない

帝王切開で出産後、新たに保険に加入する際は、告知書に「過去の手術歴」を記入しなければなりません。死亡保険や医療保険の加入は問題ないのですが、帝王切開のみ、手術後3～5年以上経過しないと給付金が支払われないという条件がつきます。

したがって、女性の場合は妊娠前に保険に加入しておくのが無難と言えるでしょう。

！出産にはリスクが伴うため、妊娠前に保険を加入しておきましょう。

図5-8 女性疾病特約とは？

女性が医療保険に加入する場合は**「女性疾病特約」を付加するのがオトクです！**

ある保険会社の「女性疾病特約」の対象となる疾病（一部抜粋）

女性特定疾病の種類	分類項目
悪性新生物	**口唇、口腔および咽頭の悪性新生物** **消化器および腹膜の悪性新生物** **呼吸器および胸腔内臓器の悪性新生物** **骨、結合組織、皮膚および乳房の悪性新生物中の** ・骨および間接軟骨の悪性新生物 ・結合組織およびその他の軟部組織の悪性新生物 ・皮膚の悪性黒色腫 ・皮膚のその他の悪性新生物 ・女性乳房の悪性新生物 **泌尿生殖器の悪性新生物中の** ・子宮の悪性新生物、部位不明 ・子宮頸の悪性新生物 ・胎盤の悪性新生物 ・子宮体の悪性新生物 ・卵巣およびその他の子宮付属器の悪性新生物 ・その他および部位不明の女性生殖器の悪性新生物 ・膀胱の悪性新生物 ・腎ならびにその他および部位不明の泌尿器の悪性新生物 **その他および部位不明の悪性新生物** **リンパ組織および造血組織の悪性新生物** **上皮内癌中の** ・消化器の上皮内癌 ・呼吸器の上皮内癌 ・皮膚の上皮内癌 ・乳房および泌尿生殖系の上皮内癌中の 　・乳房 　・子宮頸 　・その他および部位不明の子宮 　・その他および部位不明の女性生殖器 　・膀胱 　・その他および部位不明の泌尿器 ・その他および部位不明の上皮内癌
泌尿生殖系の疾患	**腎炎、ネフローゼ症候群およびネフローゼ中の** ・急性糸球体腎炎 ・ネフローゼ症候群 ・慢性糸球体腎炎 ・腎炎および腎症〈ネフロパシー〉〈腎障害〉、急性または慢性と明示されないもの ・慢性腎不全 **泌尿系のその他の疾患中の** ・腎の感染（症） ・水腎症 ・腎および尿管の結石 ・尿および尿管のその他の障害 ・下部尿路の結石 ・膀胱炎 ・膀胱のその他の障害 ・非性交感染性尿道炎および尿道症候群 ・尿道狭窄 ・尿道および尿路のその他の障害 **乳房の障害** **女性骨盤臓器の炎症性疾患** **女性生殖路のその他の障害**
妊娠、分娩および産じょく〈褥〉の合併症	**妊娠、流産に終わったもの** **主として妊娠に関連した合併症** **正常分娩および妊娠・分娩における治療のその他の適応症〈完全に正常な状態における分娩は除く〉** **分娩の経過に主として発生する合併症** **産じょく〈褥〉の合併症**

右記以外でも糖尿病や**高血圧性疾患**など、男性でも発病するものも対象である

5-9

死亡時の保険が本当に必要なのは専業主婦

家の大黒柱である夫に先立たれて、女手一つで子どもを育てるという話はよく聞きます。しかし、逆に子どもを残して妻に先立たれた夫はどうなるのでしょうか?

未亡人には様々な公的支援がある

夫が先に亡くなり妻が残された場合、子どもがいれば年間100万円以上の遺族厚生年金などの公的支援があります。

また、夫名義で住宅ローンを借りていた場合は、団信にて住宅ローンはなくなります。

ましてや、数千万円といった高額の生命保険にも加入しているとなれば、大きな不安はある程度払しょくできるかと思われます。

ところが、これが逆ならどうでしょう?

幼い子どもを残して妻に先立たれた場合、遺族年金は期待できず、また住宅ローンは以前のままです。

そのうえ、高額の保険にも加入していないことからも、むしろ、幼い子供を残して妻に先立たれるほうが苦しい状況が待ち受けているとも言えます。

妻も死亡保険に加入しておくべき

専業主婦なら万一があっても、経済的な保障は必要ないと考える向きもありますが、やはりここは死亡保障を持つべきです。

たとえば、毎月5万円を受け取る収入保障型の保険だと、30歳女性の場合、毎月の保険料は1000〜2000円程度です。このほか、死後整理資金としての終身保険や、医療保険に加入しても、毎月1万円で充分お釣りがきます。

女手一つで子どもを育てるのは大変ですが、男手一つで子どもを育てるのも厳しいと思われます。

万一に備えるのは、大黒柱である夫の保険だけではないことも知っておきましょう。

! 専業主婦であっても、死亡時の保障を検討しておきましょう。

図5-9 妻に先立たれると深刻な問題に！

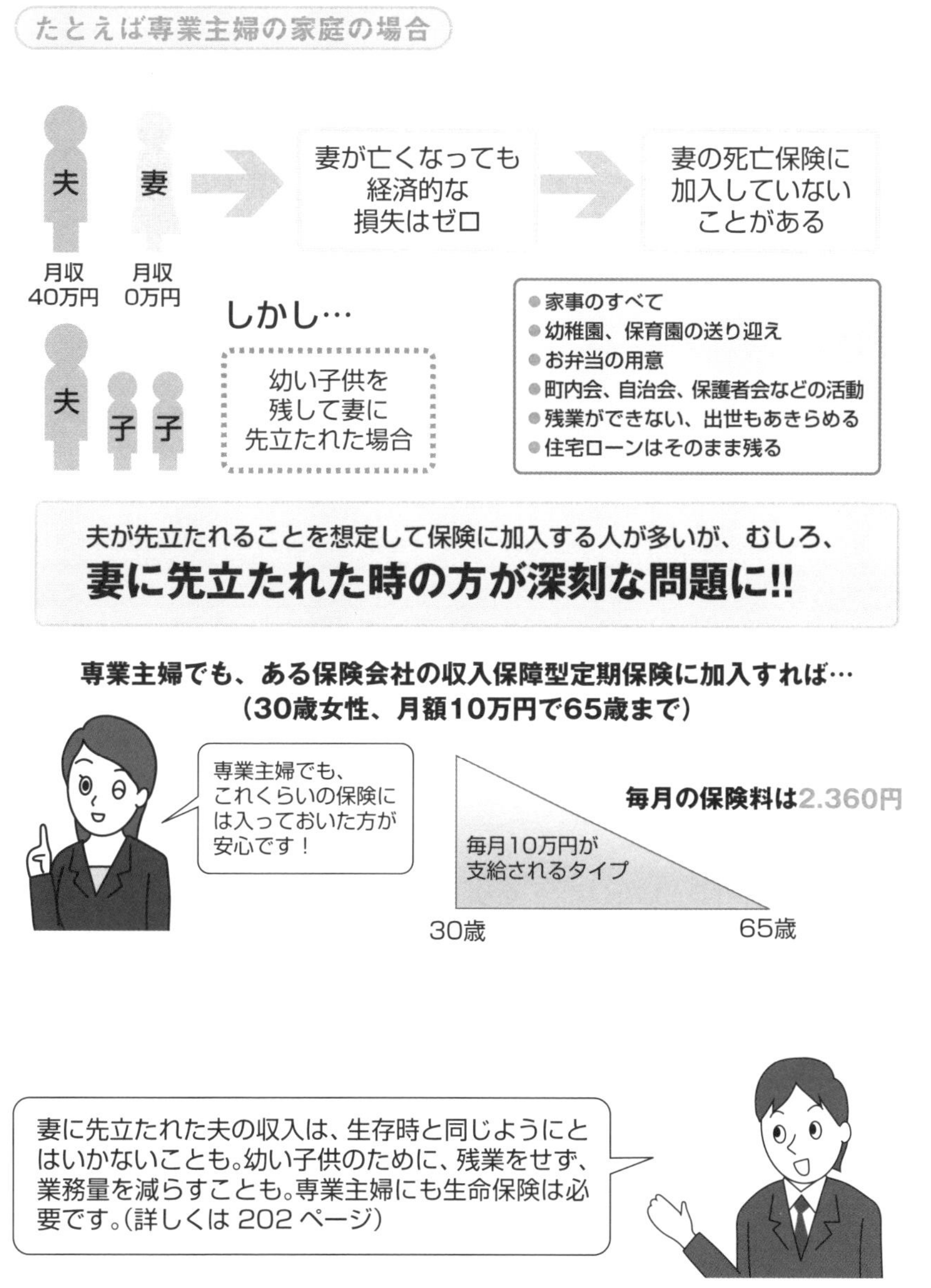
たとえば専業主婦の家庭の場合
夫
妻
月収
40万円
月収
0万円
妻が亡くなっても
経済的な
損失はゼロ
妻の死亡保険に
加入していない
ことがある
しかし…
夫
子
子
幼い子供を
残して妻に
先立たれた場合
家事のすべて
幼稚園、保育園の送り迎え
お弁当の用意
町内会、自治会、保護者会などの活動
残業ができない、出世もあきらめる
住宅ローンはそのまま残る
夫が先立たれることを想定して保険に加入する人が多いが、むしろ、
妻に先立たれた時の方が深刻な問題に!!
専業主婦でも、ある保険会社の収入保障型定期保険に加入すれば…
（30歳女性、月額10万円で65歳まで）
専業主婦でも、
これくらいの保険に
は入っておいた方が
安心です！
毎月の保険料は2,360円
毎月10万円が
支給されるタイプ
30歳
65歳
妻に先立たれた夫の収入は、生存時と同じようにと
はいかないことも。幼い子供のために、残業をせず、
業務量を減らすことも。専業主婦にも生命保険は必
要です。（詳しくは 202 ページ）

Column

教育ローンは借りにくい？

大学・短大への進学率が上昇し、今や50％を超えています。専門学校への進学者を含めると、高校卒業後、4人に3人は進学していることになります。

そうなると、親としても子どものために資金を準備しなければなりませんが、でもお金はそう簡単に貯まるものでもありません。

本章の中で、日本学生支援機構の奨学金について説明しました。毎月2～12万円の奨学金を利用できるので、授業料の支払いのほか、下宿費用などにも充当できます。

しかし、この日本学生支援機構の奨学金は、実は入学前に必要な入学金には充当できません。この奨学金は、入学後にしかお金は振り込まれないのです。

そこで、銀行などが扱う教育ローンの利用をご検討ください。その教育ローンを扱う最大手は、国の金融機関である日本政策金融公庫です。

借入金額は350万円以内、返済期間は18年といった条件でお金を借りることができる、とてもありがたい制度です。

しかし、この教育ローンを利用しようとした場合、ローンゆえに審査があります。実はこの審査、最近はなかなか厳しいようです。

日本政策金融公庫（旧国民生活金融公庫）の教育ローンの取り扱い件数（直接扱）は、平成13年に19万件以上あったものが、平成20年には11万件と、半分近くまで落ち込みました。以降、減少傾向は続き、令和4年度は9万6千件となっています。

逆に、日本学生支援機構の奨学金は、年々増加し続け、この10年ほどでほぼ倍増するペースで増加しているのと比べると、教育ローンの減少傾向は首を傾げたくなります。

そもそも、教育ローンは保護者に対して融資をするものであり、保護者に安定した収入がないと、お金は借りられません。不景気でリストラされた保護者には、貸したくても貸せないのが金融機関としての立場です。

入学前に必要な資金は、教育ローンで充当するか、もしくは教育ローンの審査が通らない場合は、進学資金を学資保険などで準備しておくことも心がけておきましょう。

第6章

病気やケガのときの医療保険選びのポイントとは

生命保険は死亡時の保障以外に、入院・手術といった事態に備えることができます。特に入院保険は、テレビコマーシャルでも盛んに流れていることからも、そのニーズは増加傾向にあります。ここでは、そのような入院・手術時に備える保険について、理解を深めていくことにしましょう。

病気やケガの時に支払われる「医療保険」って何？

ここまで、死亡時に支払われる生命保険を中心に説明をしてきました。第6章では、入院や手術時に支払われる医療保険についてみていきたいと思います。

▼死亡しなくても保険金が支払われる

生命保険というと、死亡時に保険金が支払われるというイメージが強いのではないでしょうか。しかし、死亡時だけでなく、入院時などにおいても給付金が支払われる保険があるのです。

たとえば一家の大黒柱が病気やケガで長期入院しなければならないとした場合、月々の生活に不安を感じざるを得ません。そこで、そういった入院などで不足する収入をカバーするほか、治療費などの費用負担に対し、医療保険に加入することで入院時の備えとするものです。

入院時に備える保険は「入院保険」とも呼ばれますが、実際には、入院時だけでなく入院を伴わない手術に対しても給付金が支払われます。

したがって、入院や手術時に支払われる保険をまとめて、「医療保険」と呼んでいます。

▼入院日数に応じて保険金が支払われる

死亡時の生命保険の場合、加入当初に死亡保険金額を決めておきます。医療保険の場合、加入当初に、1日当たりの入院給付金額を決めておきます。通常5000～1万円の間で加入します。1万円を超えると医師の診査が必要となる保険会社も多いため、1万円以下での加入が大半です。

仮に、入院1日あたり1万円の医療保険に加入し30日入院すると、1万円×30日＝30万円の給付金が支払われます。こうして支払われた給付金を治療費として病院に支払うほか、自営業者などは休業したことで生活費に困窮しないようにという目的で、給付金を生活費として利用することもあります。

！「高額療養費制度」という医療制度もあるので、入院時には申請を。

図6-1 医療保険の仕組みについて

医療保険とは **入院、手術** に対して給付金が支払われる

入院の場合

ケガ

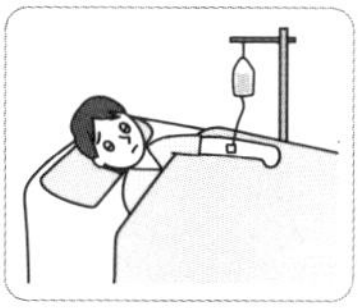

病気

（例）交通事故によるケガで30日入院した場合
（入院日額10,000円の保険に加入）

入院日額　入院日数　入院給付金支払額
10,000円×30日＝300,000円

手術の場合

病気やケガで手術をする場合
手術の内容に応じて給付倍率が決められている

▼主な手術と給付倍率（ある保険会社の約款より）

手術の種類	給付倍率	手術の種類	給付倍率
○皮膚・乳房の手術		**○尿・性器の手術**	
植皮術（25平方cmは除く）	20	腎移植手術（受容者に限る）	40
乳房切断術	20	睾丸・副睾丸・精管・精索・精嚢・前立腺手術	20
○循環器・脾の手術		子宮頸管形成術・子宮頸管縫縮術	10
静脈瘤根本手術	10	帝王切開娩出術	10
大動脈・大静脈・肺動脈・冠動脈手術	40	子宮外妊娠手術	20
心膜切開・縫合術	20	子宮脱・膣脱手術	20
直視下心臓内手術	40	卵管・卵巣観血手術	20
体内用ペースメーカー埋込術	20	**○筋骨の手術**	
脾摘除術	20	骨移植術	20
○消化器の手術		骨髄炎・骨結核手術	20
耳下腺腫瘍摘出術	20	鎖骨・肩胛骨・肋骨・胸骨観血手術	10
顎下腺腫瘍摘出術	10	四肢切断術	20
食道離断術	40	切断四肢再接合術	20
胃切除術	40	四肢骨・四肢関節観血手術	10
腹膜炎手術	20	**○悪性新生物の手術**	
肝臓・胆嚢・胆道・膵臓観血手術	20	悪性新生物根治手術	40
ヘルニア根本手術	10	悪性新生物温熱療法	10
①虫垂炎切除術・盲腸縫縮術	10	その他の悪性新生物手術	20

難解な言葉が書かれていますが、保険会社に手術内容を伝えれば、給付倍率がいくらか教えてくれます。

①盲腸の手術の場合
（入院日額10,000円の場合）

入院日額　給付倍率　手術給付金支払額
10,000円 × 10 ＝ 100,000円

手術給付金は、入院給付金と合算して保険会社から支払われます。

＊手術給付金は、入院を伴わない手術（日帰り手術）にも保険金が支払われる

6-2

医療保険にも「定期型」と「終身型」がある

医療保険にも、満期のあるタイプや満期のない終身型の保険があります。老後に備えるならば終身型の医療保険がよさそうですが、当然、保険料は高くなります。

老後に備える終身型の医療保険

医療保険にも、終身型と定期型の保険があります。

20~30代ならば、病気による入院・手術よりも、事故などによるケガが多いでしょうが、年を重ねるとそうはいきません。特に、50~60代以降においては、ケガよりも病気で入院・手術することは充分に考えられ、また、年金暮らしで高額の入院費用となると不安が生じるのも当然と言えるでしょう。

そこで、若いうちから老後の入院時の費用などに備えておきたいとした場合、終身型の医療保険に早くから加入しておけば、その保険料の総支払額も少なく済みます。終身型を選ぶ人は、老後に多額の保険料を支払いたくないという人も多く、こうした将来の不安に早くから備える人が多いようです。

将来の貨幣価値に疑問の人は定期型も

50代までの世代において、終身型の医療保険は、定期型に比べ保険料は高くなっています。子育て世代においては、たとえ数千円でも節約したいことからも、定期型を選ぶ人もいます。

また、現在、入院日額５０００円の医療保険に加入したとしても、数十年先に物価が上がり、仮にコーヒー1杯が３０００円となっていれば、５０００円の入院保険など意味をなさないかもしれません。

つまり、将来の物価のことを考え、終身型の医療保険のような若いうちから高い保険料を払うことがムダではと考え、安い保険料の定期型を選ぶ人もいます。とは言え、終身型であろうが定期型であろうが、絶対的な正解はありませんので、ご自身で選択するよりほかありません。

! 保険会社各社の医療保険の主力商品は、やはり終身型です。

図 6-2 定期型の医療保険と終身型の医療保険

医療保険にも終身型と定期型がある！

●**終身医療保険** ―― 保障は一生涯

メリット
●老後の入院費用を早くから準備
●保険料は上がらない

デメリット
●物価上昇に対応できない

●**定期医療保険** ―― 保障は満期まで（自動更新可）

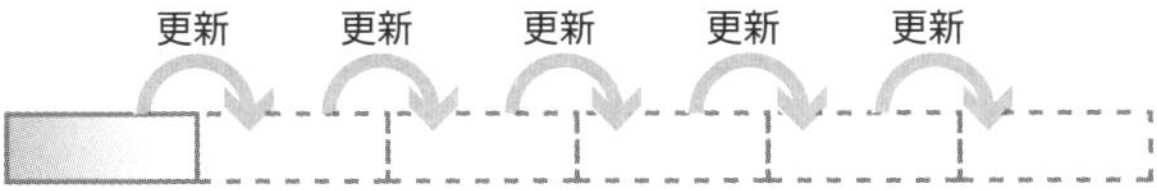

メリット
●若いうちは保険料が安い
●将来の物価上昇にも柔軟に対応

デメリット
●保険料が上がる

▼ある保険会社の保険料（入院日額10,000円で計算）　　(単位：円)

	30歳	40歳	50歳	60歳	総支払額
終身医療			3,690	保険料支払済	1,328,400
定期医療	1,680	1.2倍 1,920	1.4倍 2,960	1.7倍 5,880	1,492,800

＊終身医療は60歳払い込み終了で計算

終身保険のほうが総支払額は少なく済みます！

20 ～ 30代に、少しでも出費を抑えたいのであれば定期型がお得ですが、入院保障が必要となりそうな 50 ～ 60代には保険料は高くなり、しかも、保障は一生涯ではありません。
(詳しくは 203 ページ)

6-3

入院が支払いの条件だが「入院なら何でも可」ではない

入院や手術が保険金支払いの対象となっている医療保険。しかし、入院ならばなんでも保険金が支払われるわけではありません。では、その支払いの対象となるのは？

▼検査入院などは保険金が支払われない

医療保険の保険金支払いの対象となる入院は、病気やケガによる入院です。つまり、病気やケガといった原因があるのが大前提で、それを治療するためにやむなく入院しているといった「病気・ケガ↓治療」という状況が必要です。

したがって、人間ドックに入るために1泊2日で入院するといったものは、これに該当しません。拡大解釈をすれば、病気などの原因があって、それを検査により発見し治療するとも取れるのですが「病気・ケガ↓治療」という目的からすると、検査自体が目的となる入院はその対象外となります。

ただし、こうした検査で悪性のがんなどを発見した場合、そこからの入院は「病気・ケガ↓治療」であり、当然、入院保険の支払い対象となります。

また、美容整形や豊胸手術などは、「病気・ケガ↓治療」に当たらず、当然ながら保険金は支払われません。

▼正常分娩は入院保険の対象とならない

出産の場合、産婆さんが来て自宅で出産といったケースは稀で、大半の女性は入院するはずです。

しかし、こうした入院でも正常分娩であれば、「病気・ケガ↓治療」に該当しません。つまり、病気やケガではない正常な状態だからです。

ただし、帝王切開の場合は、医学上も異常分娩となり「病気・ケガ↓治療」という流れに該当し、給付金が支払われることになります。

したがって、帝王切開の場合には、必ず給付金請求を行うようにしましょう。

ⓘ検査入院は病気・ケガの治療に該当せず、医療保険対象外です。

図6-3 入院ならなんでも保険金が支払われるわけではない

入院・手術なら、何でも給付金が支払われるわけではない！

ケガ、病気が原因でそれを治療する目的以外には **給付金が支給されない**
※特に出産時の入院に対しては、対応が分かれる

正常分娩 ➡ 給付金支払の対象とならない
異常分娩 ➡ 給付金支払の対象となる（帝王切開など）

約款に記載されている、給付金支払い対象となる入院

▼災害入院給付金が支払われる事由

1. 保険加入後に発生した不慮の事故を直接の原因とする入院
2. 不慮の事故による傷害の治療を目的とする入院
3. 不慮の事故の日から、その日を含めて180日以内に開始した入院

▼疾病入院給付金が支払われる事由

1. 保険加入後に発病した疾病を直接の原因とする入院
2. 治療を目的とする入院

不慮の事故とは、地震などの自然災害や交通事故、もしくは、故意でなく「階段で転んだ」ことなども含まれます。

「疾病」とは、平たく言えば病気のことです。

※保険会社には、以下のような**免責事由（給付金を支払わない事由）**があります。

1. 保険契約者または被保険者の故意または重大な過失
2. 被保険者の犯罪行為
3. 被保険者の精神障害または泥酔の状態を原因とする事故
4. 被保険者の無免許運転による事故
5. 被保険者の飲酒・酒気帯び運転による事故
6. 被保険者の薬物依存
7. 地震、噴火または津波
8. 戦争その他変乱

故意や犯罪行為に関する入院には、給付金は支払われません。

地震などは、大規模なものでも、現在まで保険金は支払われています。
（東日本大震災でも給付金は支払われました）

6-4

女性向け医療保険の保障内容が充実！

ここ数年で、女性向けの医療保険の進化がしており、様々な女性特有の病気に備える保険が充実しています。その充実された保障内容を紹介することにします。

乳房再生手術給付金が支給される保険も！

一般的に、男性よりも女性のほうが病気で入院するリスクが高いとされています。それは、婦人病などの女性特有の病気が原因であり、ここ数年で、こうした女性特有の病気に備えた保険が販売されるようになりました。

女性向け医療保険の多くは、一般的な病気やケガで入院する場合の保障に加え、女性特有の子宮がんや乳がんといった以外の悪性新生物（がん）であっても、通常の入院給付金の2倍を給付するといった保障があるのが特長です。

さらに、乳がんで乳房を切除した場合に、その再生費用として50～１００万円の給付金が支給される保険も登場しています。月額の保険料に２００円ほど追加することで付加することができます。

出産や不妊治療の費用に備えた保険もある

出産に際しては、通常分娩の場合は医療保険の対象とはなりませんが、帝王切開などの異常分娩の場合、手術給付金などが支給されます。

ただ、女性向け医療保険の中には、通常分娩であっても出産給付金を支給するほか、特定不妊治療に備えた保険もあります。不妊治療１回につき、2万5千円～5万円を給付するもので、こうした女性向けのサポートが充実している保険も登場しています。

ただ、保障が充実していると保険料も高額となりますので、自身の健康状態と相談して保険を選択するようにしましょう。

! 通常分娩であっても、出産給付金が支給される保険もあります。

図6-4 女性の入院リスクと保障内容について

男性に比べて、女性は20～39歳での入院リスクが高い

▼性・年齢階級別に見た受療率（人口10万対）　令和2年10月

年齢階級	入院			外来		
	総数	男	女	総数	男	女
総数	960	910	1,007	5,658	4,971	6,308
0歳	1,065	1,155	971	7,296	7,403	7,185
1～4	134	153	115	6,327	6,540	6,183
5～9	71	79	64	4,816	5,078	4,540
10～14	99	106	92	3,313	3,300	3,328
15～19	123	121	126	2,178	1,993	2,372
20～24	141	128	156	2,321	1,782	2,885
25～29	198	142	258	2,692	1,867	3,563
30～34	246	165	331	3,043	2,149	3,977
35～39	257	215	301	3,174	2,300	4,074
40～44	273	278	267	3,480	2,760	4,220
45～49	345	387	302	3,745	3,063	4,444
50～54	478	551	404	4,285	3,602	4,977
55～59	664	776	551	5,113	4,368	5,856
60～64	895	1,064	730	6,113	5,509	6,702
65～69	1,207	1,444	983	7,951	7,369	8,500
70～74	1,544	1,797	1,318	9,649	9,165	10,083
75～79	22	2,461	1,997	11,527	11,132	11,843
80～84	3,234	3,440	3,088	11,847	12,077	11,685
85～89	4,634	4,795	4,546	10,728	11,308	10,411
90歳以上	6,682	6,706	6,673	9,248	9,667	9,107

注：総数には、年齢不詳を含む
＊出典：厚生労働局「患者調査の概況」（令和２年）

この表で見る限り、女性は男性に比べ、20～39歳で入院のリスクが高くなっています。

女性向け医療保険は保障が充実

女性特有のがんだけでなく、すべてのがんでの入院に対して、入院給付金が5,000円上乗せ

乳がんで乳房を再生した場合、乳房再建給付金50～100万円が受け取れる

出産や不妊治療に備えた女性サポート給付金を受け取れる

女性向けの保険は、各社、様々な保障を充実させています。比較検討して加入するようにしましょう

6-5

がん保険には「加入後90日間」の支払い猶予期間がある

医療保険と並んでニーズの高いがん保険。医療保険とがん保険は第3分野の保険として、生命保険・損害保険各社が参入しています。そのがん保険について説明します。

がん保険にも終身型と定期型がある

がん保険は、がんの治療に伴う入院や手術といったことに対し、保険金が支払われます。

日本人の死亡原因トップであるがんに備え、その多額となる入院費用や手術費用を、早いうちから保険で準備しておくものです。

さらに、先に説明した医療保険に比べ、がんという病気に限定することで、毎月の保険料を安く抑えて手ごろ感があることも、このがん保険という商品がよく売れている理由の1つです。

このがん保険には、医療保険同様、終身型と定期型があります。若いうちから老後に備えたい方には終身型がいいでしょうし、子育て世代で出費を極力抑えたい人には、定期型がいいでしょう。

がん保険には支払い猶予期間がある

これまでに説明してきた死亡保険や医療保険では、加入直後の病気やケガに対してでも給付金を支払われることになっています。

しかし、がん保険においては、加入後90日間は、その間にがんと診断されても給付金は支払われません。これは、女性の乳がんの場合、自分自身で「しこり」などを発見する人も多く、過去に、「しこりを発見→がんかもしれない→がん保険に加入」というケースが目立ったためです。そういったケースが続くと、保険会社はその支払いに追われます。

このような事態を回避すべく、がん保険においては、加入後90日間はがんと診断されても給付金を支払わないという猶予期間を設けているのです。

(!) がん保険の多くは、90日という免責期間がありますのでご注意を。

図6-5 日本人の死亡原因トップである「がん」

▼主な死因別死亡数の割合

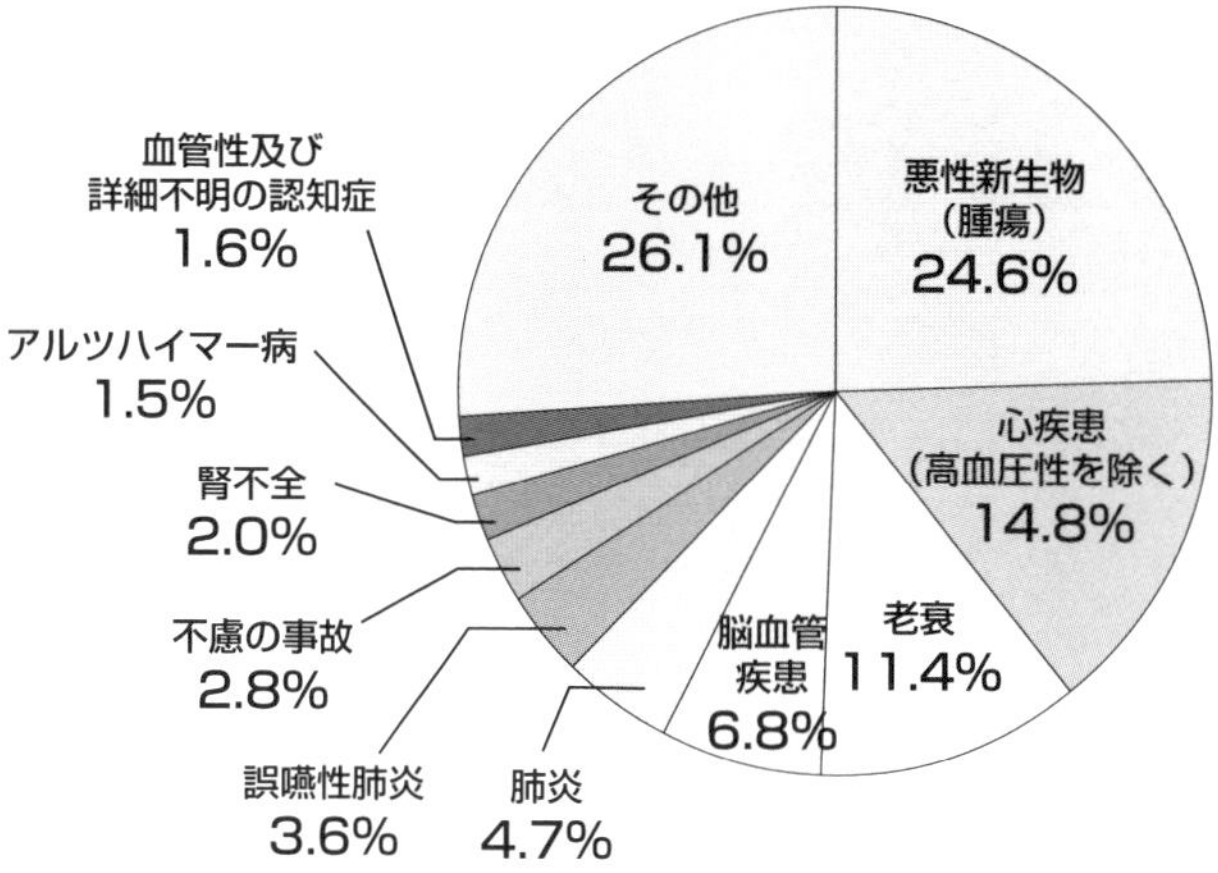

＊参考：厚生労働省「令和4年人口動態統計月報年計（概数）の概況」より

▼がん終身保険とがん定期保険

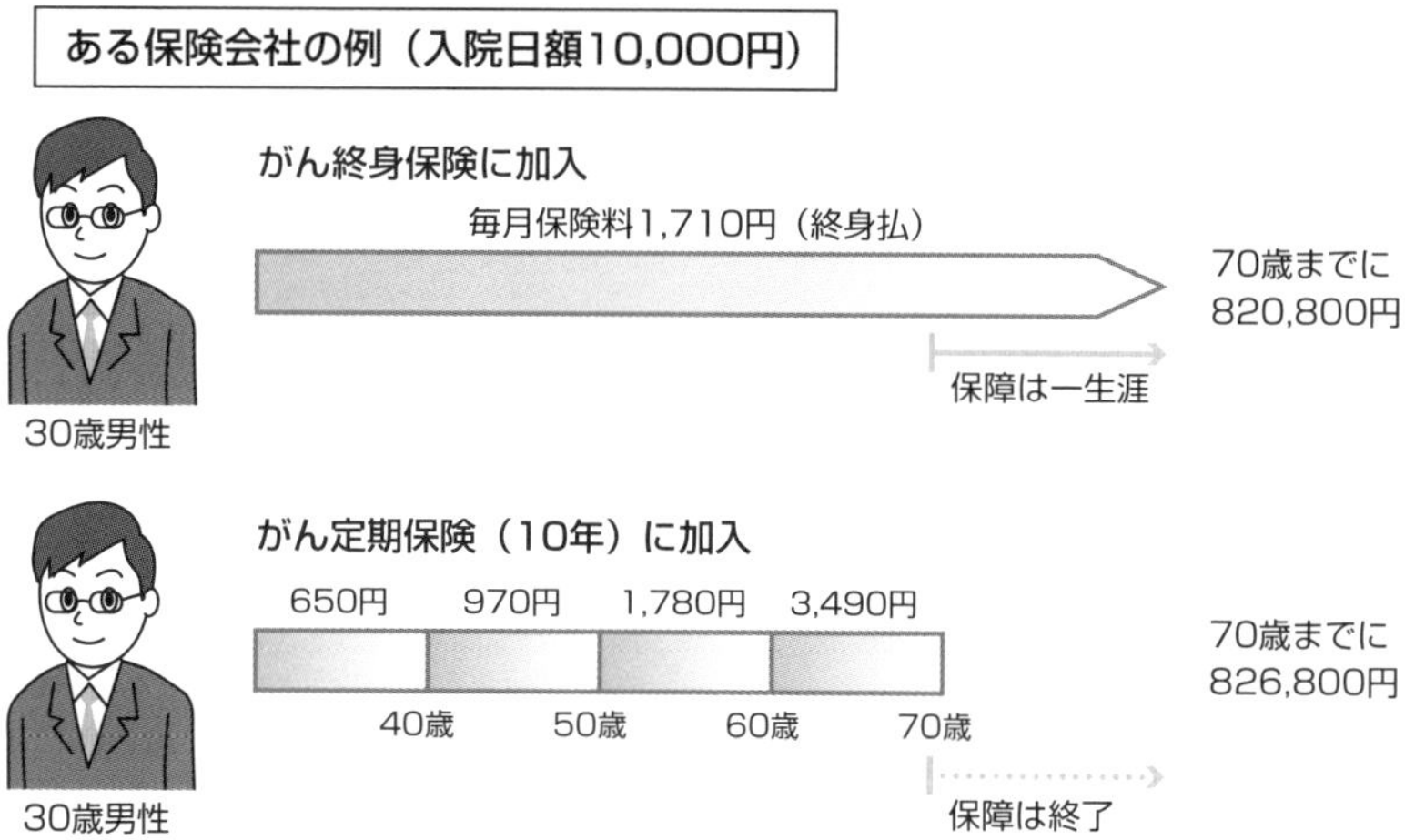

がん定期保険の場合、30〜50歳までは保険料が低く抑えられるが、70歳以降に保険がなくなる不安も…

6-6

医療保険とがん保険は1度支払われると次までの期間がある

病気によっては、その治療に期間を要します。入院をして治療後退院をし、また再発した場合、その入院時の保険金が支払われないこともありますので注意が必要です。

「1入院につき○日まで」という制限

医療保険やがん保険など、入院1日あたり5000~1万円といった保険に加入している人が多いかと思います。そして、この1日あたりの保険金×入院日数の合計額が、入院給付金として支払われることになります。

ただし、入院日数には限度があります。各保険会社のそれぞれの商品によって差があり、短いものだと20日、長いものだと180日といったものがあります。つまり、300日入院しても、医療保険として保険会社から支払われるのは180日分です。

そして、長い人生において、様々な病気やケガで複数回入院することになった場合でも、それぞれの入院日数の合計が1000日といった限度を各保険会社は設定しています。

1入院での日数限度や、入院日数の総合計については、保険証券に記載されていますので確認しておいたほうがいいでしょう。ちなみに、手術給付金には限度が無く、手術のつど保険金が支払われます。

1度支払われると次の入院までの間が必要

がんなどは、治療に日数を要するのが当然で、入院日数も長期になります。ただし、医療保険の場合は一入院20~180日といった限度があるからと、「入院→退院→別の病院で即入院」といったことをしようと考える人が出てきても不思議ではありません。こういったことからも、退院後、同じ病気・ケガでの入院は、各社とも180日間空けないと保険金を支払わないといった基準を設けています。ご注意ください。

! 入院日数の限度などについては、保険証券でよくご確認を。

図6-6 入院保険の２つの日数制限とは？

入院保険にある2つの日数制限

❶ 1入院につき○日まで

1回の入院につき長く入院しても支払われない日数分がある

（例）心疾患で190日入院した場合
もし、1入院の限度が180日の保険に加入していても…

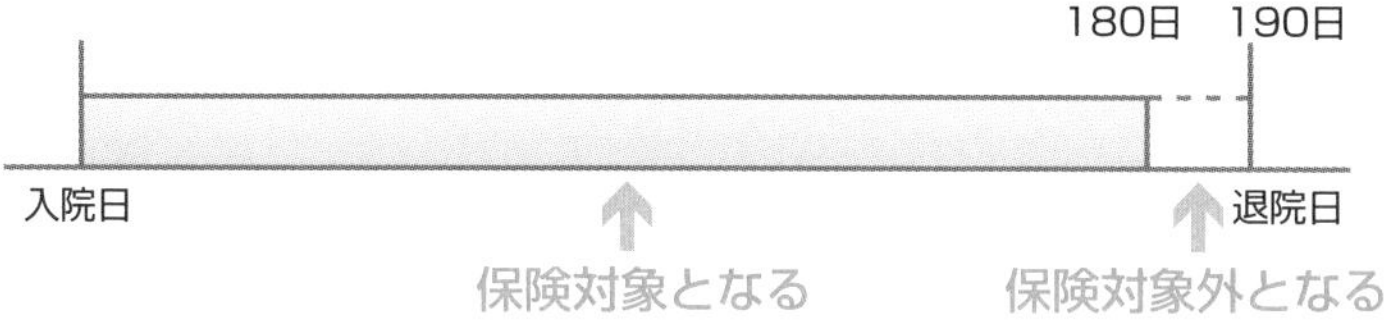

❷ 通算入院日数

複数回入院をし、その通算日数が限度日数を超えた分は支払われない

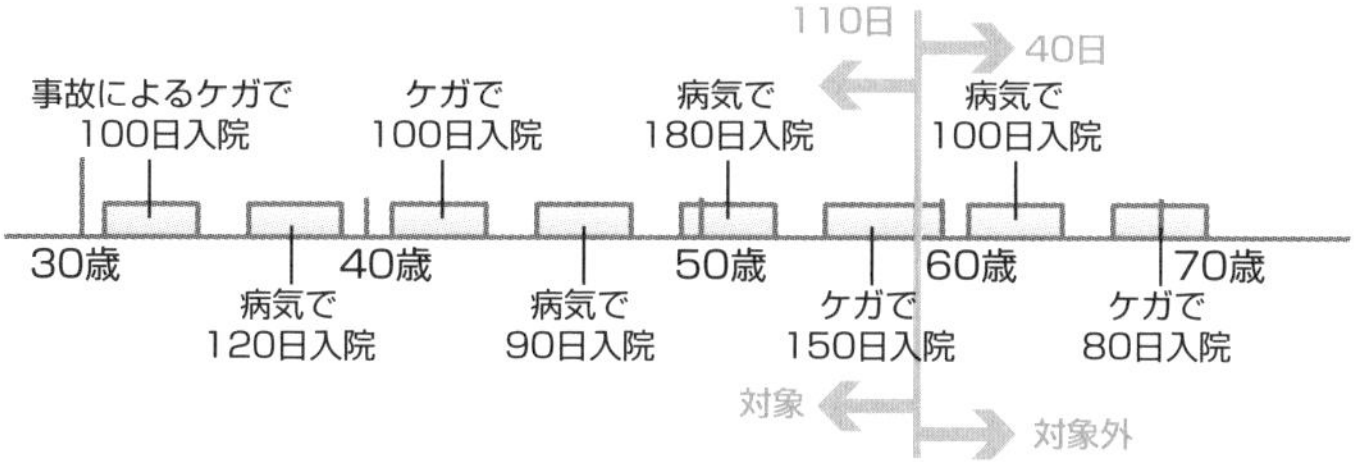

（例）上記のように入院を繰り返したとし、通算入院日数700日の入院保険に加入していたとしても、6回目の入院の110日までしか入院給付金は支払われない

次の入院までにも日数制限がある

※180日空けないと入院給付金は支払われない

180日未満でも入院給付金は支払われる

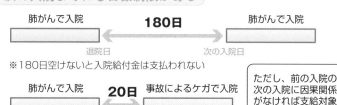

6-7

がん保険は保障内容の競争が激化している

がん保険もここ数年、保険会社間の販売競争の激化もあり、保障内容が充実しています。消費者にとってはありがたいことですが、選択にかなり迷いそうです。

がん治療給付金が何度でも支払われる商品も

入院に備える医療保険でも、がんで入院した場合に、入院日数に応じた入院給付金や手術給付金が支給されます。それでも、なお、がんに備えるがん保険に加入するメリットは、がんと診断されたら、50〜100万円の診断給付金が支払われることです。

この診断給付金は、数年前までならば、1度きりしか支給されず、数年後に再発した場合でも、支給がないのが一般的でした。しかし、ここ数年で、保障内容は充実され、2回目以降のがんの診断についても、がん治療給付金として50万円が支給されるといった保険が登場しています。

がんの場合、その摘出の際の入院・手術のみならず、退院後の抗がん治療、それに伴い、頭髪が抜け落ちることによるカツラの購入費用、定期健診など、退院後にも多額の費用が必要となります。

通常の医療保険だけでは対応できず、がん保険に加入していない場合は、貯金を切り崩すことになります。近年、充実しているがん保険を検討してみる価値はありそうです。

数年前に加入したがん保険は見直しの対象？

保険会社間の販売競争の激化は、保険料の価格競争にもなっています。ゆえに、保険料が低く抑えられた商品が販売されていることから、数年前に加入したがん保険でも、見直しすることで、毎月の保険料を節約することができるかもしれません。

！ がん保険は競争が激化。加入者にとっては選択の幅が広がります。

図6-7 主ながん保険の保障内容

がん患者の平均入院日数

胃の悪性新生物	22.3
結腸及び直腸の悪性新生物	16.4
肝および肝内胆管の悪性新生物	20.8
気管，気管支及び肺の悪性新生物	21.1
乳房の悪性新生物	15.4

出典：厚生労働省　令和２年患者調査の概況

がんで入院した場合、平均2週間以上入院することになります。

がん保険の主な保障内容

初めてがんと診断確定されたとき →	**がん初回診断給付金**
がんの治療を目的として入院を開始したとき →	**がん治療給付金**
がんの治療を目的として入院したとき →	**がん入院給付金**
がんの治療を目的として約款所定の手術を受けたとき →	**がん手術給付金**
がん入院給付金の支払対象となる入院で、かつ、10日以上継続入院して退院したとき →	**がん退院一時金**

今や2人に１人ががんになると言われる時代です。手厚い保障のあるがん保険への加入を検討してみるべきでしょう。

6-8

医療保険を継続するには、一括で100万円以上を支払うの?

60歳をすぎて医療保険だけを継続しようとした場合、保険会社から80歳までの保険料数百万円を一括で支払うように求められることがありますが、この意味は?

医療保険特約付終身保険とは?

第3章の「定期保険特約付終身保険」のところで、これは終身保険という「車」に定期保険という「カーナビ」が付加されているものだと述べました。

これと同様、日本の生命保険会社の保険商品の多くは、定期保険と同時に医療保険も付加されています。終身保険という「車」に、定期保険という「カーナビ」と同時に医療保険といった「バックモニター」が付加されているようなものです。

そして、この付加されている医療保険の大半は、死亡時に支払われる定期保険と同じ期間となっています。つまり、死亡時の定期保険の期間が10年ならば、医療保険も10年の定期となっています。

外資系生保や損保系生保子会社の扱う医療保険ならば医療保険単体での販売もしており、終身医療保険も多数ありますが、従来からある日本の生命保険会社の保険に加入している場合、医療保険は定期である可能性が高いです。

医療保険の継続には高額の保険料が必要なことも

医療保険特約付終身保険で、60歳をすぎて定期医療保険特約の満期が到来し、それを老後の医療費に備えようと継続を申し出ると、いきなりン百万円といった保険料を要求されることがあります。

これは、80歳までの十数年間分の保険料を一括して支払うよう求められるからであり、加入時に決められていることなのです。あまりの高額さに、現実にはここで継続を断念し、健康に問題がなければ、医療保険単体で販売されている他の保険会社の保険に乗り換える人が多くいます。

! 生活習慣病など、まずは、日頃の健康管理を怠らないように。

6-8　医療保険を継続するには、一括で100万円以上を支払うの？

図6-8 医療保険の有効期限を確認すること！

日本国内の生命保険は、主契約である終身保険にいろんな特約が付加されている！

当初加入した期間と同じだけ、期間が自動的に更新される

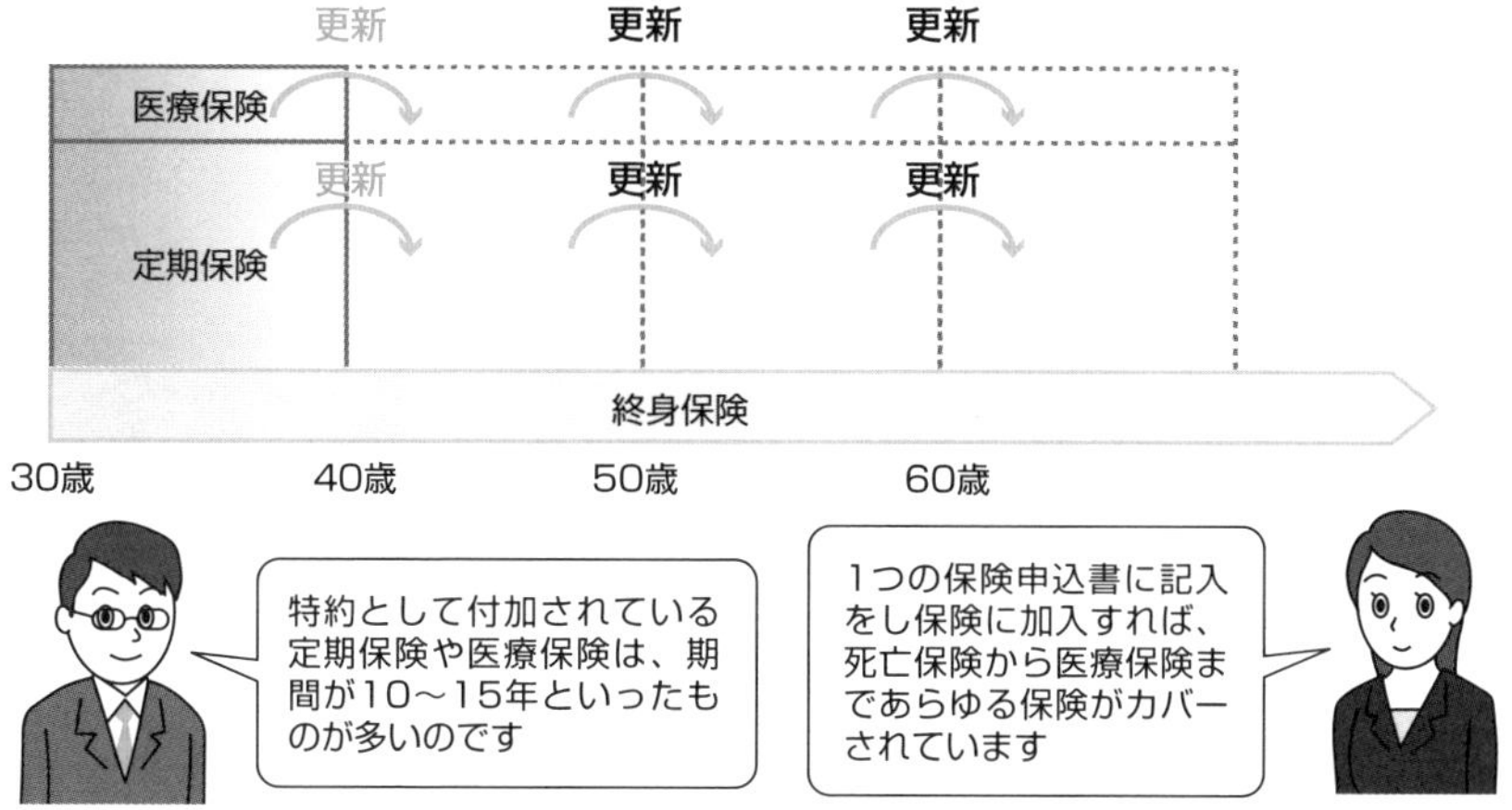
更新
更新
更新
医療保険
更新
更新
更新
定期保険
終身保険
30歳
40歳
50歳
60歳
特約として付加されている定期保険や医療保険は、期間が10〜15年といったものが多いのです
1つの保険申込書に記入をし保険に加入すれば、死亡保険から医療保険まであらゆる保険がカバーされています

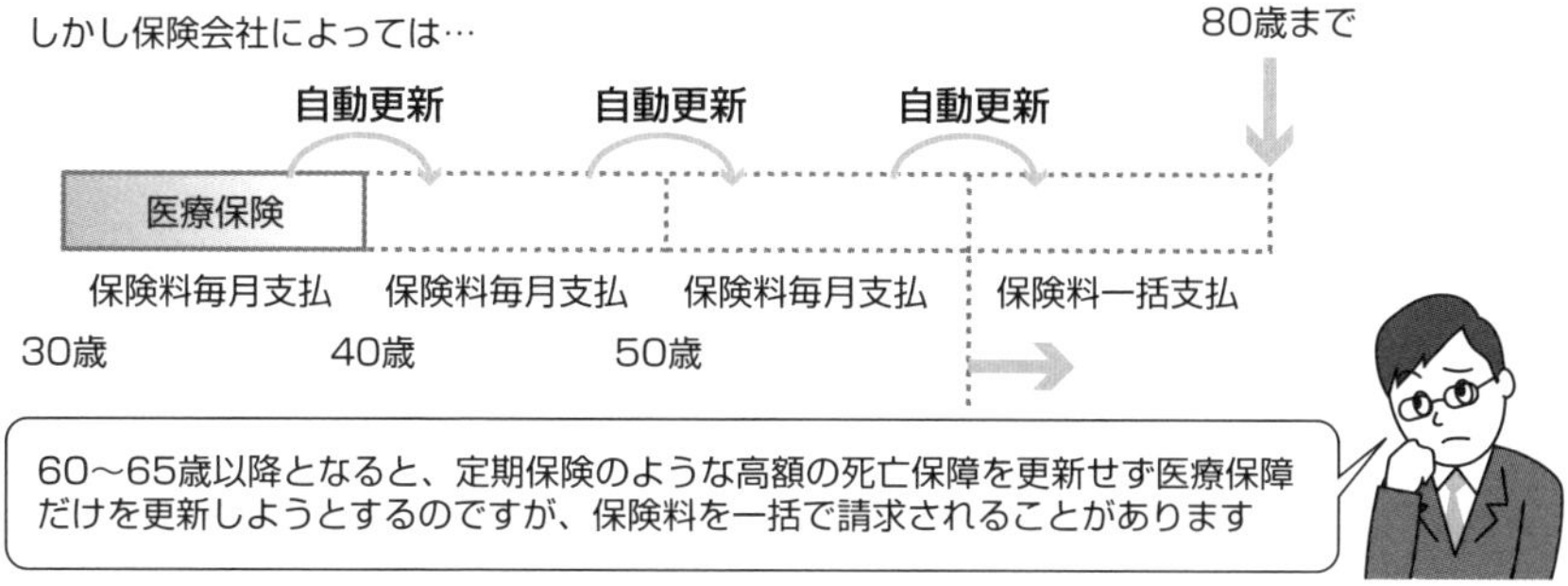
しかし保険会社によっては…
80歳まで
自動更新
自動更新
自動更新
医療保険
保険料毎月支払
保険料毎月支払
保険料毎月支払
保険料一括支払
30歳
40歳
50歳
60〜65歳以降となると、定期保険のような高額の死亡保障を更新せず医療保障だけを更新しようとするのですが、保険料を一括で請求されることがあります

60〜65歳以降更新する際に、保険料を一括で請求されることがある。
毎月保険料を**12,000円**とすると、

毎月保険料　　1年分　　15年間（65〜80歳までとする）
12,000円×12ヶ月×15年＝2,160,000円

↑
これを一括で支払うことに!!

あまりの高額さに、この更新時に継続を断念する人も！

6-9

60歳で支払いが終わる医療保険はオトクなの？

医療保険に限らず、若いうちから保険料を支払い始め、老後にその保険料支払いの負担を残したくない人も多くいます。それが得なのか損なのか、意見が分かれるところです。

▼支払い方法も多様化してきている

30歳で医療保険に加入した場合、その加入時には老後の医療費に対する備えを想定する人が多いようです。そこで終身医療保険を選択したとして、その保険料の支払いをいつまでに設定するのかは、頭を悩ませるところでしょう。

と言うのも、60歳で支払いを終えるようにすれば、年金暮らしの老後の出費が抑えられます。しかし、終身払いにした場合に比べ、毎月の保険料は高くなるなど、一長一短があるからです。

そこである保険会社は、60歳以降の支払いがそれまでの半分になるといった医療保険など、様々なプランの保険を販売しています。

▼60歳以降の人は終身払いを選ぶ人も多い

60歳以降で保険の加入をされる場合、終身払いを選択される方が多いようです。なぜなら、保険期間は終身でも、その支払い期間を60歳から70歳までの10年といった医療保険にすると、毎月の支払負担が大きくなるからです。

そうして老後の日々の生活を節約するよりも、毎月の負担を少なくしてゆとりある老後を送りたいという人が多く、また、たくさん支払っても早くに亡くなれば損だという考えの人もいます。

医療保険の支払い期間に関し、終身払いが得なのか損なのかですが、毎月の負担を減らしたい人は終身払いを、老後に負担を残したくない人は60歳で支払いを終えるようにしたほうがいいでしょう。

！保険料の支払は、ご自身の人生設計を考慮して選択しましょう。

図6-9 医療保険の支払い方法と保険料

ある保険会社の医療保険支払方法

（30歳男性入院日額10,000円）

	保険料定額タイプ	保険料半額タイプ
払込方法	保険料は一生涯 **一定額** **終身医療保険** 保障は一生涯	保険料が60歳以降 **半額に** 60歳 **終身医療保険** 保障は一生涯
払込期間	終身	終身（60歳以降半額）
毎月保険料	2,852円	60歳まで　3,592円 60歳以降　1,780円

若いときの負担を減らしたい人はこちら
年をとってからの負担をなくしたい人はこちら

60歳以降の人は終身払いを選ぶ人が多い

お支払いはどうされますか？
営業担当者
いつまで生きるかわからないし…
毎月の支払いが少しでも安い方がいいよ
60歳以降で医療保険を
ご検討されている方

1回の入院日数限度は何日が適当なの？

「1入院につき○日まで」という限度があることはお話しましたが、「何日間あればいいのか」という質問もよく受けます。では、どのくらいがいいのでしょうか？

▼20日から１８０日まで様々ある

「1入院につき○日まで」といったように、一回の入院に対して、医療保険ではその限度を設定しています。

これは、各保険会社のそれぞれの保険商品によって差があります。短いものだと20日までといった1か月に満たないものや、１８０日といった、約半年間も保険で対応してくれるといったものまで様々です。

そこで、実際何日間あれば事足りるのかということですが、入院の平均日数は19日となっています。

ただし、あくまでもこれは平均であって、病気次第では長期化することも予想され、60～１２０日程度がベターと思われます。

▼入院費用をすべて保険で対応する？

ここで考えたいのが、そもそもなぜ医療保険に加入するのかということです。

多額の入院費用などに対する備えということであって、入院費用のすべてをまかなうためではないはずです。仮に、がんで入院して、その入院や治療に総額で１００万円かかった場合、そのすべてを保険金で対応できれば望ましいですが、逆に言うと、たくさんの保険料を支払ってきたともいえ、手放しで喜べる話ではないはずです。

月々の保険料を抑えて、貯蓄にまわせる分は貯金しておくことも大切でしょう。

入院費用のすべてを保険でまかなうのではなく、「保険＋貯金」で入院費用に対応するようにしておくことをお勧めいたします。

! 入院時の自己負担額ですが、約7割の人が20万円以下です。

図6-10 入院の平均日数は約20日

▼**直近の入院時の入院日数**
[集計ベース：過去5年間に入院した人]

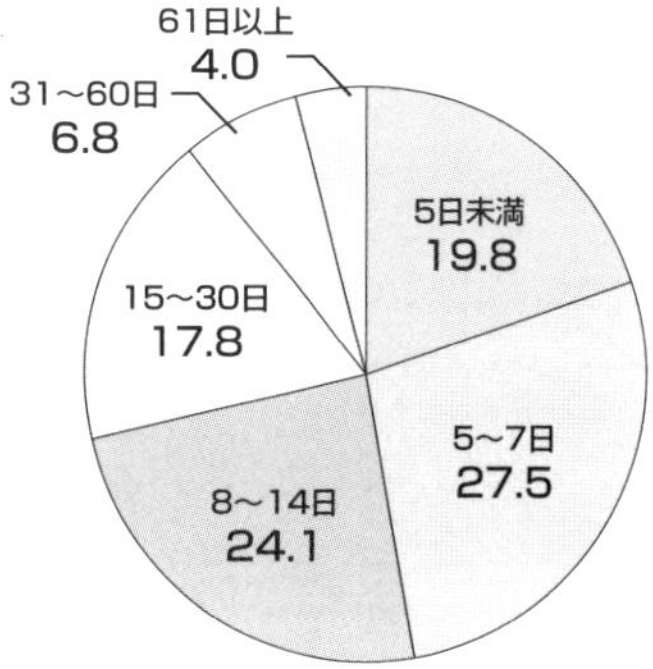

▼**直近の入院時の自己負担費用**
[集計ベース：過去5年間に入院し、自己負担費用を払った人]

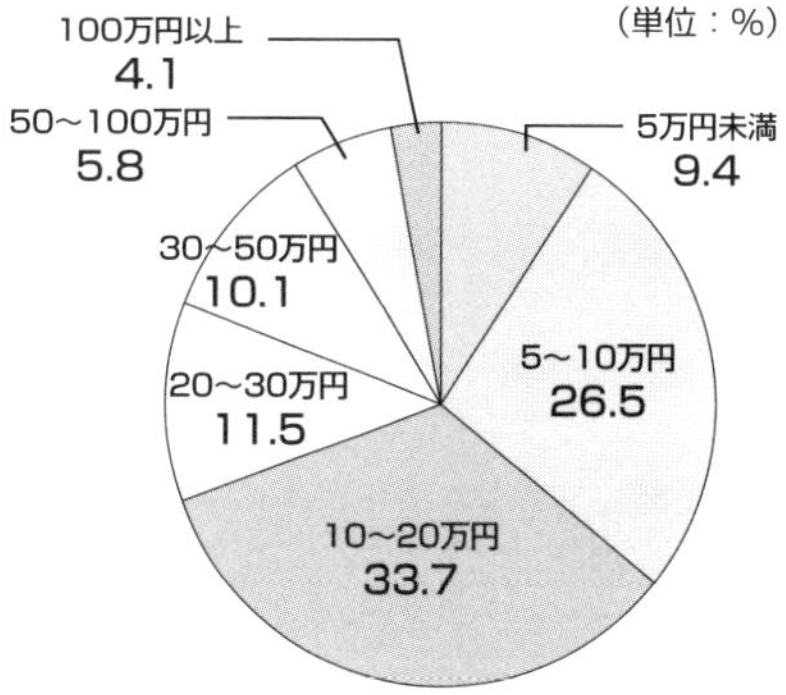

▼**直近の入院時の1日あたりの自己負担費用**
（高額療養費制度を利用した人＋利用しなかった人（適用外含む））

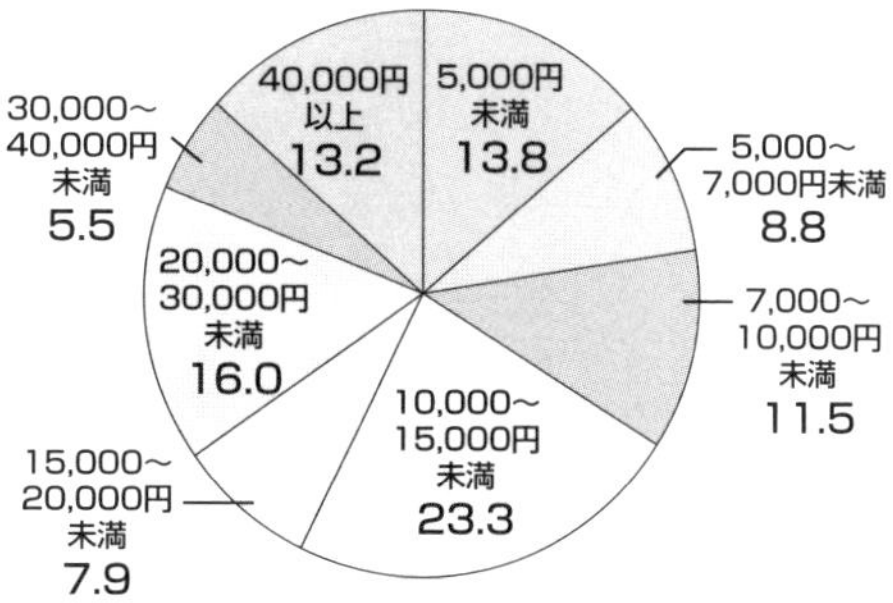

※治療費・食事代・差額ベッド代に加え、交通費（見舞いに来る家族の交通費も含む）や衣類、日用品などを含む。高額療養費制度を利用した場合は利用後の金額

6-11

加入者が支払う医療保険料の総額は約200万円

医療保険として、加入者は保険料を総額でいくら支払うのでしょうか？　大半が掛け捨てとなる医療保険は、この支払い金額を知ることで見直せます。

医療保険として約２００万円支払う

実際に計算してみましょう。ある保険会社では、30歳男性が入院日額１万円の終身医療保険に加入した場合、60歳まで保険料を支払うとすると、毎月の保険料は５３８８円となります。

毎月保険料５３８８円×12ヶ月×30年＝約１９２万円です。保険会社によって当然差があるものの、おおよそ２００万円といった金額が、医療保険の保険料支払い総額の相場です。

もし、これが入院日額５０００円ならば、支払い総額も半分の約１００万円となります。

つまり、１００～２００万円の保険料を支払い、病気もケガもせず、ポックリ逝ったならば、この保険料は掛け捨てとなるのです。

解約返戻金はない商品が増えている

これが終身保険ならば、解約返戻金が結構貯まっているはずです。しかし、医療保険の終身型といえども、最近の保険商品においては解約返戻金ゼロといったものが多くあります。その分、毎月の保険料が安く加入者にメリットはあるものの、終身型の医療保険は死亡保険と違って、掛け捨てだという認識が必要です。

掛け捨てである医療保険は、いかにこの掛け捨てを少なくするかが、保険見直しのポイントとなります。そのためには、妥当な入院日数を確保し、かつ保険料を抑えている商品を選ぶ必要があります。

保険料が安いと入院日数の限度も短くなっています。自身の貯金額や健康状態と相談し、どの保険にするかを検討しましょう。

(!) 医療保険は、何もなければ100～200万円が掛け捨てとなります。

図6-11 医療保険は100～200万円を掛け捨てに!!

入院・手術なら、何でも給付金が支払われるわけではない！

疾病入院の保険の加入率

▼疾病入院給付金の有無（全生保）

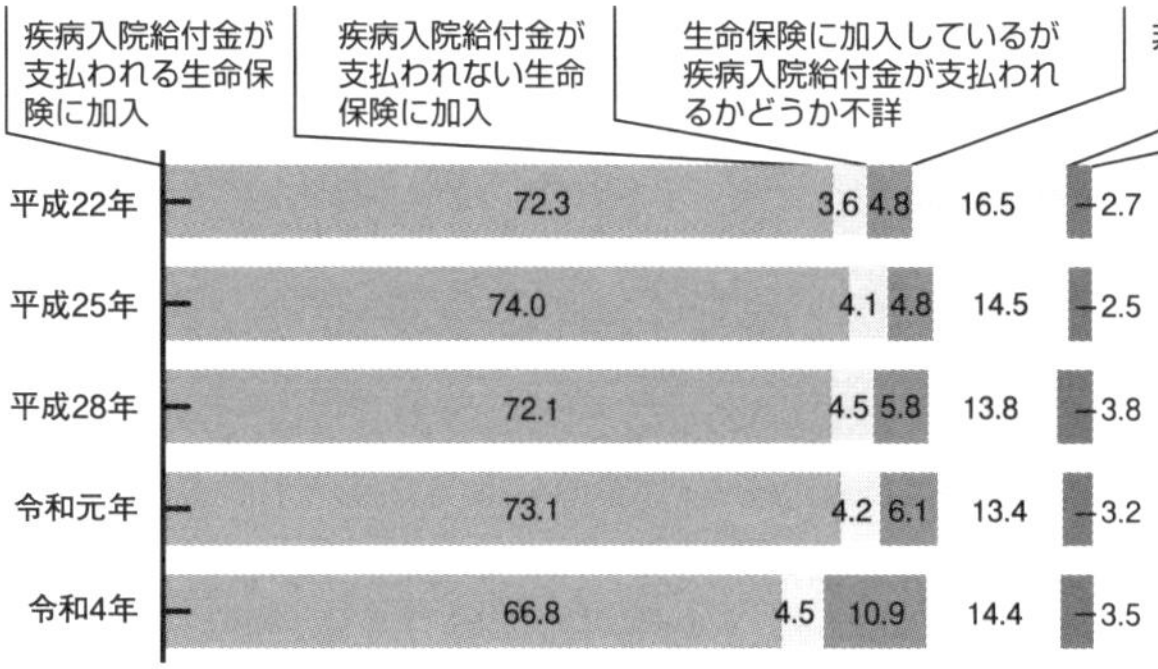
非加入
わからない
（単位：%）

＊参考：生命保険文化センター令和4年度「生活保障に関する調査」より

がん保険加入率

▼がん保険・がん特約の加入率

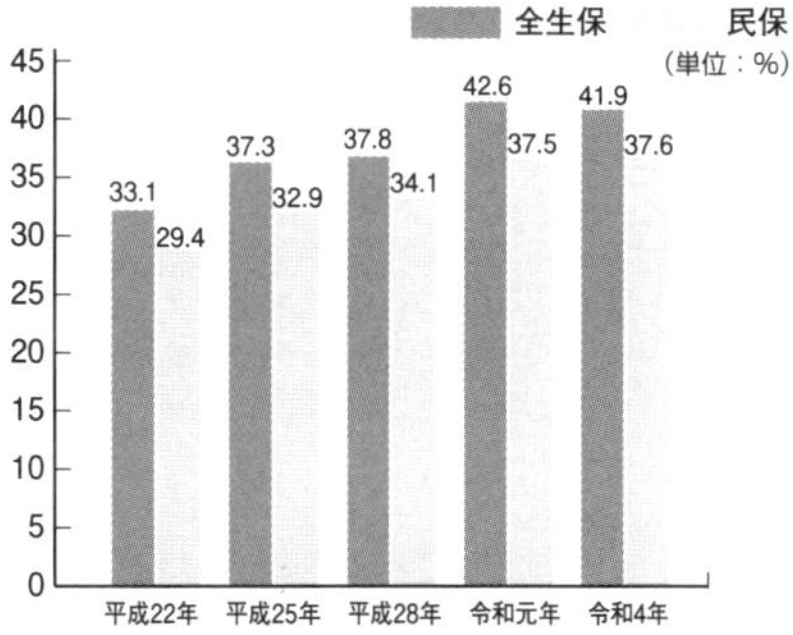

＊参考：生命保険文化センター令和4年度
「生活保障に関する調査」より

特定疾病保障保険加入率

▼特定疾病保障保険・特定疾病保障特約の加入率

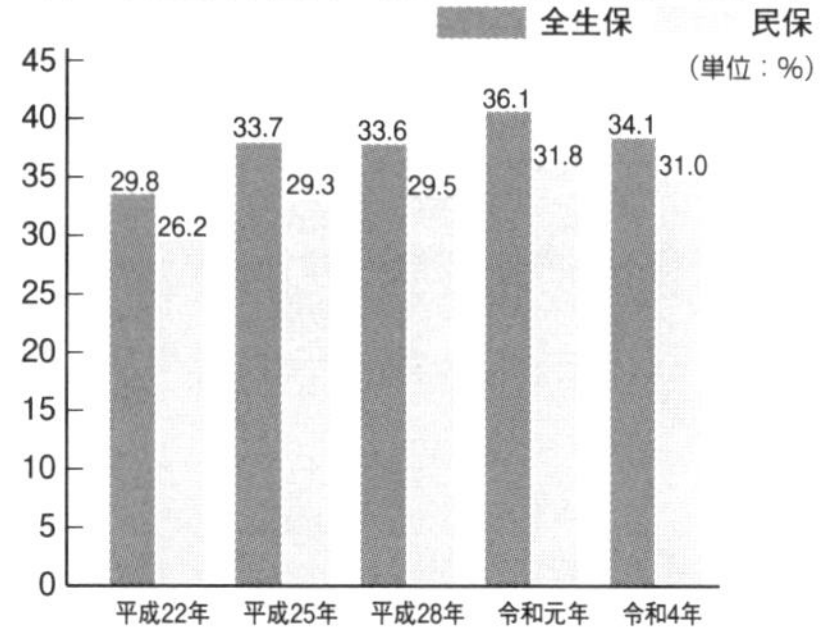

＊参考：生命保険文化センター令和4年度
「生活保障に関する調査」より

特定疾病とは、がん、急性心筋梗塞、脳卒中のことです。

全生保　…民間の生命保険会社や簡保（郵便局）、JA（農協）、生協、全労済の生命保険

民保　…民間の生命保険会社のみ

6-12

新規加入者が増加中、就業不能保険とは？

最近、よく、就業不能保険という言葉を耳にします。文字通り、就業が不能となった場合の保険ですが、では、具体的に、どのような保障の保険なのでしょうか。

▼就業が不能となった場合に、保険金が受け取れる

就業不能保険とは、その名のごとく、「就業ができなくなった場合に受け取れる保険」です。

もし、病気やケガで入院した場合、その治療にかかるお金が必要となります。ただ、こうした費用は、医療保険などで対応できるでしょうが、もし、長期間、仕事を休むようなことになった場合、給料がダウンすることが考えられます。そうした場合に備え登場したのが、この就業不能保険です。

具体的には、30歳男性ならば、月額2千円程度の保険料で、就業不能状態になった場合、月額10万円が支払われます。

ただし、保険金の受け取りまでには、60～１８０日といった猶予期間があるので注意しましょう。

▼うつ病などのストレス性をカバーしている保険も！

この就業不能保険は、各保険会社によって、その保障内容が様々です。

就業不能の状態を、各社、どのように判断するのかの基準が異なり、たとえば、うつ病やストレス性疾患を保険でカバーしている会社もあれば、そうでない会社もあります。

こうした精神疾患をカバーしている保険はありがたい反面、保険料は割高となりますので、ご自身の健康面や精神状態と相談して選択するようにしましょう。

(!) 支給月額10万円の保険だと、保険料は月2000～3000円程度です。

図6-12 就業不能保険とは

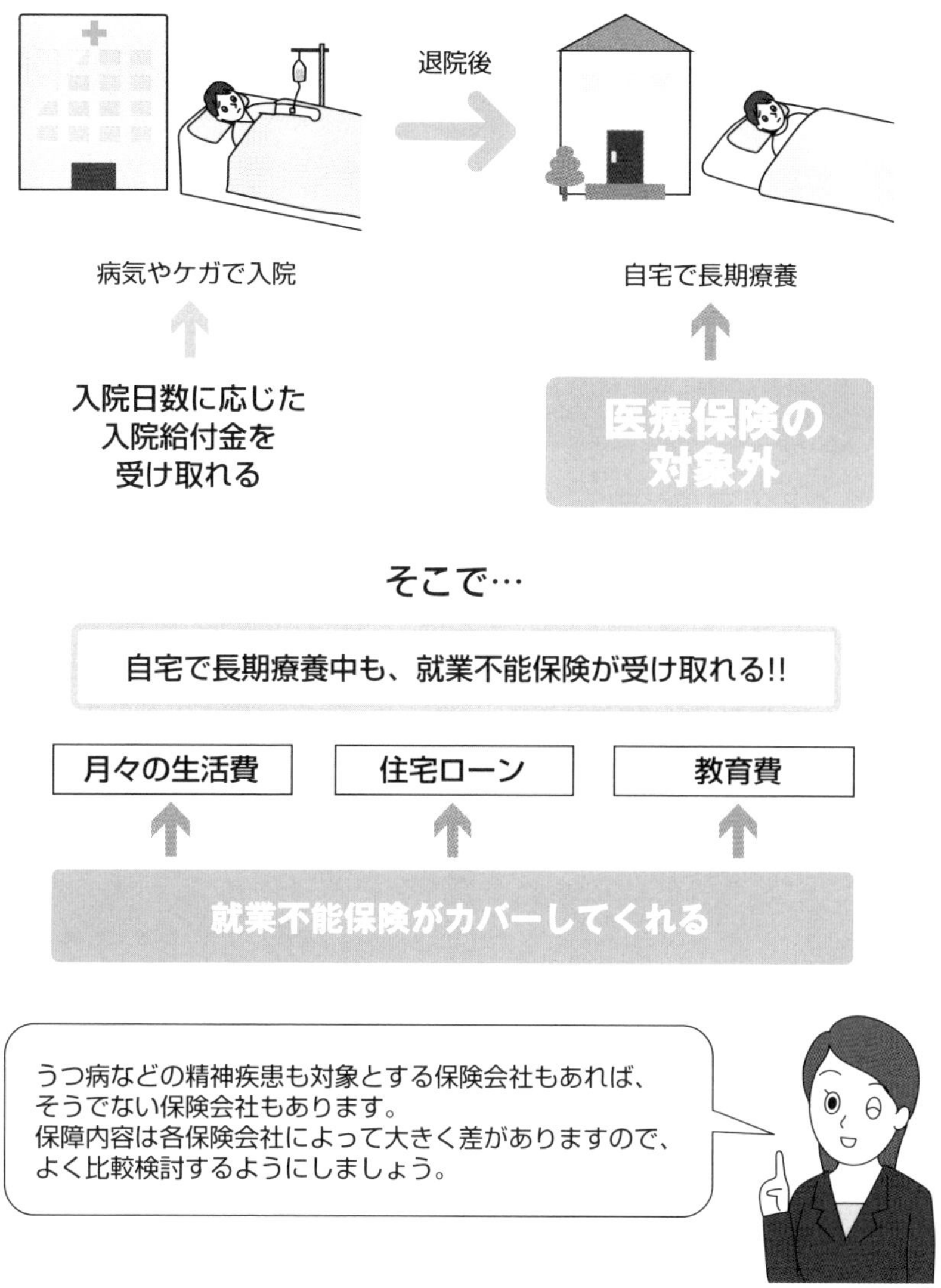
退院後
病気やケガで入院
自宅で長期療養
入院日数に応じた
入院給付金を
受け取れる
医療保険の
対象外
そこで…
自宅で長期療養中も、就業不能保険が受け取れる!!
月々の生活費
住宅ローン
教育費
就業不能保険がカバーしてくれる
うつ病などの精神疾患も対象とする保険会社もあれば、
そうでない保険会社もあります。
保障内容は各保険会社によって大きく差がありますので、
よく比較検討するようにしましょう。

6-13

介護状態になったときに支払われる「介護保険」って何？

介護状態となった場合に、その介護状態に応じて支払われるのが介護保険です。その保険には、年金として受け取るタイプと、一時金として受け取るタイプがあります。

要介護の認定を受ければ、給付金を受け取れる

高齢化が進むにつれて、死亡時のリスクだけでなく、長生きすることに対する備えも必要となっています。特に、介護状態となった場合、家族に、心身の負担を求めるだけなく、介護をする人が仕事を辞めざるを得ないといった経済的な負担がのしかかることも想定されます。

そこで、要介護状態となった場合に、給付金が受け取れるというのが介護保険です。

加入を検討するのは50～60代の方が多く、保険料は会社によって様々ですが、50歳男性の場合は、月３０００～５０００円から加入できます。

受け取る給付金ですが、介護状態と認定されたら、一時金として30～50万円を受け取れるもののほか、年金として、毎年受け取れるものもあります。

なかには、１００万円単位の高額の給付金を受け取れるといったものもあります。

民間の保険だけでなく、公的な介護保険もある

こうした民間生命保険会社の介護保険だけではなく、国としても介護保険制度があり、要介護状態となれば支援が受けられます。

40歳以上の方は、給与から介護保険料が天引きされていますが、その保険料が要介護者への支援に充てられています。

ⓘ要介護１と認定されたら、以降の保険料が免除になる保険も。

図6-13　介護状態となる基準について

要介護状態区分別の状態像

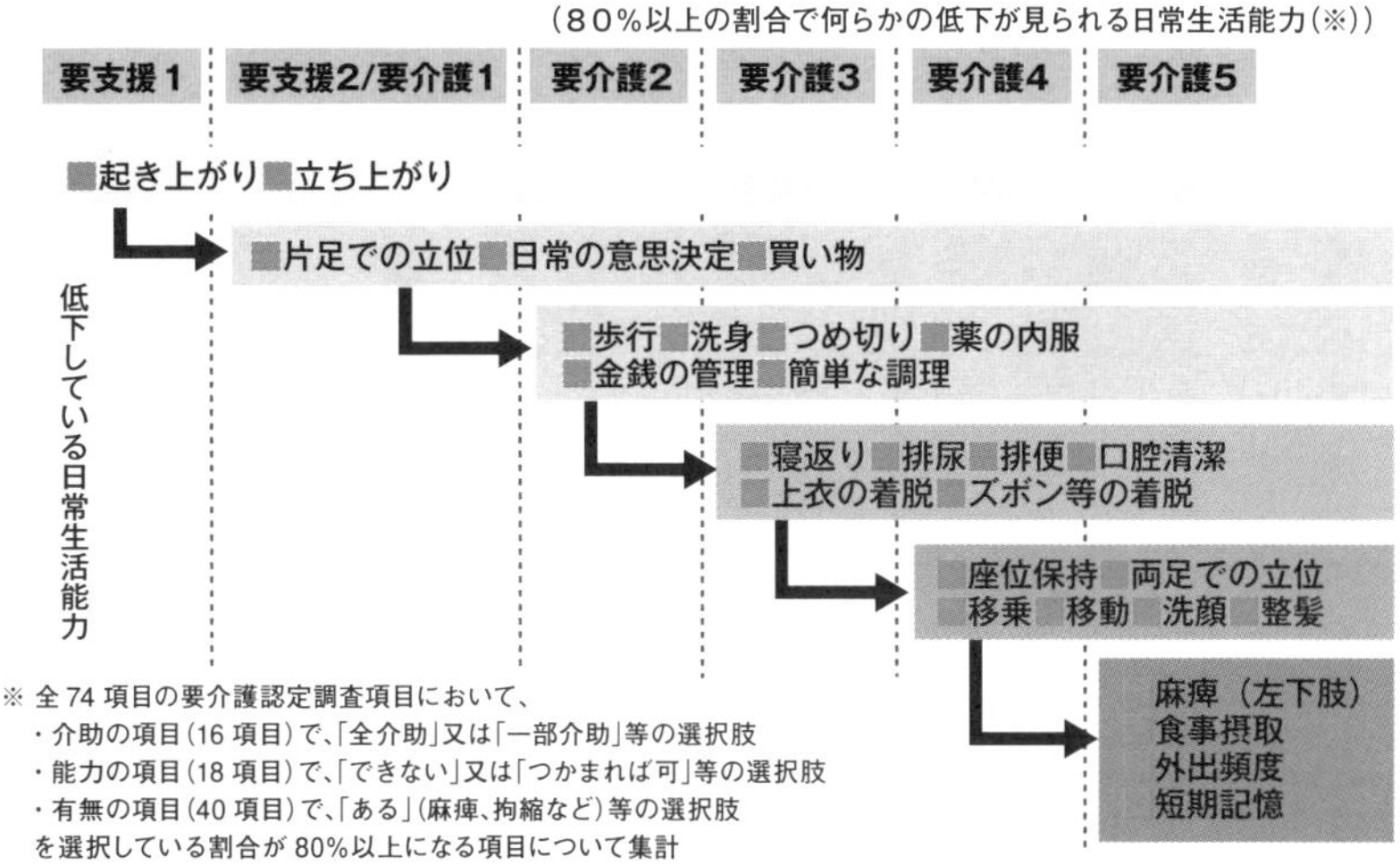

※ 全 74 項目の要介護認定調査項目において、
・介助の項目（16 項目）で、「全介助」又は「一部介助」等の選択肢
・能力の項目（18 項目）で、「できない」又は「つかまれば可」等の選択肢
・有無の項目（40 項目）で、「ある」（麻痺、拘縮など）等の選択肢
を選択している割合が 80％以上になる項目について集計

注 1）要介護度別の状態像の定義はない。
注 2）市町村から国（介護保険総合データベース）に送信されている平成 26 年度の要介護認定情報に基づき集計（平成 28 年 2 月 15 日時点）
注 3）要介護状態区分は二次判定結果に基づき集計
注 4）74 の各調査項目の選択肢のうち何らかの低下（「全介助」、「一部介助」等）があるものについて集計

＊出典：要介護認定の仕組みと手順（厚生労働省 老人保健課）

介護状態に応じて給付金が変わることも

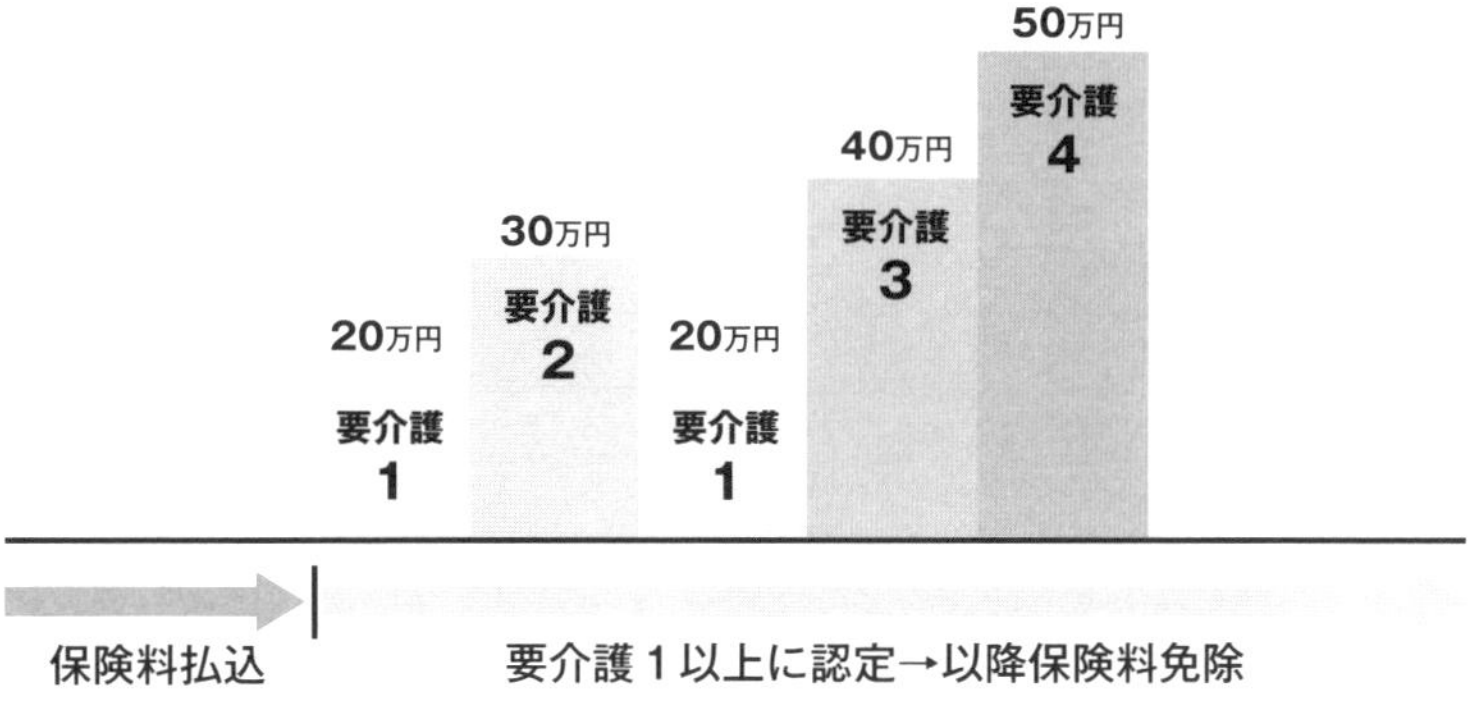

認知症になったときに支払われる「認知症保険」って何？

人生１００年時代。こうした高齢化社会において、認知症に対する備えが必要となることも。認知症と診断されれば、50～１００万円の一時金を受け取ることができる保険です。

高齢化とともに認知症患者も増加

高齢化とともに、認知症の患者数も増加しています。内閣府「平成29年度版高齢社会白書」によると、65歳以上の認知症患者は、２０２５年には６７５万人。実に約５人に１人は認知症になると予想されています。

こうした認知症に対する保険として「認知症保険」があり、50歳男性ならば、月１０００～２０００円の保険料で、認知症と診断されると、50～１００万円の給付金が受け取れるというものです。

ただ、認知症と診断されるだけでなく、要介護状態１と診断されることを条件としている保険会社が多くあります。つまり、認知症と診断されるだけではなく、介護が必要な状態と判断されると、給付金が支払われるといった保障内容になっています。

受け取った給付金は、日々の薬代のほか、介護施設に入所する際の費用に充当されているようです。

女性の保険料は男性より高め

この認知症保険や、医療保険、介護保険もそうですが、毎月の保険料は、男性よりも女性のほうが、１～２割程度、高くなっています。

死亡保険の場合は、男性のほうが保険料は高いのですが、女性のほうが平均寿命が長いほか、病気等で入院するリスクも高いこともあり、男性よりもやや高い保険料となっています。

ⓘ ５人に１人は認知症になると予想。将来のリスクに備えた保険です。

6-14　認知症になったときに支払われる「認知症保険」って何？

図6-14　認知症に備える保険とは

認知症患者は増加傾向

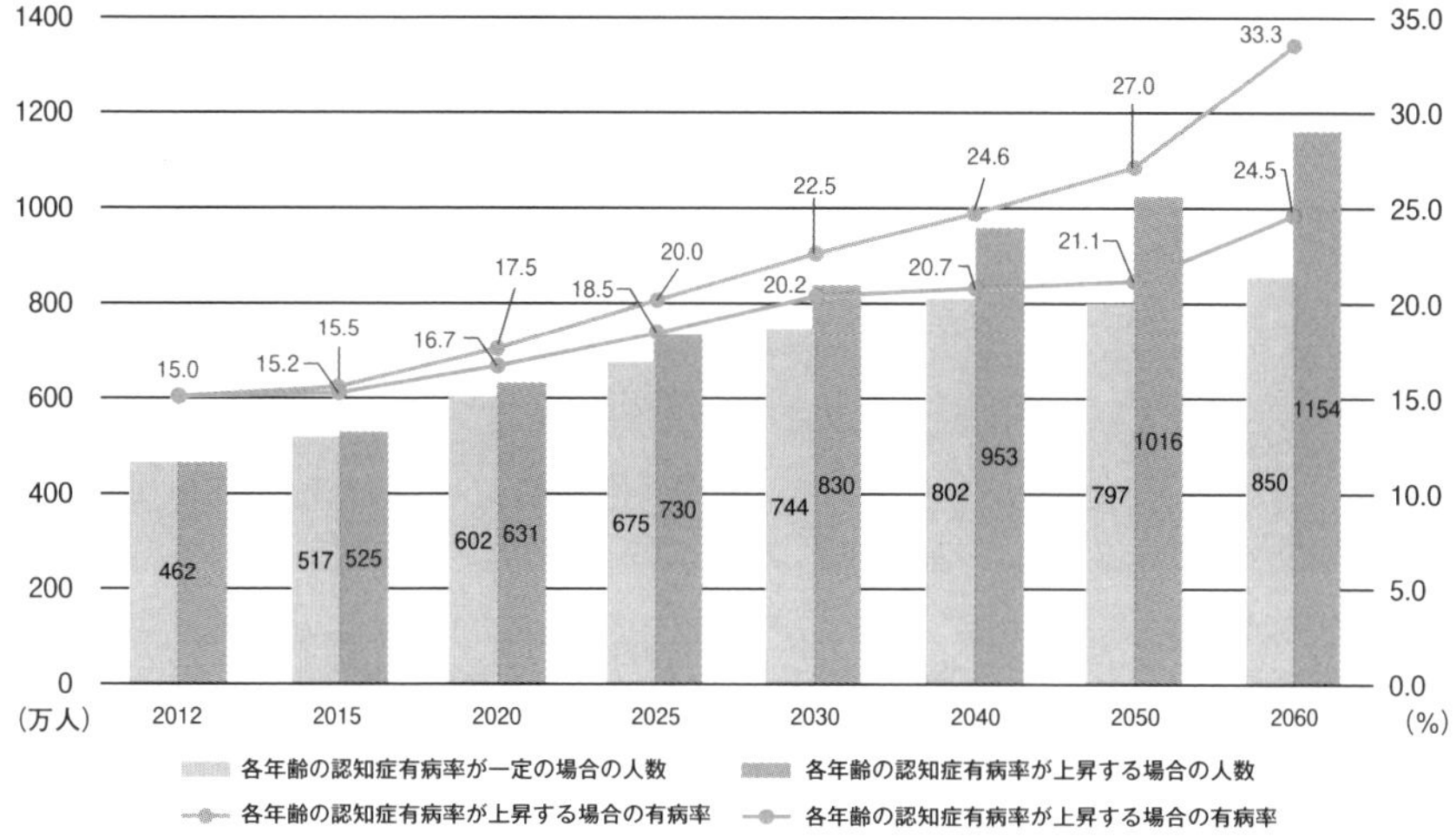

＊出典：生命保険文化センター「リスクに備える生活設計」より

軽度認知障害(MCI)で給付金が受け取れることも

軽度認知障害（MCI）の特徴

認知症とまではいかなくても、少しだけ加齢によるもの忘れが強いと感じたら、軽度認知障害（MCI）の可能性も考えられます。

・以前と比べてもの忘れなどの認知機能の低下がある、本人が自覚している、または家族等によって気づかれる
・もの忘れが多いという自覚がある
・日常生活にはそれほど大きな支障はきたしていない

＊出典：厚生労働省HP「知ることからはじめよう みんなのメンタルヘルス」

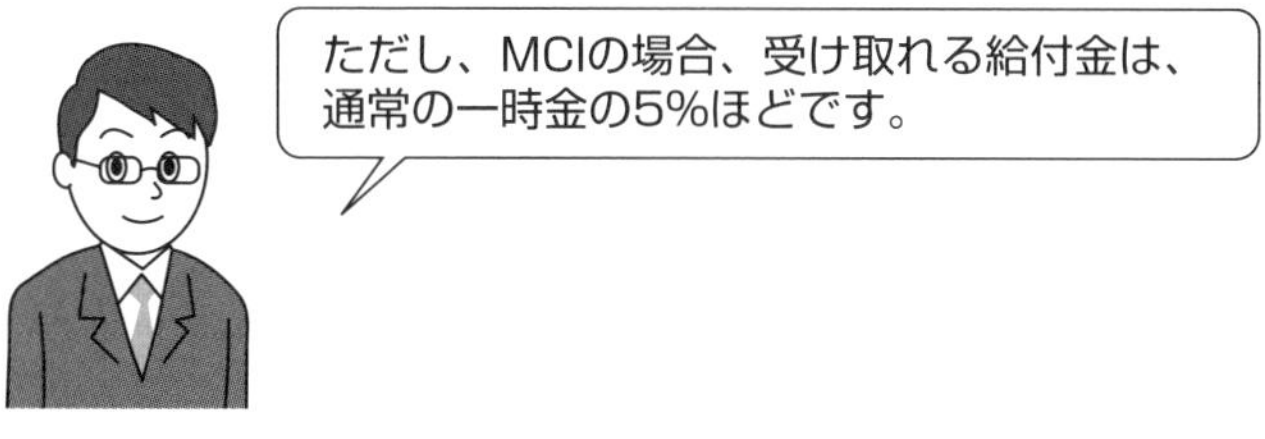

Column

「がん家系」は存在するの？

がん保険に加入する際に、よく「うちはがん家系だから」という言葉を耳にします。「祖父ががんでなくなったので…」とか、「伯母が胃がんで…」といった理由から、自身もがんになるかもしれないという不安から、がん保険に加入しようと考えるようです。

そして、身近でがんと闘病している人を見ている人ほど、そうした加入傾向は強いようです。病院であろうと、自宅であろうと、苦しみながらも闘病している親族の看病をし、かつ、現実面としてお金もかかる状況を目の当たりにすると、せめて家族に対してお金の面で迷惑はかけられないと考えるのは、がん保険加入について検討する自然な流れなのかもしれません。

しかし、本当にがん家系というものがあるのでしょうか？

そもそも、がんというのは日本人の死亡原因のトップであり、血縁関係にある人ががんでなくなるのは、ただあなたの周りに多いのではなく、誰においても多いことなのです。

また、交通事故や自殺といった死因であっても、もしその人が生きていたならば、いずれがんで亡くなっていたかもしれません。

それでもやはり、がんに遺伝的な要素はあるそうです。筆者自身は医学的なことはよくわかりませんが、がんは遺伝的要素と環境的要素があるようです。

環境的な要素というのは、喫煙による肺がんのリスクといったものです。

遺伝的要素というのは、やはりがん細胞は遺伝するものだそうです。最近では、がんの遺伝子治療といったものもあるそうですが、まだまだ研究途上だそうです。

がん家系という、もしかすると、特別にがんの遺伝子が多い家系という人もいるのかもしれませんが、医学的には、正直そこまで調べようがないというのが実情ではないでしょうか。

たとえ、身内にがんで亡くなったという人がいなくても、死亡原因トップのがんになる確率は、誰しも抱えているリスクだということだけは間違いなさそうです。

第7章

生命保険の見直しのポイントとは

　これからの経済不安などを思うと、生命保険料ばかりにお金をつぎ込むわけにはいきません。そして、毎月支払う生命保険料は、見直しすることでなんと1,000万円もの金額を節約することが可能となるのです。保険を見直すことで浮いたお金を、教育費や生活費にまわし、より豊かな生活を実現していきましょう。

7-1

生命保険にムリ・ムラ・ムダがないかチェックしよう

生命保険を見直す上で重要なのは、加入している保険にムリ・ムラ・ムダがないかということです。この3つのどれかに該当するならば、早く見直しに着手すべきです。

生命保険のムリ・ムラ・ムダとは?

この章では、生命保険を見直していく上での注意点について、述べていくことにします。

現在加入している生命保険に「ムリ・ムラ・ムダ」がないかを、チェックしていきましょう。

まずは、毎月の保険料支払いに「ムリ」がないか、将来にわたっての支払いも「ムリ」がないかという点です。30〜40代の男性の場合、外資系や損保系の生保の保険商品だと、毎月の保険料が2万円以下で、充分な必要保障を持つ保険設計が可能です。

逆に言うと、毎月2万円以上の保険料を支払っているとなれば、もしかすると「ムリ」があるのかもしれません。

次に、必要保障額に「ムラ」がないかという点です。そもそも死亡保険は、残された家族が経済的に困らないように加入するものであるはずです。なのに、その保障される金額が、必要とされる生活費に比べ不足しているとか、逆に過剰にあるなどの場合、保障内容に「ムラ」があることになります。このような場合、家族のためにも、すぐに保険を見直すべきでしょう。

必要以上に掛け捨てしていないか?

そして、掛け捨ての多い「ムダ」な保険に加入していないかということがポイントです。

保険は万一の際に必要なものですが、逆に、万一がなく生き抜いた老後の生活設計も考えておく必要があります。若いうちから、必要以上に多額の保険料をせっせと支払うことは、「ムダ」以外の何ものでもありません。

! 最低限の保障を持つ必要はありますが、保険貧乏にならないように。

図7-1 毎月の保険料にムリ・ムラ・ムダが無いかチェックする

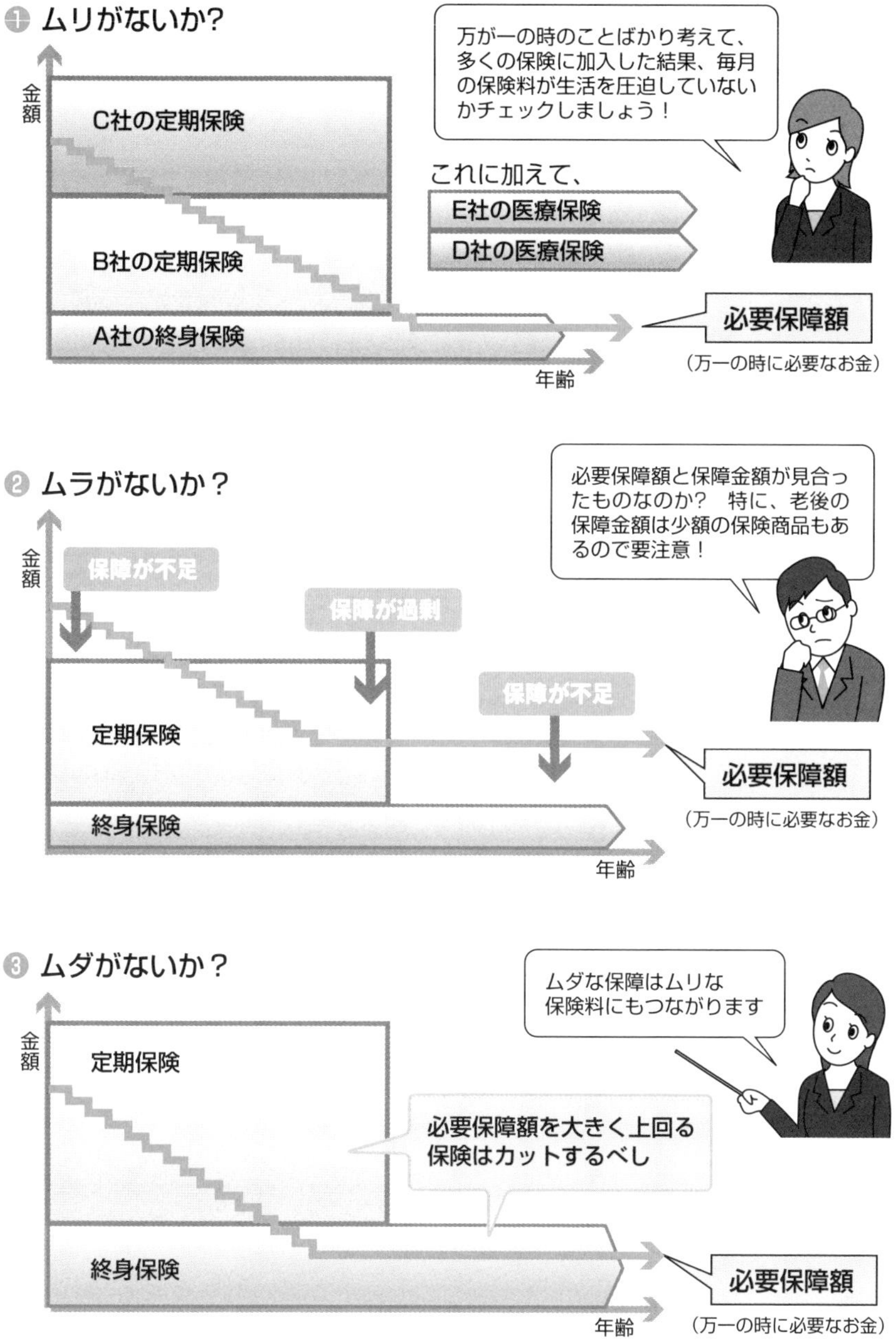

7-2

「上がる・下がる・捨てる」生命保険は見直し対象！

ムリ・ムラ・ムダをチェックし該当する人は、次に、加入している保険が「上がる・下がる・捨てる」かどうかを保険証券でチェックします。該当者は見直しが必要です。

▼「上がる・下がる・捨てる」タイプの生命保険とは？

先の項で「ムリ・ムラ・ムダ」に該当した人は、この次の段階の「上がる・下がる・捨てる」に進み、生命保険見直しモードを加速させていきましょう。

まずは「上がる」ですが、これは将来、保険料が「上がる」かどうか、つまり、定期保険で更新時に保険料が上がるタイプなのかどうかです。

雇用不安が叫ばれるご時世で、将来に保険料の負担が増大することは避けるべきでしょう。

次に、「下がる」ですが、これは保障額が一気に「下がる」ことを意味します。

生命保険加入者の多くは定期付終身保険に加入していますが、その定期付終身保険だと、高額の保障がある定期保険が満期を迎えると、その保障はなくなり、結果、終身保険のみの保障金額まで一気に下がることになります。保障が一気に下がってしまうと、当然不安に思うはずで、これも見直すべきです。

そして「捨てる」ですが、これは毎月支払う保険料を、必要以上に捨てていないかということです。

こちらも、相互扶助の精神で成り立っている保険の性質上、掛け捨てとなることは仕方がありません。要は、必要以上に掛け捨てしていると損なのです。

▼保険証券をチェックしてみる

これら「上がる・下がる・捨てる」は保険証券を見ればチェックできます（左ページの図参照）。

「思い立ったが吉日」ではありませんが、見直しを悩んでいる間も保険料の掛け捨ては進行中であるので、早く見直し行動を起こすようにしましょう。

ⓘ保険ショップに保険証券を持参すれば、加入状況を教えてくれます。

図7-2 保険証券でチェックすべきポイントは？

保険証券でチェックすべきポイントは？

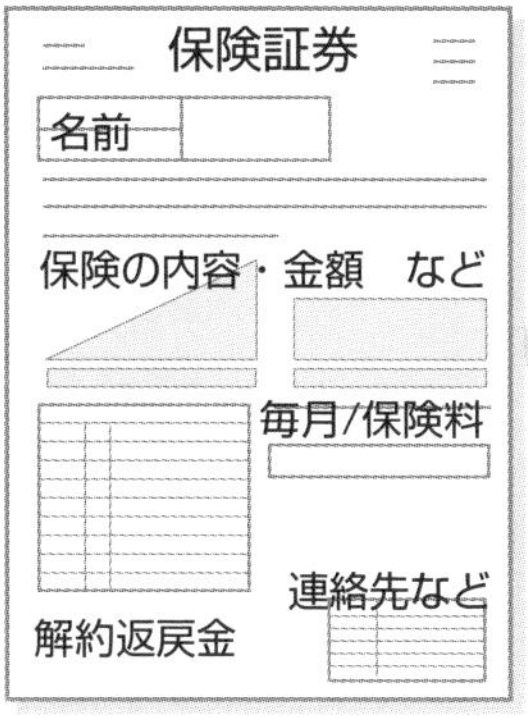

保険会社によって位置に多少の違いはありますが、保険証券の中央部分に保険の内容が記載されています

いざ、保険証券を取り出して、下の質問に答えてみよう！

あなたの保険証券をチェックしてみよう！

□	**1.** 終身保険金額は？	＿＿＿＿円
□	**2.** 定期保険金額は？	＿＿＿＿円
□	**3.** 定期保険の保険期間は？	＿＿＿＿年
□	**4.** 入院保険の給付金日額は？	1日あたり＿＿＿＿円
□	**5.** 入院保険の保険期間は？	＿＿＿＿年
□	**6.** 毎月の保険料は？	＿＿＿＿円
□	**7.** 保険料のうち主契約部分は？	＿＿＿＿円
	（保険証券に記載がある場合）	＿＿＿＿円
□	**8.** 解約返戻金は？	10年後＿＿＿＿円
		20年後＿＿＿＿円

終身保険金額が数十万円だと、**葬式代が不足**します

保険期間が短くないかどうか

これの差し引きした金額が**掛け捨て**となります

思っていた内容と違うと感じたならば、
見直しを検討してみましょう

7-3

保険料が将来、上がらないようにする方法はある？

保険料は将来、上がるものだと思われている方が多いのですが、そんなことはありません。保険料は上がらないようにできるのです。その方法をお教えします。

そもそもなぜ保険料が上がるのか？

生命保険は、若いときのほうが保険料は安くなっており、年齢に比例して高くなります。というのも、年を重ねると、それだけ病気になるリスクも高まり、保険会社としてはそのリスクを加入者に負担していただく仕組みにしているからです。

そもそも、保険料が上がるのは、10～15年といった周期で定期付終身保険の定期保険特約が満期を迎え、その保障を更新していくごとに保険料が上がる仕組みとなっているからで、これは第2章の定期保険のところでも述べました。

ならば、当初から保険料が上がらない保険に加入できないか、そう考えるのが、いたって自然な思考回路だと思われます。

保険料が上がる保険は、生き抜いた時に損をする？

保険料が更新時ごとに上がっていくとなると、将来、保険料の負担で生活費が圧迫されることは容易に想像がつきます。年功序列・終身雇用の世の中では、「保険料が上がっても、給料も上がっているから大丈夫ですよ」という保険営業担当者のセールストークに納得もできたのですが、昨今の経済情勢だとそうはいきません。

よって、若いうちから生活費は節約しておきたいもの。なのに、生命保険料をせっせと払い続けるのはいかがなものかと思われます。

保険料が将来上がる保険ではなく、終身型の保険や、必要保障額に見合った収入保障型の定期保険に見直すなどの行動を起こすべきと言えるでしょう。

！給与の上昇が見込めない場合、保険料が上がる保険は要注意です。

図7-3 保険料が将来、上がらないようにする方法

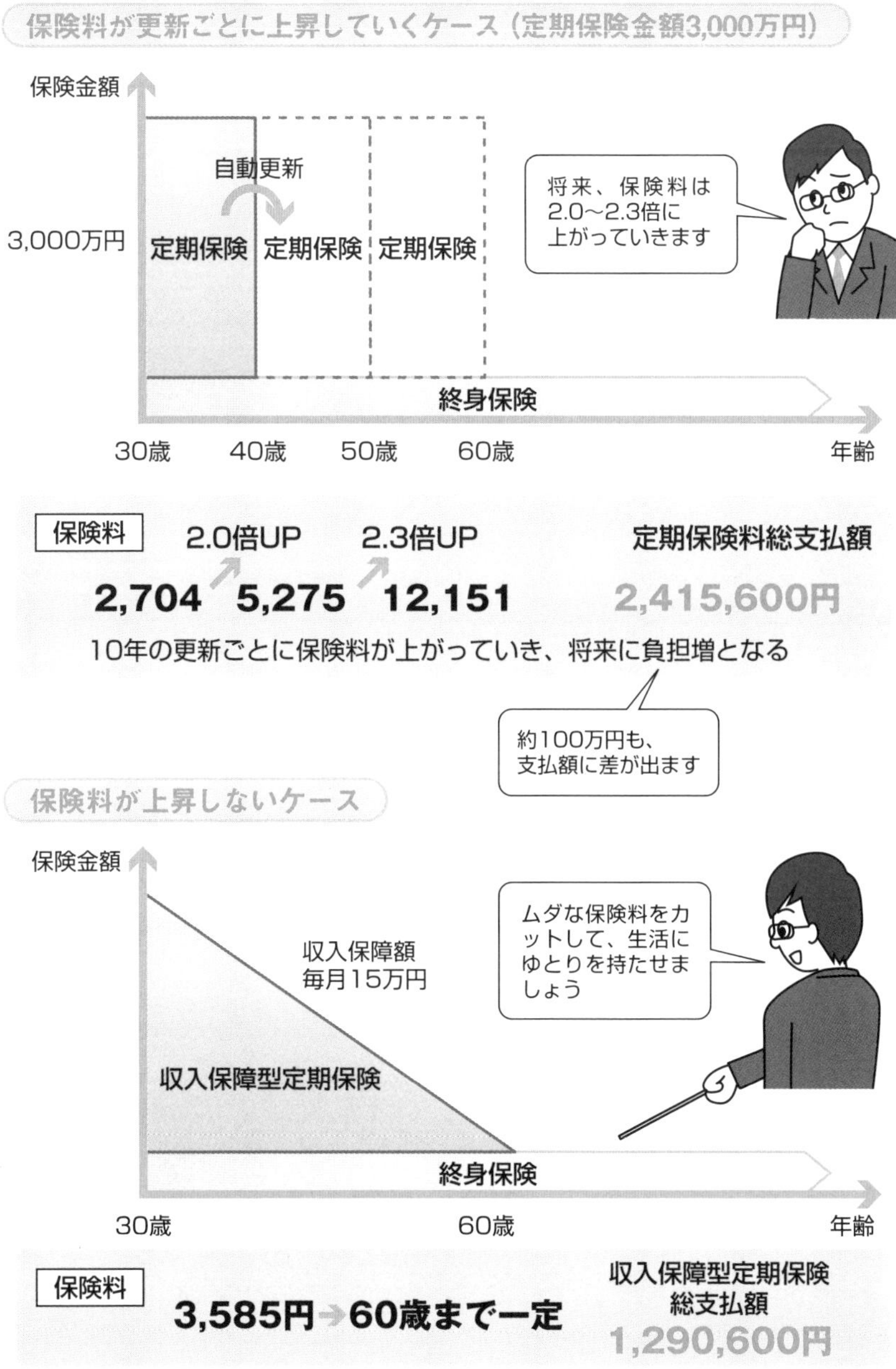

保険料が更新ごとに上昇していくケース（定期保険金額3,000万円）
保険金額
3,000万円
自動更新
定期保険
定期保険
定期保険
将来、保険料は2.0〜2.3倍に上がっていきます
終身保険
30歳
40歳
50歳
60歳
年齢
保険料
2.0倍UP
2.3倍UP
2,704
5,275
12,151
定期保険料総支払額
2,415,600円
10年の更新ごとに保険料が上がっていき、将来に負担増となる
約100万円も、支払額に差が出ます
保険料が上昇しないケース
保険金額
収入保障額
毎月15万円
収入保障型定期保険
ムダな保険料をカットして、生活にゆとりを持たせましょう
終身保険
30歳
60歳
年齢
保険料
3,585円→60歳まで一定
収入保障型定期保険
総支払額
1,290,600円

7-4

保障が一気に下がらないようにする方法とは？

保障が一気に下がる保険というのは、加入時に必要保障額をきちんと計算していなかったとも言えます。逆に言えば、きちんと計算すれば、ムダな保険料を削減できるのです。

▼必要最低限の保障を計算しておく

万一の際に必要な保障額ですが、一般的には、4人家族で子どもが高校まで公立の学校に通う場合、30代の男性では３０００〜４０００万円前後の保障があれば充分だと考えられます。なかには、５０００万円という高額な保障の保険に加入されている方もいますが、これは、Ｍサイズの体にＬサイズの服を着ているようなものでしょう。

また、第2章でも述べた通り、年を追うごとに必要な保障額は減少していきます。

「これから子どもにお金が必要な時に保障を少なくしてどうするのですか」という保険営業担当者に説得され、ムダな保障を持ち続ける人もいますが、家計を圧迫する保険料を削減するには、保険の見直しは避けられません。

▼ある日突然、死亡保障がなくなったら？

「３０００万円保障の保険に加入していたのに、死亡時にもらった保険はたったの50万円だった」という話を聞くことがあります。これは、高額の死亡保障に加入し、その定期保険特約の満期が到来しても、「高齢で保険料が高いから」と保障を継続しない場合に起こりうる話です。

保険会社の営業担当者は、継続時に保障がなくなることを説明していると思われますが、加入者がそれを忘れてしまうことも考えられます。

そもそも必要保障額に見合った保険の加入をしていれば、このような一気に保障がなくなるということは起きないはず。ご自身の家庭状況における必要保障額を計算し、それに見合ったムラのない保険を設計しましょう。

(!) 保険の見直しは、思い立ったが吉日です。まずは行動を。

図7-4 保障が一気に下がる保険、徐々に下がっていく保険

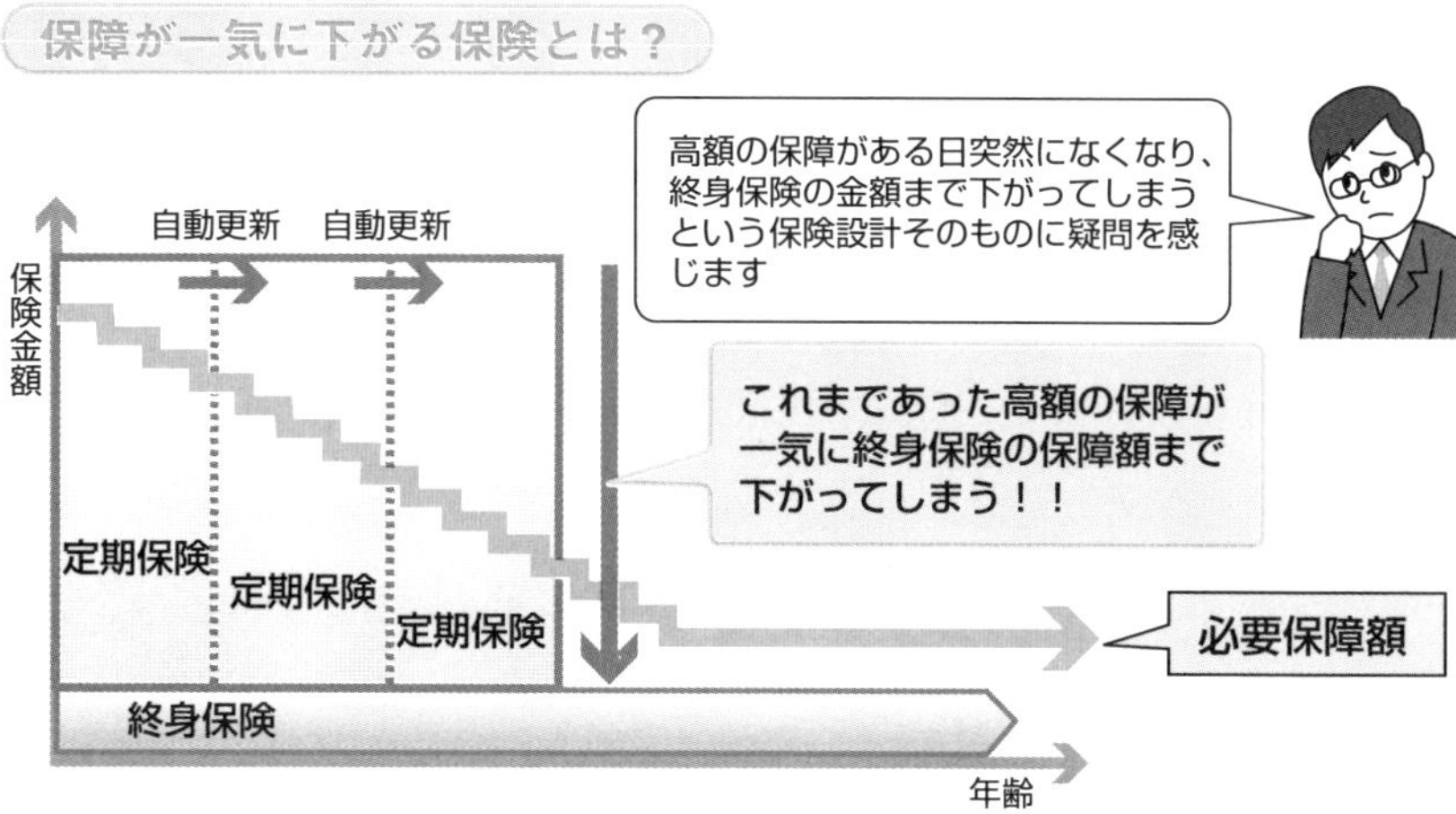
保障が一気に下がる保険とは？
高額の保障がある日突然になくなり、終身保険の金額まで下がってしまうという保険設計そのものに疑問を感じます
自動更新
自動更新
保険金額
これまであった高額の保障が一気に終身保険の保障額まで下がってしまう！！
定期保険
定期保険
定期保険
必要保障額
終身保険
年齢

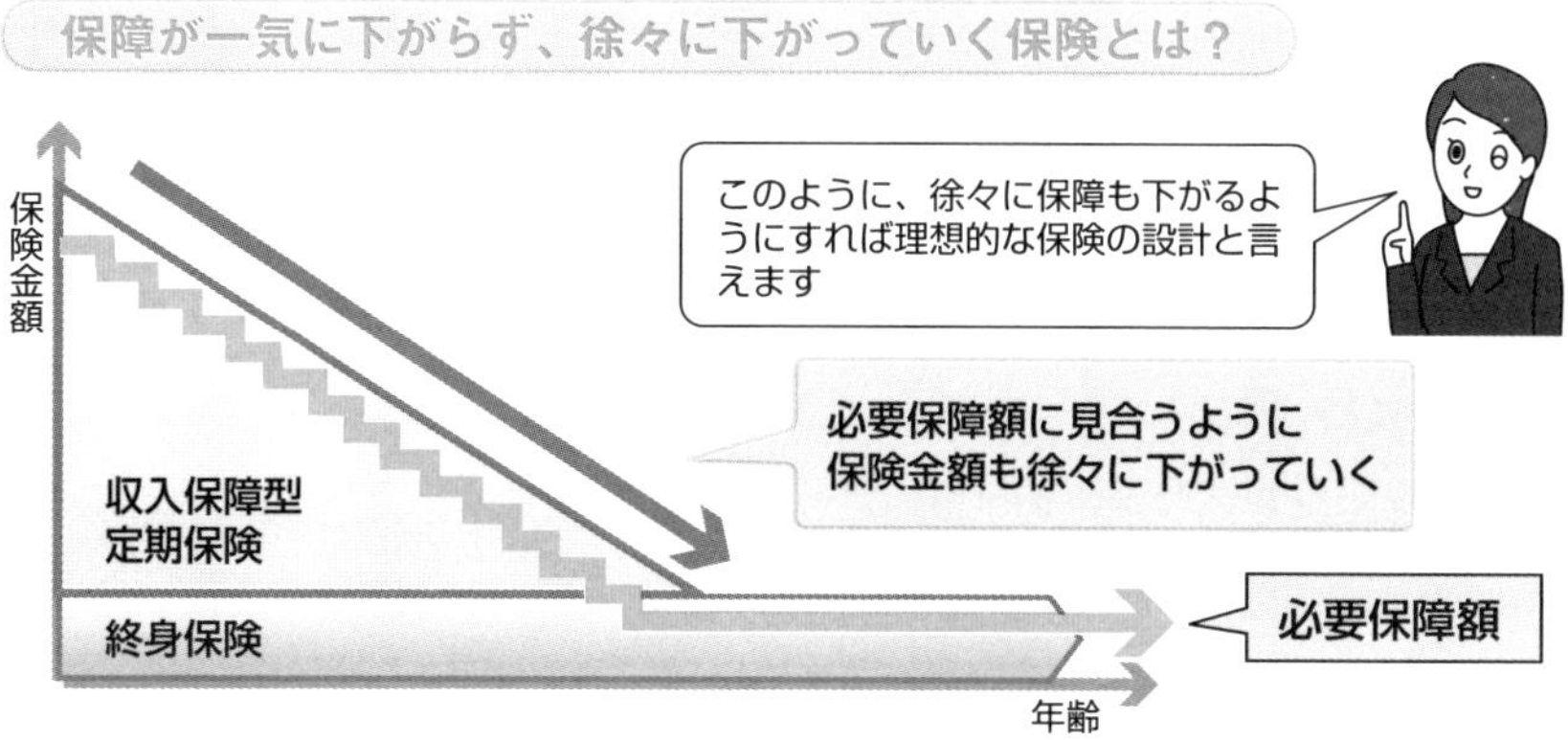
保障が一気に下がらず、徐々に下がっていく保険とは？
このように、徐々に保障も下がるようにすれば理想的な保険の設計と言えます
保険金額
必要保障額に見合うように保険金額も徐々に下がっていく
収入保障型定期保険
必要保障額
終身保険
年齢

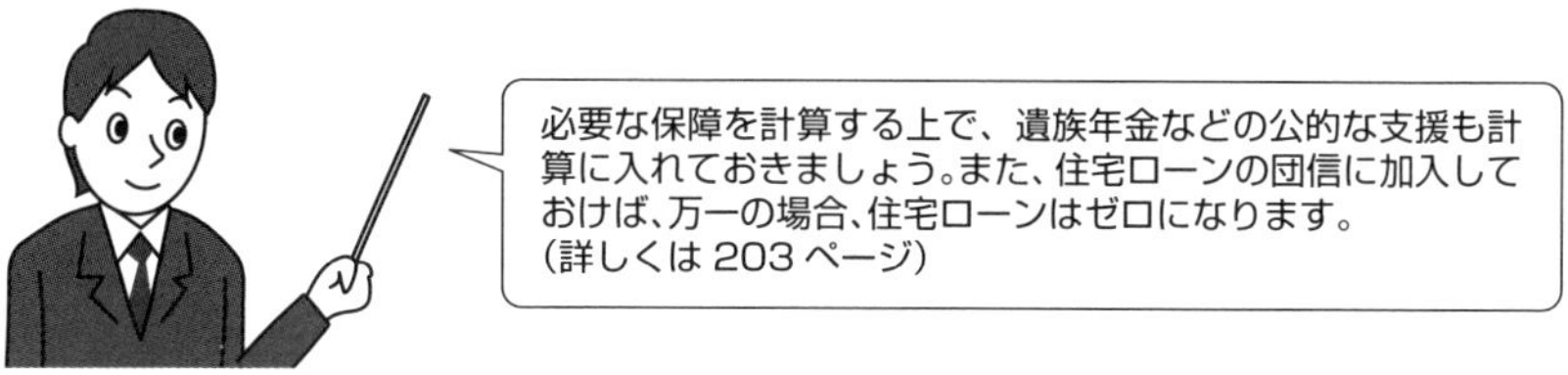
必要な保障を計算する上で、遺族年金などの公的な支援も計算に入れておきましょう。また、住宅ローンの団信に加入しておけば、万一の場合、住宅ローンはゼロになります。
(詳しくは 203 ページ)

7-5

保険料の掛け捨ては最小限に抑えよう

保険は掛け捨てだと割り切っている人もいます。逆に、こんなに掛け捨てが多いとは知らなかったという人もいます。いずれにせよ、掛け捨ては少なくしたいものです。

「帯に短し、たすきに長し」を組み合わせる

貯蓄性の高い保険は、その保険料は高くなっています。逆に、保険料の安い保険は掛け捨てとなっています。まさに「帯に短し、たすきに長し」ですね。

しかし、やはりどうしても、保険料は安くて貯蓄性も高めたいと考えてしまうもの。

そこで、掛け捨てする保険は、徹底的にその保険料を安い保険商品を探し、また、貯蓄性の高い保険は、これまた徹底的に利回りのいい商品を探すことで、加入する保険全体で掛け捨て金額を少なくしていくことができます。

保険は、「相互扶助の精神」という名の下で運営されています。つまり、困った時の助け合いのためにお金を出し合うという仕組み上、加入している全員が得をすることはあり得ません。

保険料が掛け捨てになるのは仕方がないのですが、そこを徹底的に少なくすることを考えるのが、保険貧乏にならない近道なのです。

掛け捨て金額を抑える方法

定期・終身・養老の3つの保険のうち、掛け捨てなのは定期保険です。つまり、定期保険の掛け捨てを少なくして、終身や養老保険で貯蓄性を高めれば、加入する保険トータルでは、掛け捨てを少なくできるのです。

その定期保険ですが、必要保障額に見合った逓減型か収入保障型にすれば、保険料は抑えられます。保険の見直しは、逓減型か収入保障型を考えるべきでしょう。

！保険には一長一短がありますが、上手く組み合わせるのが肝要です。

図7-5 定期保険の見直しで掛け捨てを最小限に！

3つの保険のうち掛け捨てなのは定期保険!!

定期保険	終身保険	養老保険（満期保険金）
死亡時に保険金が受け取れるが、保険の期限以降の保障はなく、満期時の解約返戻金もゼロである	死亡時に保険金が受け取れる（人間は必ず死期を迎えるので、掛け捨てでない）	死亡時に保険金が受け取れるほか、満期時には満期保険金が支払われる
掛け捨て!!	**掛け捨てではない!!**	**掛け捨てではない!!**

各社の定期保険料と掛け捨て額（30歳男性、保険金額3,000万円、期間10年）

	毎月保険料	総支払額
A社	2,426×12ヶ月×10年＝	**291,120**
B社	2,704×12ヶ月×10年＝	**324,480**
C社	3,090×12ヶ月×10年＝	**370,800**
D社	5,310×12ヶ月×10年＝	**637,200**

同じ保険でも、会社によっては約**30万円の差!!**

10年間であっても30万円以上の差があります。

終身保険は掛け捨てではありませんが、すべての保障を終身保険で準備すると、保険料の負担が大きくなります。定期が終身か、二者択一的な選択をしないようにしましょう。（詳しくは 204 ページ）

7-6

理想の保険を求めるなら、保険会社1社だけでは限界がある

生命保険は、各生命保険会社とも他社に負けないように、その商品内容で競争しています。加入者側からすると、この競争を利用して、比較検討すべきなのです。

各保険会社の商品で差がある

生命保険は「帯に短し、たすきに長し」です。よって、保険料が安く、でも保障は厚いといったような、加入者が得して保険会社が損をする商品はなかなか存在しません。

しかし、理想に近づけることは可能です。

というのも、各生命保険会社は顧客のニーズに応えるべく、様々な商品を販売しているからです。

しかも、それぞれの保険会社には得意な分野というものがあります。たとえば、医療保険分野ではA社の保障は充実していて、かつ、保険料は割安だとか、死亡保障分野においては、B社の収入保障型保険は大きな保障で保険料は低く抑えられている、といったようにです。

このように、複数の保険会社の保険を比較検討し、そのうえで選択することで、理想に近い保険に加入し、掛け捨てする保険料を限りなく少なくすることが可能となります。

保険会社は他社の比較ができない

保険会社各社には、他の保険会社との比較をするような広告を出してはいけないという業界内のルールがあります。

けれども、複数の保険会社の商品を扱う保険代理店では、死亡保障に強いB社や医療保険に強いA社など、その代理店の営業担当者の力量次第では、それぞれ保障が厚く保険料が安い商品を組み合わせ、理想に近い保険に加入することができるのです。

このように、掛け捨てを少なく抑えるためには、こうした保険代理店で相談をすべきだと言えます。

! 保険会社で各々得意な分野があります。ぜひ「いいとこどり」を。

図7-6 各社の保険商品から良いものを選ぶこと！

必要保障額に見合った「ムリ」「ムラ」「ムダ」のない保険

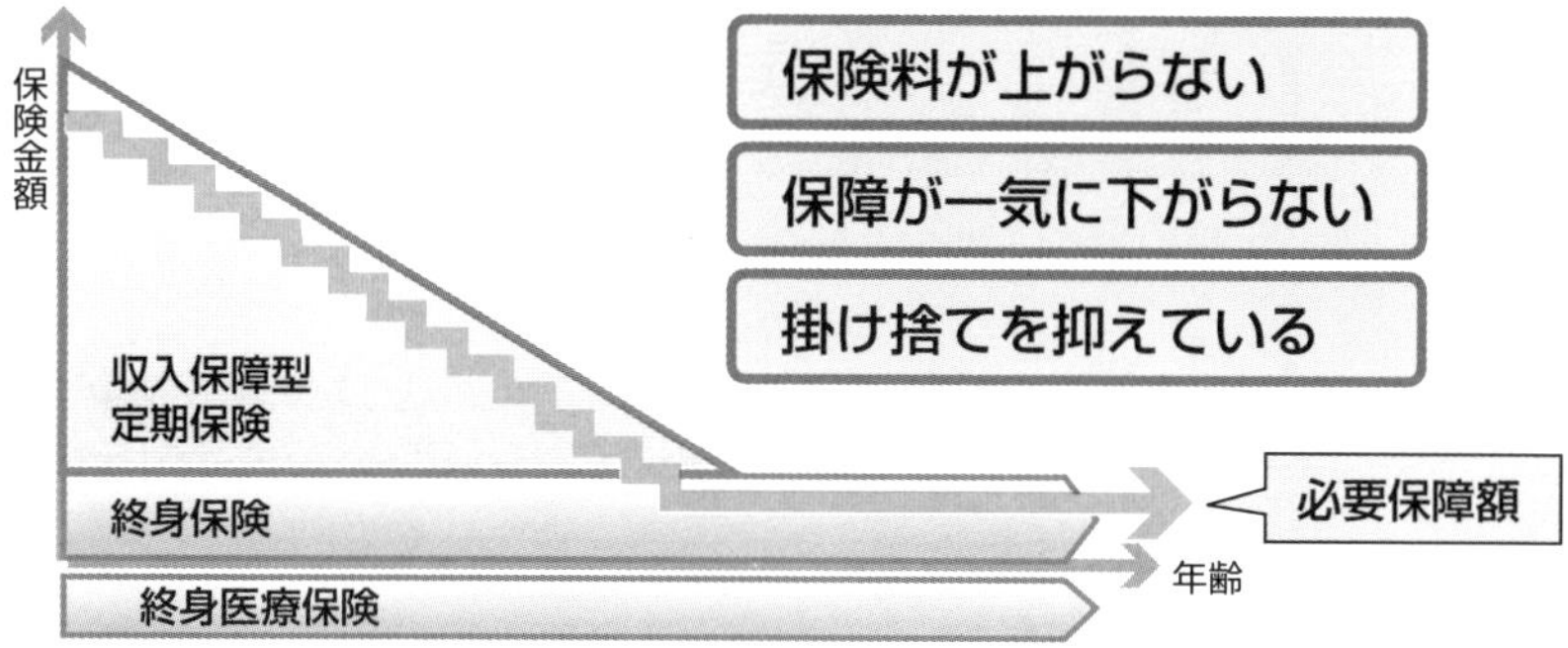

終身保険の各社保険料と総支払額

（30歳男性、保険金額300万円、払込60歳まで）

	毎月保険料					総支払額
A社	6,141円	×	12ヶ月	×	30年	=2,210,760円
B社	6,669円	×	12ヶ月	×	30年	=2,400,840円
C社	8,460円	×	12ヶ月	×	30年	=3,045,600円

約80万円の差

収入保障型定期保険の各社保険料と総支払額

（30歳男性、毎月15万円、60歳まで）

	毎月保険料					総支払額
D社	2,580円	×	12ヶ月	×	30年	=928,800円
E社	2,745円	×	12ヶ月	×	30年	=988,200円
F社	3,750円	×	12ヶ月	×	30年	=1,350,000円

約40万円の差

終身医療保険の各社保険料と総支払額

（30歳男性、入院日額1万円、60歳払込）

	毎月保険料					総支払額
G社	3,827円	×	12ヶ月	×	30年	=1,377,720円
H社	5,338円	×	12ヶ月	×	30年	=1,921,680円

約50万円の差

保険会社の商品にも様々なものがあるので、1社で検討するのではなく、
各社の保険商品を**「いいとこどり」**しましょう！

7-7

総額1千万円以上の保険料をいかに少なくするか

死亡保険や医療保険、このほか学資保険など、一生涯の生命保険料だけでも総額1500万円になることも。これを半分以下に抑えられれば、生活にゆとりが生じます。

保険の内容を比較してみる

まず、現在、国内でよく販売されている生命保険の内容を確認しておきます。

国内で販売されている生命保険の多くは「定期保険特約付終身保険（定期付終身）」と言われるもので、これに関しては第3章で説明しました。

もし、この一般的な定期付終身に加入し、かつ、医療保険の特約も付加した場合、どのくらいの保険を支払うのか計算してみると、約1300万円以上も支払うことになります。

左ページの図では省略していますが、学資保険で200万円ほど支払うとすると、合計で1500万円の保険料になります。

左図では、加入時と同じ保障を自動継続し続けるというのが前提です。なかには、継続時に保障を見直すこともあるので多少割り引いて考える必要があるものの、それでも総額1000万円程度は支払うことになると考えられます。

これに対し、収入保障タイプの保険の場合は、必要最低限の保障を持つことに徹していることもあり、その分、ムダな保険料も抑えられます。

付き合いの保険は要注意

いざ、現在加入の保険を解約するとなった場合、「義理や付き合いがあって」との理由で、結局そのまま保険を続けている人がいます。

もちろん、このような義理人情を否定はしません。ただ、このような義理人情と、家計から保険料として数百万円も出費されている現実とを見直し、時には天秤にかけてみるべきでしょう。

！1000万円とまでいかなくても、数百万円の削減は可能です。

図7-7 掛け捨てを1,000万円圧縮するには？

掛け捨てを1,000万円圧縮するには？

▼見直し前（30歳男性が毎月保険料20,000円の保険に加入）

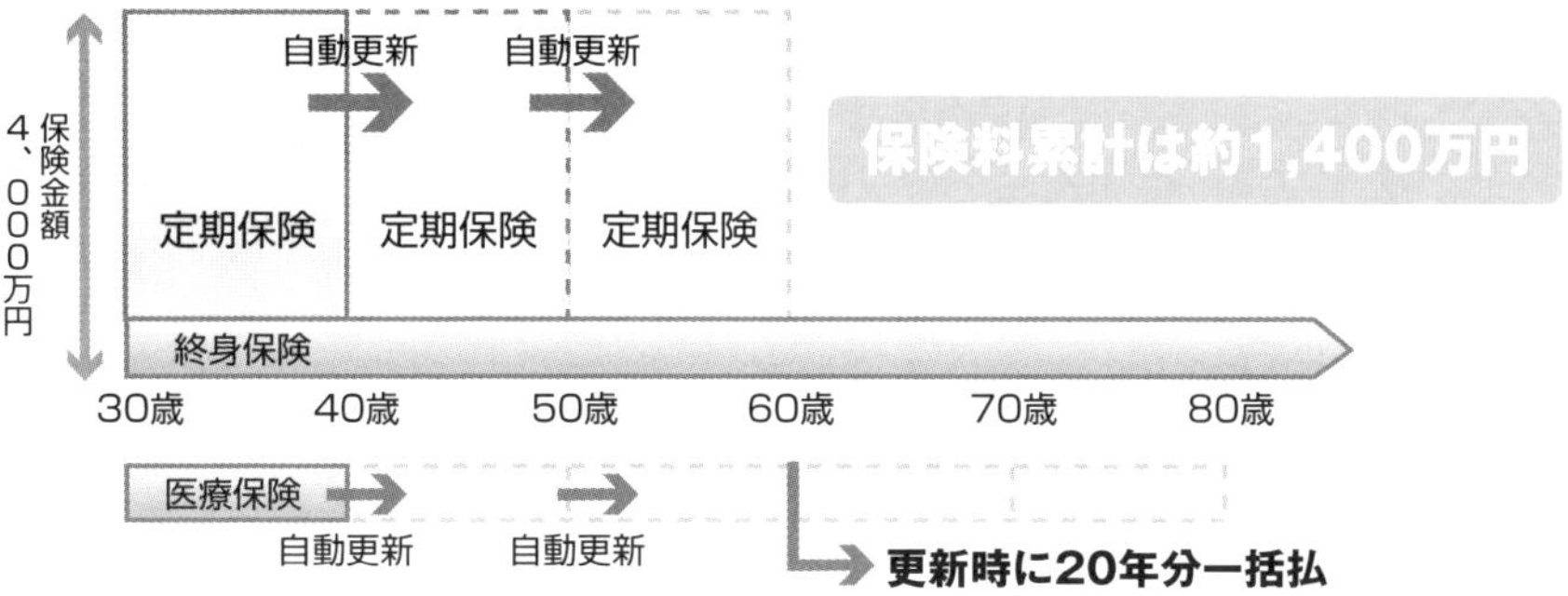

▼毎月保険料（更新ごとに保険料は約1.5倍アップするとして計算）

20,000円→30,000円→45,000円→2,400,000円（20年分一括払）
80歳までの保険料累計　13,800,000円

▼見直し後（30歳男性が、各社より保険料の安い保険を選んで見直しをした場合）

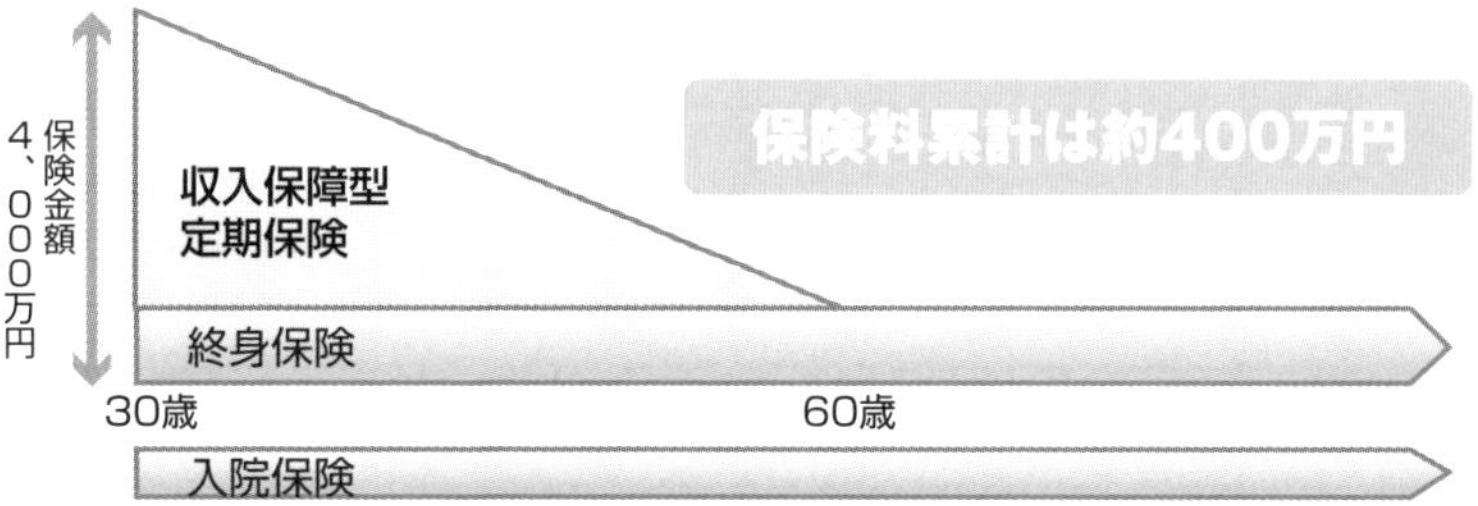

▼毎月保険料

12,000円　←　保険料は上がらない。保険料払込は60歳まで
60歳までの保険料累計　4,320,000円

見直し前
1,400万円
→
見直し後
400万円
→
なんと、1,000万円減らすことも可能!!

7-8

終身保険はどう見直すべき？

生命保険に加入する3つの大きな目的は、葬式代・家族の保障・医療費でした。この3つの目的のうちの葬式代に適している終身保険から見直していくことにしましょう。

いかに支払う保険料総額を抑えるか

終身保険は、死亡時に保険金が支払われます。途中で解約すれば、支払った保険料以下の金額しか支払われないことがありますが、死亡時に保険金を請求すると、ほぼすべての終身保険において、支払った保険料以上のものが返ってきます。

そうなると、いかに支払う保険料総額を抑えるのか、これが見直し時のポイントになります。

一般的には、定額終身保険よりも変額終身保険のほうが保険料は安く設定されています。しかし、現在では変額終身保険を扱う保険会社は少なくなっています。

なかには、定額終身保険を他社の変額終身保険よりも安い保険料で販売している保険会社もあります。保険の見直し時には、複数の保険会社の保険を扱う代理店で比較検討してもらうのがベストです。

解約返戻金を抑えた終身保険はオトク

保険料が割安な低解約返戻金型終身保険が、今や終身保険の主流となっています。これは、加入時から30年間といった一定期間中に解約をした場合、解約返戻金が通常の終身保険の7割程度に抑えられているデメリットがある半面、毎月の保険料は2～3割安く設定されています。

したがって、毎月の保険料を少しでも抑えたい人にはお勧めしたい商品です。

また、ドルで死亡保険金を受け取るタイプの終身保険など、様々な保険商品がありますが、商品内容を理解できてリスクを許容できる人は、こういったドル建ての保険商品も検討してみてください。

! 葬儀代を自己資金で準備できている人は、終身保険は不要の場合も。

図 7-8 保険料が割安な「低解約返戻金型終身保険」とは？

▼ある保険会社の「低解約返戻金型終身保険」（30歳男性 保険金額500万円 60歳払込）

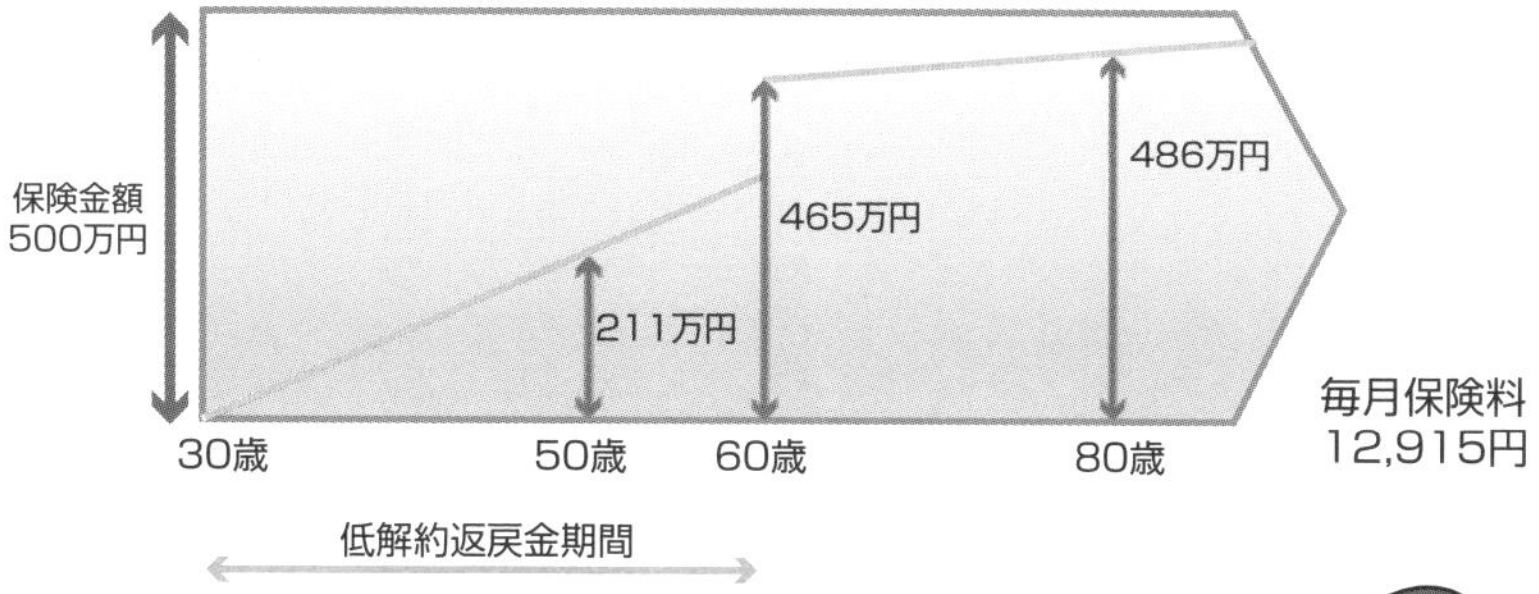

このように、「低解約返戻金期間」の時に解約をした場合、払い込んだ保険料を大幅に下回る返戻金しか受け取ることができませんので、注意が必要です。

▼保険内容の推移表

経過年数	年齢	死亡保険金	払込保険料	解約返戻金	返戻率
1	31	5,000,000	154,980	54,000	34.8%
5	35	5,000,000	774,900	485,000	62.6%
10	40	5,000,000	1,549,800	1,034,500	66.8%
15	45	5,000,000	2,324,700	1,568,000	67.4%
20	50	5,000,000	3,099,600	2,112,500	68.2%
25	55	5,000,000	3,874,500	2,671,000	68.9%
30	60	5,000,000	4,649,400	3,249,000	69.9%
31	61	5,000,000	4,649,400	4,653,500	100.1%
35	65	5,000,000	4,649,400	4,702,000	101.1%
40	70	5,000,000	4,649,400	4,761,000	102.4%
45	75	5,000,000	4,649,400	4,817,000	103.6%
50	80	5,000,000	4,649,400	4,866,500	104.7%

7-9

定期保険はどう見直すべき？

特に30～40代の保険加入目的は、家族の保障に対するニーズが多くあります。ただし、教育費等の出費も多く、保険料が割安の定期保険での対応がメインとなるでしょう。

必要保障額に合った収入保障型を！

繰り返しお伝えしてきましたが、10～15年の定期保険の場合、更新のたびに保険料が上がり、ムダな保障を継続していくことにもなります。

対して、逓減定期保険のほか、毎月一定金額が受け取れる収入保障型定期保険は、必要保障額をムダなくムラなくカバーしてくれます。なおかつ、ムダな保障をカットしている分だけ、毎月の保険料も安く抑えられています。

見直しにあたっては、終身保険同様、各保険会社の商品を比較し、同じ保険金額であっても保険料が低く抑えられている会社のものを選ぶようにしてください。

一般的な傾向としては、損保系の生命保険会社や外資系生命保険は、保険料が割安となっています。

非喫煙型や健康状態によってさらに安くなる

定期保険のように、その保険金額が高額となる保険は、健康状況によって割引となる商品が多くあります。

特に、タバコを吸わない人向けの「非喫煙型」の保険では、その毎月の保険料が3～4割も安くなっているものもあるので、タバコを吸わない人は、「私はタバコを吸いません」ということを必ず保険営業担当者に伝えてください。

また、勤務先で受診する健康診断において、健康状態に異常がみられない場合は、「健康優良体割引」が適用され保険料が安くなる商品もあります。こういった健康状態などについても、必ず営業担当者に伝えるようにしましょう。

(!) 禁煙治療は、条件を満たせば保険が適用され、費用が抑えられます。

図7-9 収入保障型の保険には保険料が割高になるものも！

定期保険はムダをカットした収入保障型定期保険がオトク！

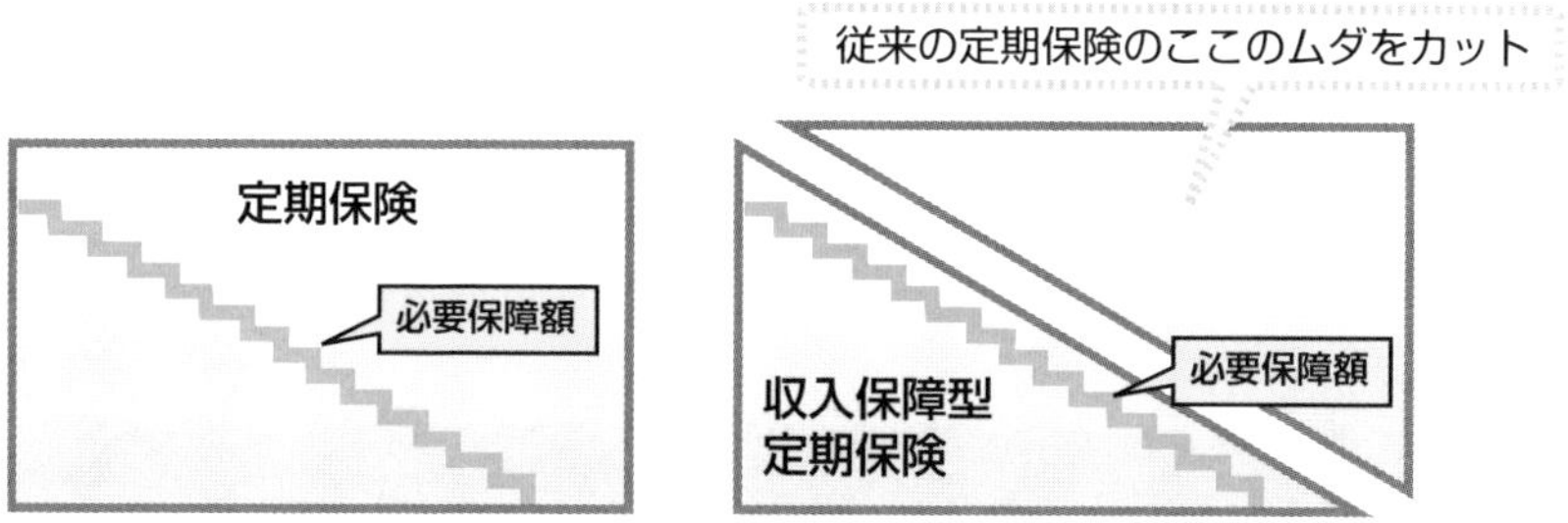

収入保障型の定期保険には、保険料が5年ごとに下がる保険がある!!

▼ある保険会社の収入保障型定期保険（35歳男性）

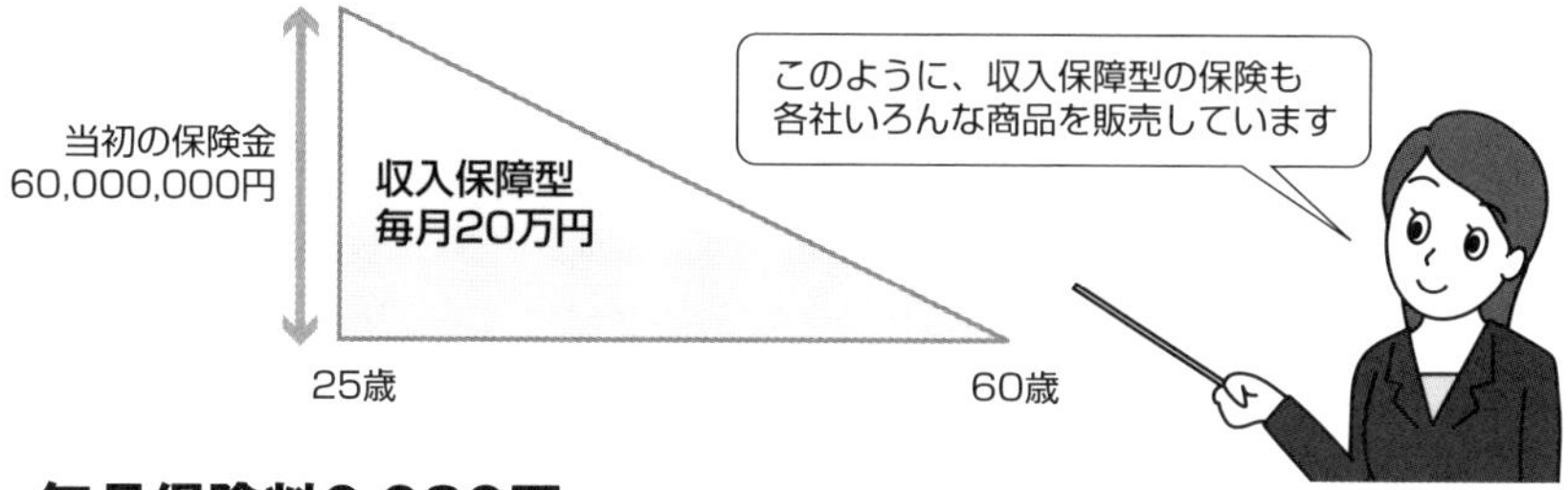

毎月保険料6,080円　ただし、

35～40歳まで	**6,080円**	
		5%ダウン
41～45歳まで	**5,780円**	
		5%ダウン
46～50歳まで	**5,480円**	
		5%ダウン
51～55歳まで	**5,160円**	
		40%ダウン
56～60歳まで	**3,040円**	

当初の保険料の半額に！！

35～60歳までの平均保険料5,108円

7-10

医療保険はどう見直すべき？

頻繁にCMが流れている医療保険ですが、商品内容は複雑化しています。ボーナスをもらえる保険などもあり、どれがいいのか、なかなかわかりにくいものです。

入院日額によって保険料が変わる

医療保険においても各社様々な商品があり、また複雑化しています。がん・脳卒中・急性心筋梗塞といった3大疾病に重点を置いた医療保険のほか、高血圧性疾患・糖尿病・慢性腎不全・肝硬変、慢性膵炎を加えた8大疾病なるものも登場しています。

ただ、医療保険加入の目的が入院と手術に備えるものと割り切った場合に、保険料を少しでも安く抑えたいならば、入院と手術をカバーしてくれるシンプルな保険を選択すべきでしょう。

要は、普通車に乗るか高級外車に乗るかといったもので、医療保険においても様々なオプションを付けると、それだけ保険料も上がることからも、シンプルなほうが保険料は安いということです。

また、入院日額をどうするのかでも金額が変わります。通常5000～1万円の範囲で選びますが、サラリーマンで休業補償がしっかりとした会社であれば5000円でも対応可能かと思われます。また、自営業者などは、入院中の医療費のほか、働けないことによる減収分をカバーする意味でも、1万円を選択するのがいいかと思われます。

ボーナスのある保険はオトクなの？

なかには、10年間入院や手術をしなければ、10万円のボーナスを支給するといった医療保険もあります。オトクなようにもみえますが、このボーナスの元となるお金は、当然ながら保険料に上乗せされています。保険料を抑えたいならば、そういったことも考慮し、保険選びをするようにしましょう。

① 医療保険は日進月歩で進化。見直すことで保障が充実することも。

図7-10 医療保険の保険料を抑えたいならシンプルなものを選ぶ

最近の医療保険は補償内容が充実したものが多い

（例）三大疾病（がん、脳卒中、急性心筋梗塞）になると、入院日額が倍額となるもの

三大疾病特約	10,000円
入院日額	10,000円

医療保険は各社、いろいろな保障を付加しており保険料だけでは比較しにくくなっています。自分の希望と保障内容にあったものを選ぶようにしましょう。

▼もし、がんの治療で30日入院すると、

（入院日額10,000＋三大疾病特約10,000）×30日＝入院給付金600,000円

▼ただし、交通事故によるケガで30日入院しても、

入院日額10,000×30日＝300,000円

現在では8大疾病特約というものもある

がん　脳卒中　急性心筋梗塞

糖尿病　高血圧性疾患　肝硬変

慢性腎不全　慢性膵炎

いずれも生活習慣病が原因と言われていますので、日々の食生活や生活習慣も保険と同時に見直してみてはいかがでしょうか？

医療保険では女性疾病特約を付加できるようですが、この女性疾病特約では、子宮がんといった女性特有の病気だけでなく、胃がんなどの男性も罹患するがんも対象なの？（詳しくは204ページ）

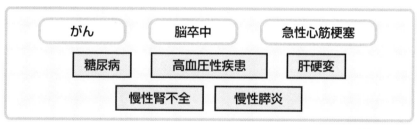

7-11

健康上の理由で新たに保険に加入できない人も見直しをしよう

生命保険の見直しでは、保険料の安い保険に加入し直せば保険料を安くすることができます。しかし、健康上の理由から新たに保険に加入できない場合は、どうすれば？

▼保障の金額を減らして保険料を下げる

生命保険の見直しの最大のポイントは、必要以上のムダな保障を削減し、掛け捨てとなる保険料を少なくすることです。保障が年々下がっていく収入保障型の保険が、最も理にかなった形だと言えます。

しかし、従来の定期付終身保険から収入保障型の保険を販売している保険会社に生命保険を入り直そうにも、健康上の理由から、新たな保険の加入ができない人もいます。

その場合には、既存の保険契約の保障金額を5000万円→3000万円に減らすようにすれば、保険料も引き下げられることになります。

必要最低限の保障は維持しなければなりませんが、Mサイズの人がLサイズを着る必要は全くありません。

▼保障金額と保険料を見直すときの注意

30〜40代で保障金額を下げようとすると、保険会社の営業担当者から「これから子どもにお金が必要なのですから、逆に保障を増やすべきです」と言われることがあります。

確かにそうかもしれませんが、将来に「これから子どもにお金が必要」なことも計算したうえで、加入時に当初の保険金額を決めたはずであることからも、それ以上に保障額が増えるのはおかしな話です。

加入時よりも年数が経過した分、その経過年数分の生活費や教育費相当分を削減することが保険のスリム化につながることからも、「逆に保障を増やすべきです」といったセールストークには引っかからないように注意してください。

! 告知書には「ありのまま」を記入しましょう。虚偽は厳禁です。

図7-11 従来より加入している保険の保険金額を見直す

生命保険を従来加入していた保険会社から新たに保険料の安い保険会社に入り直すケース

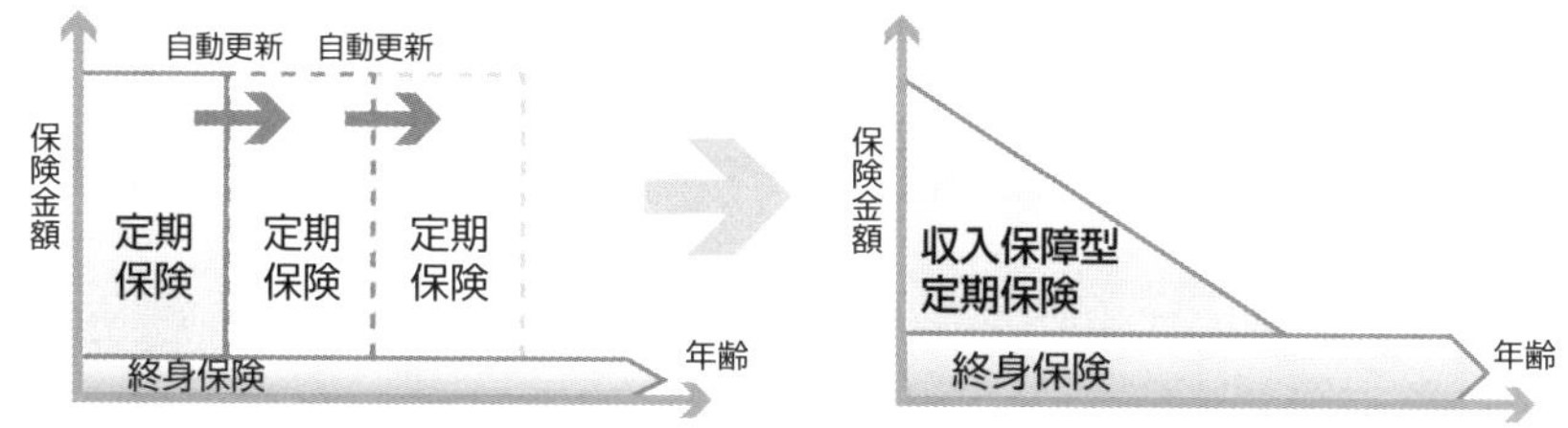

※ただし、健康上の理由から、新たな保険会社で保険に加入できない場合…

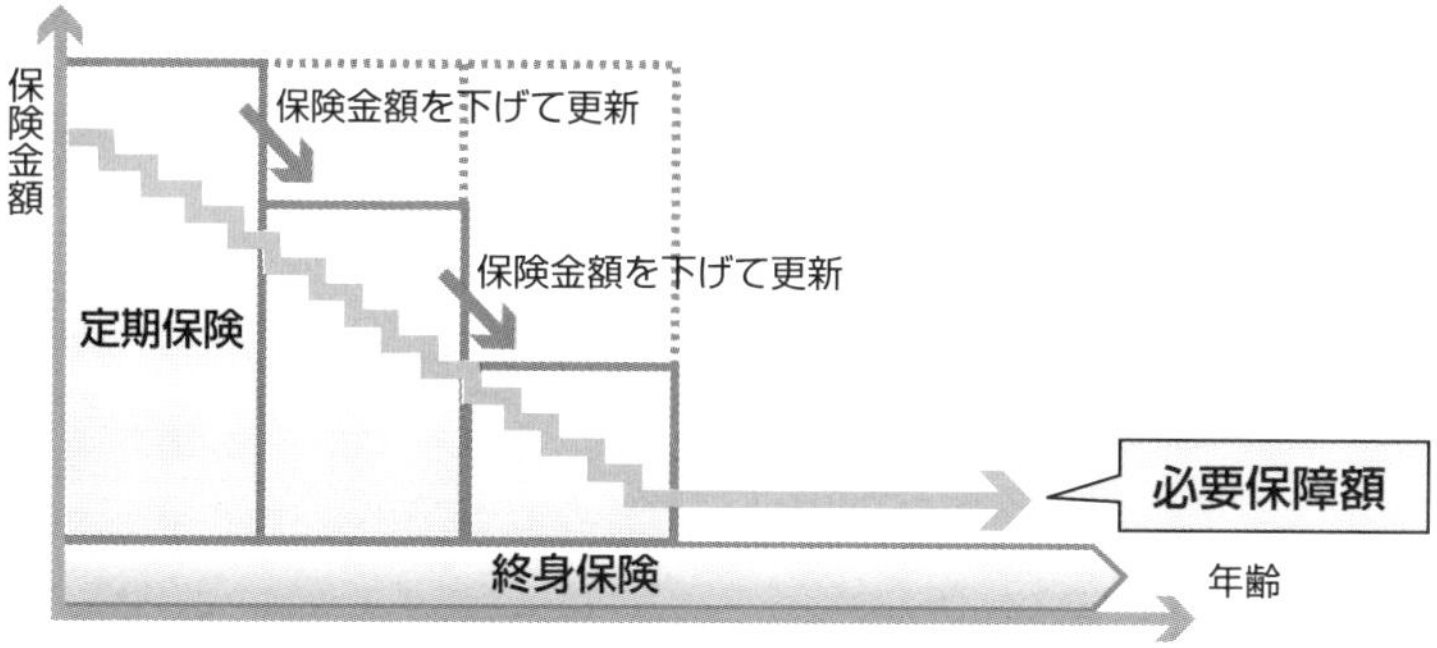

定期保険の更新時に**「保険金額を下げる＝保険料も抑える」**ようにして、
保険料の上昇を抑え、掛け捨てを極力なくすようにしよう！

もし、定期保険更新時、保険の営業担当者からこんなことを言われたら？

保険の営業担当

40代となってこれからお子さんの教育費が必要です。
保障を下げるなんてことをせず、そのまま更新しましょう。

加入者

おかしいじゃないですか！30代で加入した保険と40代で必要な保障が同じなわけないですよ。必要保障額に合わせて保障を下げるようにします！

※ただし、子どもが公立中学に進学予定だったのが、私立中学に進学するなどライフプランに変更があった場合は保障額をそのまま継続することもあります。

必要保障額は年々減っていきますので、
更新時には加入時の保障の見直しをしましょう。

7-12

見直し時に営業担当者が勧める「転換」って何？

生命保険の営業担当者から「保険の転換」を勧められることがあります。大きな保障を得るためにはおトクだと説明を受けるのですが、はたして本当なのでしょうか？

▼定期付終身保険の終身保険解約返戻金が原資となっている

定期付終身保険に加入し、数年経過後に「転換」を勧められることがあります。

定期付終身保険における終身保険部分には、貯蓄性が高く解約返戻金もあります。そこで、「転換」と言って、保険金額が３０００万円だった保険から新たにより保障の大きな４０００万円の保険に加入し直す時に、この解約返戻金を使うのです。

通常の場合、より大きな保障の保険に加入すれば、当然ながら毎月支払う保険料も上がります。

しかし、終身保険の解約返戻金を、より大きな保障の保険加入の際の頭金として利用することができるというわけです。

たとえば、１２０万円の車を購入する際にローンを利用するとします。5年で返済すると毎月2万円支払います。もしそこで、頭金として60万円支払った場合、残りの60万円をローンで支払います。5年のローンならば、毎月1万円支払います。

これと同じようなことが保険でも可能で、こうした「転換」によって、保険料の新たな負担もなく、より大きな保障に加入できるのです。

▼せっかく貯まったお金が掛け捨てに

ただ、問題なのは、貯蓄性の高い終身保険に加入していたのに、途中で「転換」することで、その貯まったお金が掛け捨ての保険に切り替わってしまいます。要は、貯蓄したお金が掛け捨てにまわされるのです。「転換」するかどうかは、よく説明を聞いたうえでご判断ください。

(!) 左頁の③のように貯まったお金が掛け捨てに転換されてしまいます。

図7-12 せっかく貯蓄されたものが掛け捨てに変わってしまう！

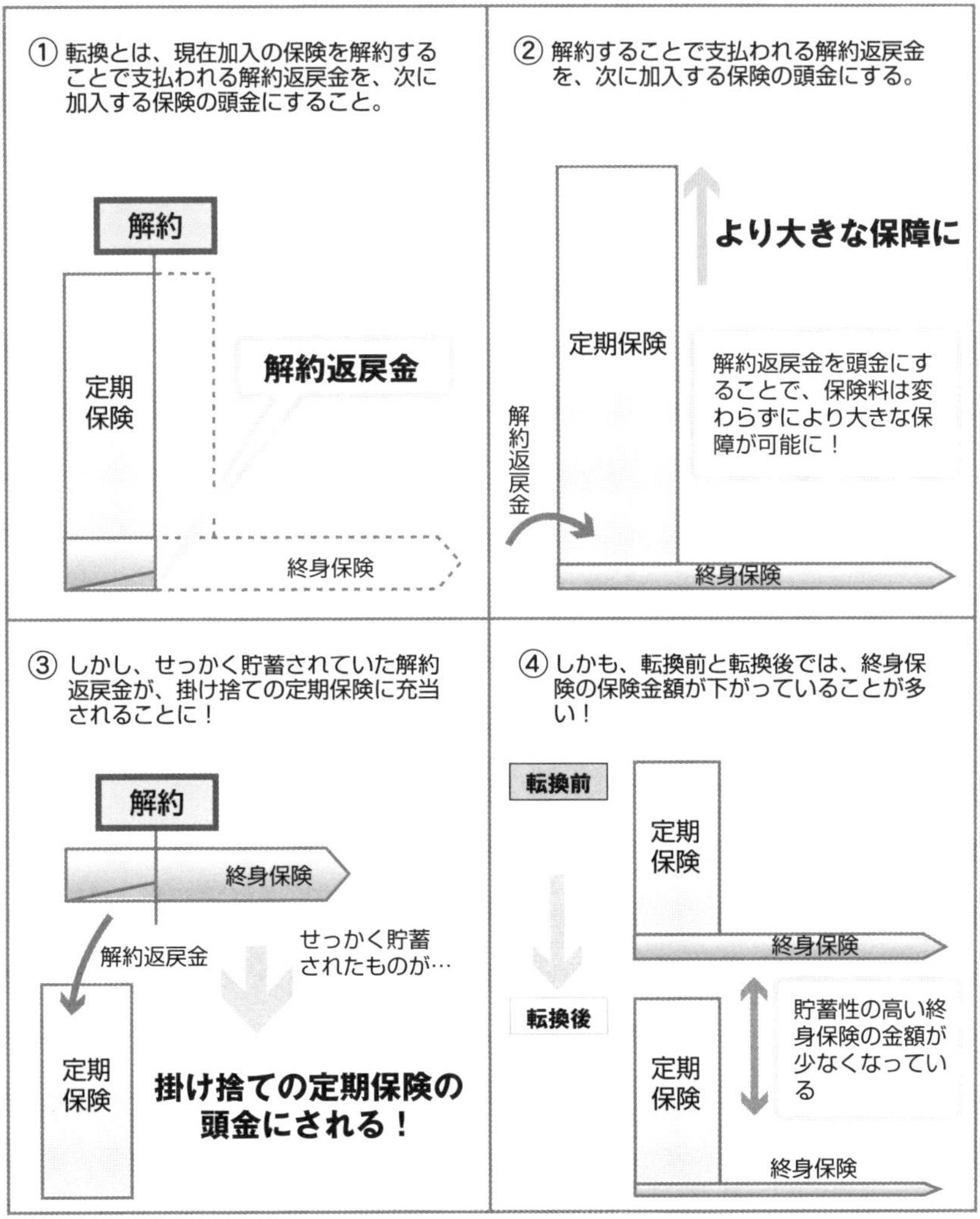
① 転換とは、現在加入の保険を解約することで支払われる解約返戻金を、次に加入する保険の頭金にすること。
解約
定期保険
解約返戻金
終身保険
② 解約することで支払われる解約返戻金を、次に加入する保険の頭金にする。
より大きな保障に
定期保険
解約返戻金を頭金にすることで、保険料は変わらずにより大きな保障が可能に！
解約返戻金
終身保険
③ しかし、せっかく貯蓄されていた解約返戻金が、掛け捨ての定期保険に充当されることに！
解約
終身保険
解約返戻金
せっかく貯蓄されたものが…
定期保険
掛け捨ての定期保険の頭金にされる！
④ しかも、転換前と転換後では、終身保険の保険金額が下がっていることが多い！
転換前
定期保険
終身保険
転換後
貯蓄性の高い終身保険の金額が少なくなっている
定期保険
終身保険

転換して**「毎月の保険料はほぼ同じなのに、大きな保障が得られる！」**
と説明されるが、**そんなウマイ話はありません!!!**

7-13

見直し時に今までの保険を解約するタイミング

保険の解約は、懸念しているよりも簡単にできることがあります。しかし、だからといってすぐに解約してしまうと、最悪の事態がないとも言えませんのでご注意ください。

以前の保険の解約は、新しい保険が成立してから

新たに保険に加入する際には、保険契約の申込書、医師の診断、第1回目の保険料納付の3点がそろうのが条件です。この3点がそろった時点で、保険会社は、保険金支払いの責任開始となります。

ところが、後日、保険契約を引き受けできないといった通知があることも起こり得ます。なぜなら、申込書の不備のほか、医師の診断の結果、保険を引き受けられる健康状態にないと保険会社が判断することがあるからです。

こうなると、責任開始となっていても、過去にさかのぼって保険契約がなかったことになります（支払った第1回目の保険料は戻ってきます）。

保険会社の責任開始が保険の成立というわけではありません。

したがって、以前の保険の解約は、新たに加入する保険の成立を確認してから行うようにしてください。

先に解約すると無保険状態の期間ができてしまう

ところが、この保険の成立を確認する前に、以前の保険を解約してしまう人がいます。この場合、もし新たな保険が成立しなければ、全く保険のない状態になってしまいます。しかも、新たな保険に加入しようとして、健康状態が問題で断られたのならば、次に別の保険会社で加入しようとしても、同様に断られる可能性が高くなります。つまり、どの保険にも加入できない可能性が高くなるのです。

保険の見直しの際、以前の保険の解約は必ず、新たな保険成立後に行うようご注意ください。

！保険の解約は、必ず、新たに加入する保険の成立後にしましょう。

図7-13 以前の保険の解約は新しい保険が成立してから！

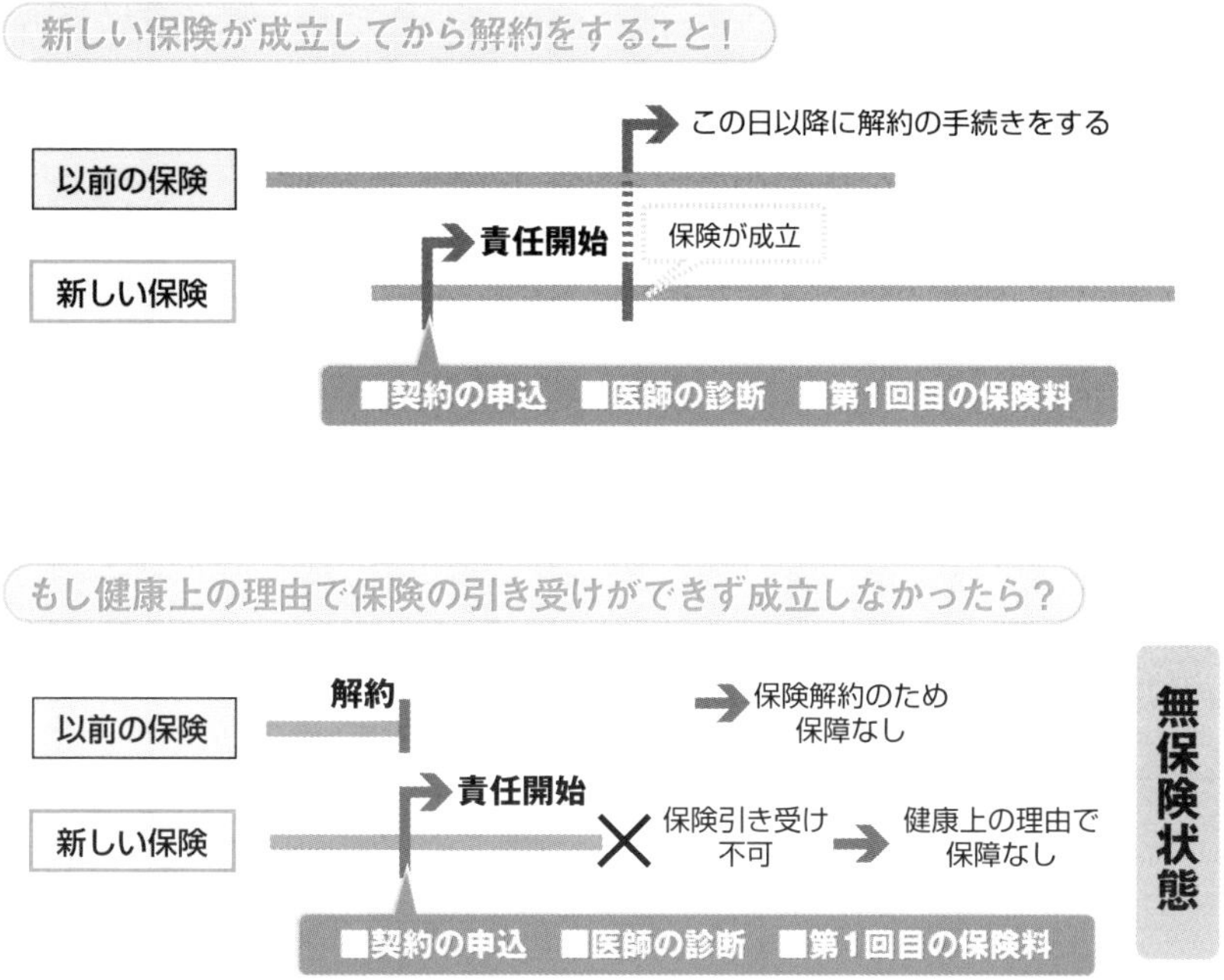

保険の見直しをして、新しい保険に加入する場合は、
必ず**新しい保険成立後**に、以前の保険の解約を行いましょう。
新しく保険に加入しようとして、健康上の理由で保険の加入を
断わられたならば、
どの保険会社の保険にも加入できなくなる恐れあり!!

どうしても、解約予定の生命保険の保険料を支払いたくないという方は、銀行で1か月分の引き落としを止めることはできます。保険料は1か月分が未納でも、保険は失効はしません。(詳しくは 204 ページ)

7-14

保険の見直し契約は月初めに行うとトクをする!?

生命保険加入の際には、第1回目の保険料を支払います。この第1回目の保険料は、加入した月の翌月分なのです。これを上手く利用すれば、ちょっとオトクかもしれません。

▼ 第1回目の保険料は加入月の翌月分

毎月支払う保険料ですが、この保険料は先払いです。仮に、1月27日に保険料が銀行口座から引き落とされたなら、それは2月分の保険料ということになります。

つまり、保険加入時に支払う第1回目の保険料は、加入する月の翌月分の保険料になります。

そこで、この加入のタイミングですが、これは月初の1日に加入しても、月末の31日に加入しても、その翌月分に充当します。

生命保険は、加入の申込書、医師の診断、第1回目の保険料の3点がそろえば、その時点から保険会社は責任開始となります。そうすると、月初に加入すれば、加入月の当月分とその翌月分の約2カ月分が、第1回目の保険料1カ月分で対応できることになります。

つまり、月末に保険加入をするなら、翌月まで待ったほうが、保険料1カ月分がオトクになるというわけです。

▼ 保険料が2か月連続で支払われなかったら失効

生命保険は、保険料が2か月連続で支払われなかったら、その2カ月目の末日で保険契約が失効します。つまり、1月分と2月分の保険料が支払われなければ、2月の末日で保険は失効してしまい、3月に死亡しても保険金は支払われなくなるのです。

逆に言うと、1カ月支払われないくらいでは失効しません。よって、保険見直しの際には、1回分保険料の支払いを止めてから行うと、1カ月分の保険料がお得になります。

① 保険の見直し時に、1カ月分の保険料を浮かせることが可能です。

180

図7-14 見直しの際に行う、保険料1ヶ月分を浮かす方法

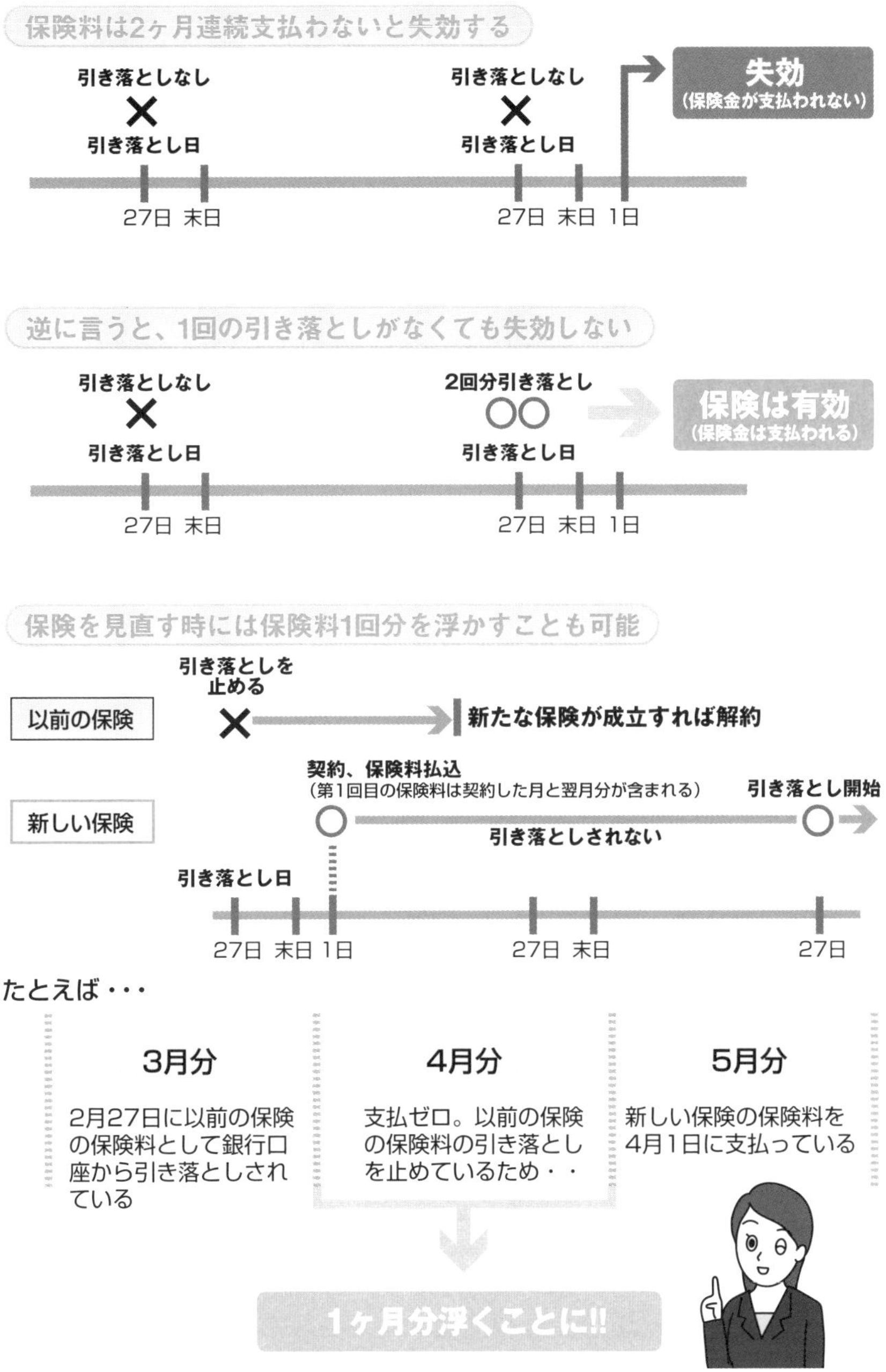
保険料は2ヶ月連続支払わないと失効する
引き落としなし
引き落とし日
引き落としなし
引き落とし日
失効
(保険金が支払われない)
27日 末日
27日 末日 1日
逆に言うと、1回の引き落としがなくても失効しない
引き落としなし
引き落とし日
2回分引き落とし
引き落とし日
保険は有効
(保険金は支払われる)
27日 末日
27日 末日 1日
保険を見直す時には保険料1回分を浮かすことも可能
以前の保険
引き落としを止める
新たな保険が成立すれば解約
新しい保険
契約、保険料払込
(第1回目の保険料は契約した月と翌月分が含まれる)
引き落とし開始
引き落としされない
引き落とし日
27日 末日 1日
27日 末日
27日
たとえば・・・
3月分
2月27日に以前の保険の保険料として銀行口座から引き落としされている
4月分
支払ゼロ。以前の保険の保険料の引き落としを止めているため・・
5月分
新しい保険の保険料を4月1日に支払っている
1ヶ月分浮くことに!!

Column

保険年齢と満年齢

生命保険に加入する際、年齢によって保険料が違うというのはご存じのことだと思います。なぜなら、40歳の人よりも50歳の人のほうが、年を重ねているだけ病気にもなりやすく、また死亡するリスクも高くなるからです。

では、この年齢は、いつ年を重ねていくのでしょうか？

このような質問をすると、「???」と思われる方も多いことでしょう。年を重ねる＝年齢が上がるのは、誕生日じゃないか、そう思われるかもしれません。

人間、誕生日に1歳ずつ年を重ねていくのは、説明するまでもなく常識ですからね。

しかし、保険の場合ちょっと事情が違うようです。保険会社によって違いはありますが、生命保険加入時の年齢には、保険年齢と満年齢があるのです。

満年齢のほうから説明しますと、こちらは実際の年齢です。つまり、誕生日がくれば、1歳ずつ年を重ねます。

では、保険年齢とは何か？

保険年齢とは、誕生日の半年前に、1歳年を重ねることです。

たとえば10月10日生まれの人ならば、その半年前の4月10日に、保険契約上では先に1歳年を重ねるという扱いになります。つまり、その1歳分だけ、保険料もわずかながら上がってしまうことになります。

いつからこうした計算方法になっているのかは不明ですが、従来から日本にある生命保険会社は、この保険年齢を採用しているところが多く、また、新規参入してきた外資系や損保系、カタカナ生保は満年齢を採用しているようです（そうでない場合もあります）。

とにかく、保険加入を検討した場合、この保険年齢か満年齢かを確認しておいたほうがいいでしょう。

自分自身の誕生日は忘れませんから、誕生日が来たら保険料も上がるということは、なんとなく想定していますが、その半年前に保険料が上がるのは、おそらく想定外のことだと思います。くれぐれも、ご注意ください。

第8章

生命保険はネットで簡単に加入できる時代へ

かつて、昭和の時代は保険のおばちゃん、平成になると外資系生保の男性営業マン、平成後期は保険ショップ、そしてインターネットで。生命保険の営業スタイルは時代とともに変化しています。営業スタイルのみならず、販売する商品も日進月歩で進化し充実。生命保険業界も時代の変化に対応しています。

8-1

大手保険会社のサブブランド保険会社の登場

インターネットであらゆるものが買える時代。もちろん、生命保険もインターネットで加入できます。大手生命保険会社も、インターネットでの保険の販売に参入しています。

生命保険加入方法の変遷

昭和の時代、生命保険に加入といえば、保険の営業担当者からその説明を受け、契約書にサインするというのが一般的な流れでした。

その保険営業の多くは、セールスレディと呼ばれる中年の女性、いわゆる「保険のおばちゃん」で、ＧＮＰ（義理・人情・プレゼント）攻勢で保険を勧めるといった営業手法で保険に加入したという方も多くおられることでしょう。

それが、平成の初期頃になれば、外資系生保の男性営業マンが、ノートパソコン片手に生命保険を提案するスタイルが増えだしました。

平成の中期頃になると、ショッピングモールなどの保険ショップが、複数の保険会社の商品を組み合わせる提案型店舗や、インターネット専業の保険会社も登場するなど、生命保険の加入の方法も大きく様変わりすることとなりました。

大手生命保険会社もネットに参入

大手生命保険会社は、自社の営業担当者の雇用維持ということもあって、従来の営業スタイルを継続していました。しかし、こうした時代の流れに抗うこともできず、平成の後期頃より、傘下に、インターネットや保険代理店経由で加入できる保険会社を設立。顧客のニーズに対応しています。

! インターネット専業保険会社の保険料は、低く抑えられています。

図8-1　一般社団法人　生命保険協会　会員会社（2023年9月23日現在）

- アクサ生命保険株式会社
- アクサダイレクト生命保険株式会社
- 朝日生命保険相互会社
- アフラック生命保険株式会社
- イオン・アイリンツ生命保険株式会社
- SBI生命保険株式会社
- エヌエヌ生命保険株式会社
- FWD生命保険株式会社
- オリックス生命保険株式会社
- カーディフ生命保険株式会社
- 株式会社かんぽ生命保険
- クレディ・アグリコル生命保険株式会社
- ジブラルタ生命保険株式会社
- 住友生命保険相互会社
- ソニー生命保険株式会社
- SOMPOひまわり生命保険株式会社
- 第一生命保険株式会社
- 第一フロンティア生命保険株式会社
- 大樹生命保険株式会社
- 大同生命保険株式会社
- 太陽生命保険株式会社
- チューリッヒ生命保険株式会社
- T&Dフィナンシャル生命保険株式会社
- 東京海上日動あんしん生命保険株式会社
- なないろ生命保険株式会社
- ニッセイ・ウェルス生命保険株式会社
- 日本生命保険相互会社
- ネオファースト生命保険株式会社
- はなさく生命保険株式会社
- 富国生命保険相互会社
- フコクしんらい生命保険株式会社
- プルデンシャル生命保険株式会社
- PGF生命保険株式会社
- マニュライフ生命保険株式会社
- 三井住友海上あいおい生命保険株式会社
- 三井住友海上プライマリー生命保険株式会社
- みどり生命保険株式会社
- 明治安田生命保険相互会社
- メットライフ生命保険株式会社
- メディケア生命保険株式会社
- ライフネット生命保険会部式会社
- 楽天生命保険株式会社

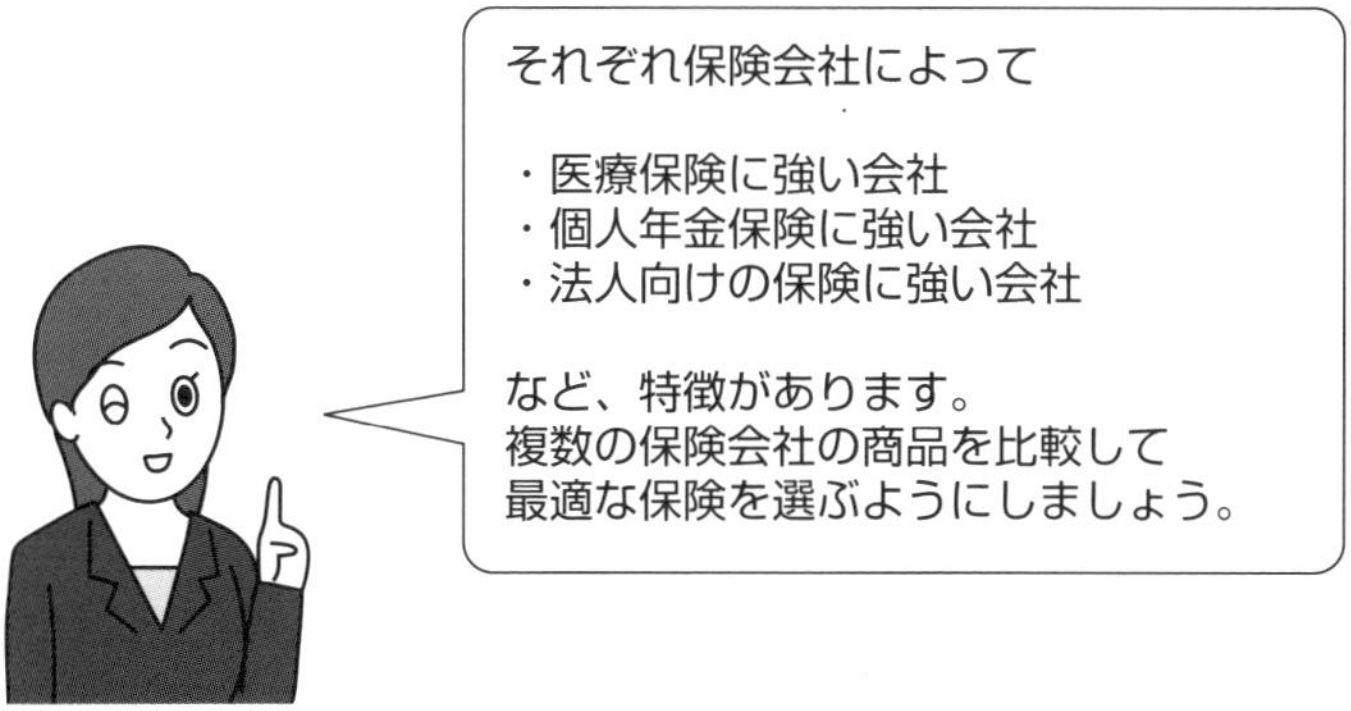
それぞれ保険会社によって
・医療保険に強い会社
・個人年金保険に強い会社
・法人向けの保険に強い会社
など、特徴があります。
複数の保険会社の商品を比較して
最適な保険を選ぶようにしましょう。

8-2

ネットで簡単に加入できるが、加入時の注意点

インターネットで簡単に生命保険を選べる時代になりましたが、簡単ゆえ、当然、注意しなければならない点もあります。こうした注意点についてまとめます。

生命保険は、掛け捨ての覚悟は必要

生命保険は、支払った保険料以上の保険金を受け取ることもあれば、保険料が掛け捨てとなることもあるなど、一長一短があります。

第7章でも述べましたが、必要な保障を維持したうえで、いかに掛け捨てを少なくするのかが生命保険加入のポイントとなります。

何のために、誰のために、どの程度の保障が必要かを確認したうえで、商品を選ぶようにしましょう。

ただ、近年、各社、保障を充実させた保険商品が多く、「安かろう、悪かろう」といった商品が少なくなっていると言えます。特に医療保険分野においては、保険料を抑えて、保障を充実させた商品の開発合戦とも思える状況であり、「粗悪品」といった保険は少ないと思われます。それでも、入院日数の限度や適応される手術内容などは、チェックしておきましょう。

「加入しすぎ」に要注意

保険の営業担当者から勧められて、必要以上の多くの保険に加入している人を多く見受けますが、インターネットで自ら加入している人の中にも、誰かに勧められたわけでもないのに、必要以上の保険に加入している人がいます。

生命保険の加入診断をしているファイナンシャルプランナーなどに相談をして、適正なサイズの保険に加入するようにしましょう。

! 誰からも勧められていないのに、過剰に保険に加入しないよう注意。

図8-2　ネットで生命保険に加入する際の注意点

生命保険営業担当との面談の場合

営業担当者から生命保険を
勧められるがまま断ることも
できず加入してしまうことも…

インターネットで保険に加入の場合

ちょっと多めに保障を…
もし、事故にあったら
病気になったらどうしよう

営業担当者から勧められている
わけでもないのに必要以上に
過大な保障の生命保険に加入
してしまうことも…

- 銀行や保険ショップで適正な保障額を算出
- 中立な立場のファイナンシャルプランナーに有料で相談

ムリ・ムラ・ムダのない生命保険を!!

8-3

以前に加入した保険であっても、見直し対象に

外資系生保や損保系生保の参入で、特に医療保険の保障内容は充実しています。過去に加入した保険より、さらに充実している可能性もあり、見直しを検討する価値はあります。

保障は充実して、保険料も安く

外資系や損保系、また、ネット専業や大手生保のサブブランドの参入で、医療保険の内容が充実しています。まさに、群雄割拠の戦国時代さながらの商品開発合戦の様相で、保障が充実して保険料が安くなるという、生命保険加入者にとってはありがたい状況となっています。

生命保険は、年齢が上がると毎月支払う保険料も上がるものですが、こうした医療保険の充実ぶりからも、数年前、もしくは10年以上前に加入した生命保険で当時より年齢を重ねていても、生命保険を見直すことで、その保険料が下がることも珍しくありません。

8大疾病に対応する医療保険

3大生活習慣病と呼ばれる、がん、脳梗塞、急性心筋梗塞に加え、高血圧、糖尿病、肝疾患、腎疾患を加えたものを7大生活習慣と呼び、こうした病気に対する備えの保険商品が多く販売されていました。

さらに、膵疾患を加えた8大生活習慣病に対応する生命保険も登場するなど、保険商品は、さらに充実したものに進化しています。

生命保険の見直しをすることで、保険料が下がって保障が充実することもありますので、生命保険の店舗などで相談されてはいかがでしょうか。

また、銀行でも生命保険の販売をしていますので、ローン借入時などに、相談してみるのもいいでしょう。

! 保険会社の商品競争により、生命保険はより充実した保障に。

図8-3　がん保険は進化している

数年前に医療保険・がん保険に加入していても
見直すと、保障が充実して保険料が下がることも…

抗がん剤治療

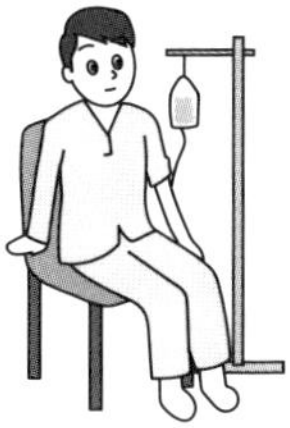

がんの治療を目的として抗がん剤治療を受けた時、治療を受けた月ごとに給付金を受け取り

抗がん剤治療給付金額　**5〜30万円**
※保険会社により異なる

三大疾病一時給付金

がん	脳梗塞	急性心筋梗塞

初回のみ
1回だけの支払
→
1年に1回を限度
何度でも給付
※保険会社により異なる

女性特有の病気で入院した時の諸費用サポート

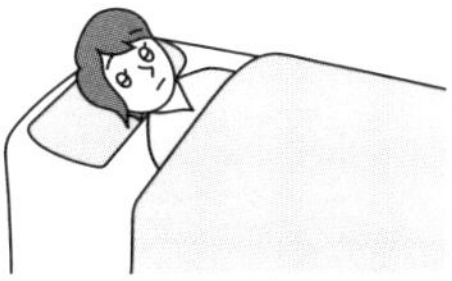

例えば、子宮筋腫・帝王切開・乳がんの他白内障・胆石症・骨粗しょう症などで入院した場合

日額8,000〜13,000円
入院費用に加えて支給される諸費用サポート

医療保険・がん保険の保障は進化、充実しています

8-4

おひとりさまの保険や離婚時の手続きについて

生活スタイルの多様化もあって、生涯独身という人や、また、結婚したとしても離婚する夫婦もいます。こうした場合の生命保険の意義を整理しておきましょう。

万一の時、遺族のためだけの保障ではない

2022年7月に内閣府から発表された「少子化社会対策白書」によると、50歳時の未婚率が過去最高を更新しています。

この数値は年々上昇し続けており、生活スタイルの多様化などもあって、こうした傾向は、今後も続くものと思われます。

生命保険は、残された家族が生活の困らないように加入される方が多くいますが、では、生涯独身の場合、生命保険は不要なのでしょうか。

独身であっても、死亡時に住居を退去する費用や火葬費といった死後整理資金は必要となります。配偶者や子がいない場合、親やきょうだいがその費用負担をすることもあり、こうした費用を預貯金で残していないのであれば、生命保険で対応しておくようにしましょう。

あと、ご自身のために、病気やケガで入院、手術に備える保険は準備しておきましょう。

離婚時の手続きもぬかりなく

離婚した場合、生命保険の手続きは面倒でもきちんとしておきたいものです。

生命保険料を支払う契約者、そして、保険金を受け取る受取人などの変更を行いましょう。

離婚時は生活が変化し、生命保険を見直す機会ともなりますので、ファイナンシャルプランナーなどに相談してみるのもいいでしょう。

! 単身者であっても、自身の死後整理資金と医療費のための保険を。

図8-4　おひとり様の保険や離婚時の注意点

50歳時の未婚割合の推移

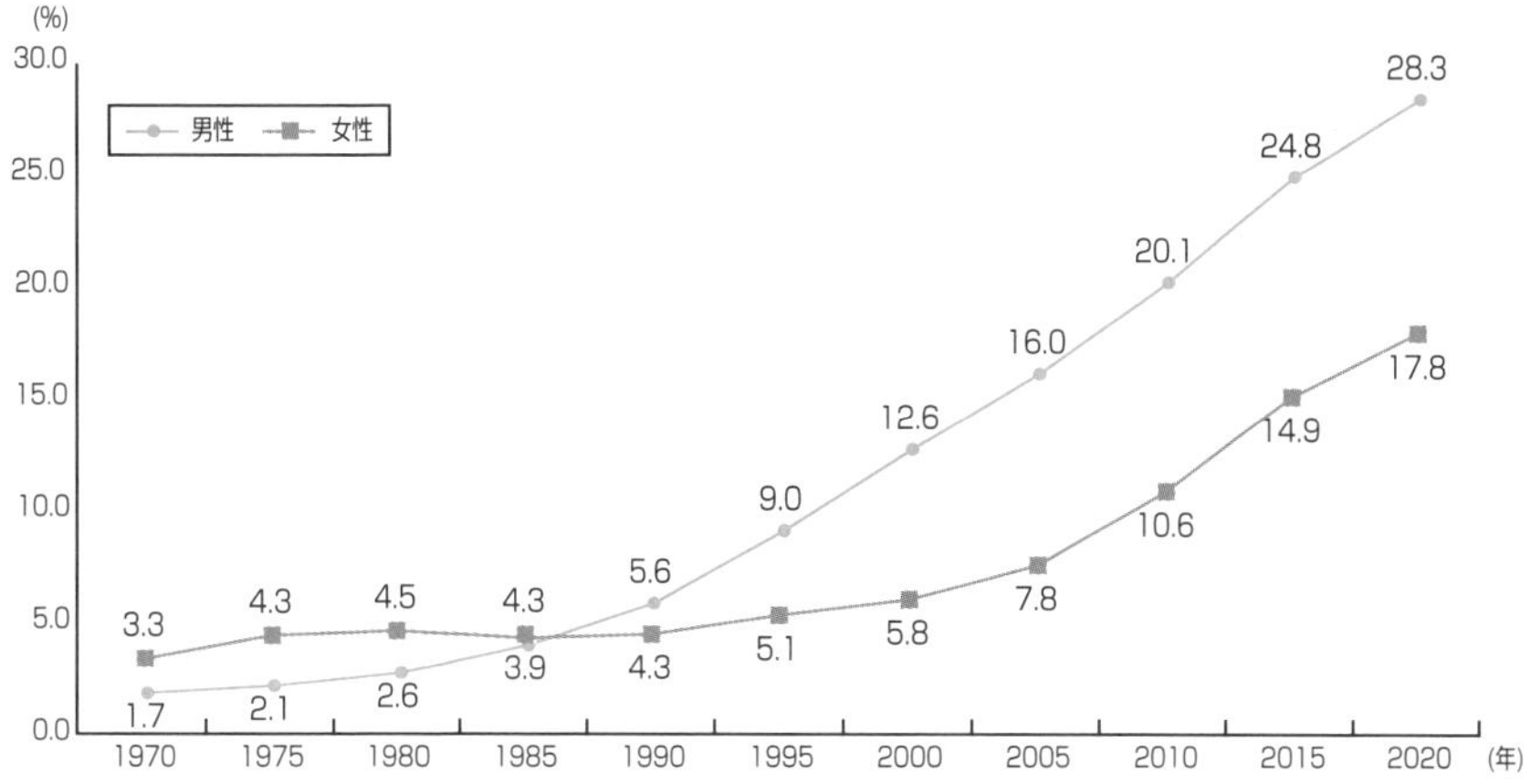

上記のように、年々未婚者の割合は増加傾向です。
ご自身の医療費、死後整理資金を準備しておきましょう。

離婚時の手続き

契約者
- 妻の生命保険を夫が支払っている場合、契約者を妻に変更
- 転居する場合は住所変更
- 改姓の場合、氏名も変更

被保険者
- 変更することは不可
- 保険が不要となる場合は解約手続

受取人
- 離婚後も変更しない夫婦もあり
- 変更する場合、子か親に変更
- 子が複数の場合、1/2、1/3ずつと指定可能

8-5

保険ショップでは、合い見積もりを取るようにしよう

ショッピングモールに出店している保険ショップ。保険の相談ができる店舗で、複数の保険会社の商品を取り扱い、ベストな保険を選べそうですが、注意点はないのでしょうか。

▼保険ショップは複数の保険会社の商品を扱う

ショッピングモールに出店している保険ショップの特徴としては、複数の保険会社の商品から、最適な保険商品を組み合わせて、ムリやムダのない生命保険に加入できることです。

第7章でも述べましたが、最適な保険を求めるならば、保険会社1社だけでは限界があり、収入保障はA社、医療保障はB社といったように、複数の保険会社の保険を組み合わせましょう。

保険ショップは、こうした複数の保険商品を「いいとこどり」できるので、生命保険の加入や見直しで迷われているならば、足を運んでみることをおすすめします。

▼保険ショップが売りたい商品もある

保険ショップは保険代理店です。保険加入者が支払う保険料の一部を報酬として受け取り、店舗の家賃や人件費をまかなって運営しています。

各生命保険会社も新商品を発売した際には、保険ショップ側にたくさん新商品を販売してもらうため、保険ショップに支払う報酬を引き上げるといったことをします。すると、保険ショップ側も、たくさんの利益を得ようと、顧客のニーズよりも、自社の利益を優先した販売をしないとも限りません。

そこで、面倒でも、複数の保険ショップに足を運び、合い見積もりを取るようにしましょう。

! 保険ショップで「いいとこどり」。面倒でも合い見積もりを。

図8-5　保険ショップでは合い見積もりを！

ショッピングモールなどに出店している保険ショップは
複数の店で合い見積もりを！
A保険ショップ
B保険ショップ
家族収入保障保険や医療保険など、提案してくる
保険の保障内容や保険会社、保険料などに違いが
あることでしょう。
ご自身に最適の保険を選ぶようにしましょう。
銀行に住宅ローンや教育ローンの
相談を兼ねて相談してみても…
○○BANK
生命保険だけでなく、各種ローンの
相談と合わせて、ライフプランの
相談をしてみるのもいいでしょう。

8-6

新ＮＩＳＡなど、銀行や証券会社との比較も

超低金利社会となった今、生命保険各社は、死亡保障や医療保障の生命保険だけではなく、資産運用型の生命保険も多く販売されていますが、注意すべきことは？

▼資産運用型の生命保険の特徴

団塊の世代が退職金を得るようになった２０１０年頃より、その退職金を銀行に預けるだけでなく、証券会社や保険会社を巻き込んだ争奪戦が始まりました。

銀行の定期預金の利息はゼロに近い超低金利となって、株式や外国の債券などに投資したほうが、より多くの利回りを見込めることもあり、各社、運用型の商品を積極的に販売するようになりました。

銀行や証券会社の投資信託と違い、生命保険会社が販売する運用型の商品は、生命保険会社であるがゆえ、死亡時に保険金が得られるものや、満期後、10年間にわたり年金として、安定的にお金を受け取ることができる等のメリットがあります。

▼銀行や証券会社のＮＩＳＡも検討

超低金利の状況下で、国民の金融資産を銀行の預貯金から投資へと移行させようと、２０２４年１月からは、ＮＩＳＡの非課税枠が大幅に広がります。

そうすると、老後の資産運用は、生命保険会社の個人年金保険よりも、証券会社などが扱う投資信託のほうが、税の優遇を受けられることもあります。

より多くの金融商品が販売され、選択肢が増えて困惑しますが、銀行や保険ショップ、ファイナンシャルプランナーなど、複数の人の意見を聞いて、リスクの分散を最優先に、最適な金融商品を選ぶようにしましょう。

ⓘ運用が目的ならば、生命保険以外の金融商品も検討しましょう。

図8-6　貯蓄・運用型の生命保険は新NISAとの比較を！

2024年からNISAが変わる

▼2023年までのNISA

	NISA（20歳以上）		ジュニアNISA（20歳未満）
	一般NISA	つみたてNISA	
制度開始	2014年1月から	2018年1月から	2016年1月から
非課税保有期間	5年間	20年間	5年間 ※ただし、2023年末以降に非課税期間が終了するものについては、20歳まで非課税で保有を持続可能
年間非課税枠	120万円	40万円	80万円
投資可能商品	上場株式・ETF・公募株式投信・REIT等	長期・積立・分散投資に適した一定の投資信託 ※金融庁への届出が必要	一般NISAと同じ
買付方法	通常の貸付・積立投資	通常の貸付・積立投資	一般NISAと同じ
払出し制限	なし	なし	あり（18歳まで） ※災害などやむを得ない場合は非課税での払出可能
備考	一般とつみたてNISAは年単位で選択制	一般とつみたてNISAは年単位で選択制	2023年末で終了
	2023年1月以降は18歳以上が利用可能	2023年1月以降は18歳以上が利用可能	

▼2024年からのNISA

	積立投資枠	併用可	成長投資枠
年間投資枠	120万円		240万円
非課税保有期間（注1）	無期限化		無期限化
非課税保有限度額（総枠）（注2）	1800万円 ※簿価残高方式で管理（枠の再利用が可能）		
			1200万円（内数）
口座開設期間	恒久化		恒久化
投資対象商品	長期の積立・分散投資に適した一定の投資信託 （現行のつみたてNISA対象商品と同様）		上場株式・投資信託など（注3） （①整理・監理銘柄②信託期間20年未満、毎月分配型の投資信託及びデリバティブ取引を除いた一定の投資信託を除外）
対象年齢	18歳以上		18歳以上
現行制度との関係	2023年末までに現行の一般NISA及びつみたてNISA制度において投資した商品は、新しい制度の外枠で、現行制度における非課税措置を適用 ※現行制度から新しい制度へのロールオーバーは不可		

（注1）非課税保有期間の無期限化に伴い、現行のつみたてNISAと同様、定期的に利用者の住所等を確認し、制度の適正な運用を担保
（注2）利用者それぞれの非課税保有限度額については、金融機関から一定のクラウドを利用して提供された情報を国税庁において監理
（注3）金融機関による「成長投資枠」を使った回転売買への勧誘に行為に対し、金融庁が監督指針を改正し、法令に基づき監督及びモニタリングを実施
（注4）2023年末までにジュニアNISAにおいて投資した商品は、5年間の非課税期間が終了しても、所定の手続きを経ることで、18歳になるまでは非課税措置が受けられることとなっているが、今回、その手続きを省略することとし、利用者の利便性向上を手当て

8-7 信頼できる営業担当者を見抜く方法

生命保険を、対面での販売で加入する人は、保険の営業担当者の説明を聞き、加入の判断をします。その営業担当者が信頼できるのか、どこを見て判断すればいいのでしょう。

人間性に優れた人物が優秀な営業担当者

保険の営業は、「紹介」で成り立っていることが多く、何年も保険の契約を取り続けていくのは、常に新規の顧客を開拓していかねばなりません。

そこで、新規の顧客を、コストをかけずに開拓できるのが「紹介」です。しかし、「紹介」というのは、その営業担当者が信頼に値する人でないと、知人や友人には紹介できません。強引に保険の加入を迫る人を紹介しようとは思わないはずです。

それゆえ、知人に「保険の営業で良い人いない？」といって紹介される営業担当者は、その知人が自信を持って勧める営業担当者であり、信頼できる人だと言えるでしょう。

無理やり保険を勧めるとか、説明が下手な人を紹介しようとは思わないはずで、保険の営業担当者は、「知人から紹介される人物＝信頼のおける営業担当者」といえます。

「あなたはどんな保険に加入しているの？」を聞く

こうして紹介された営業担当者といえども、最初から１００％信用するのはどうでしょう。

そこで、その営業担当者にこう聞いてみてはどうでしょう。

「あなた自身は、どんな保険に入っていますか？」

保険のプロが、自身でムダな保険に加入するとは思えません。保険のプロ自身が加入している保険を顧客にも勧めるのであれば、その営業担当者は信頼できるのではないでしょうか。

！ 生命保険は加入後も相談に乗ってくれそうな担当者を選びましょう。

図8-7　信用できる保険営業担当者とは？

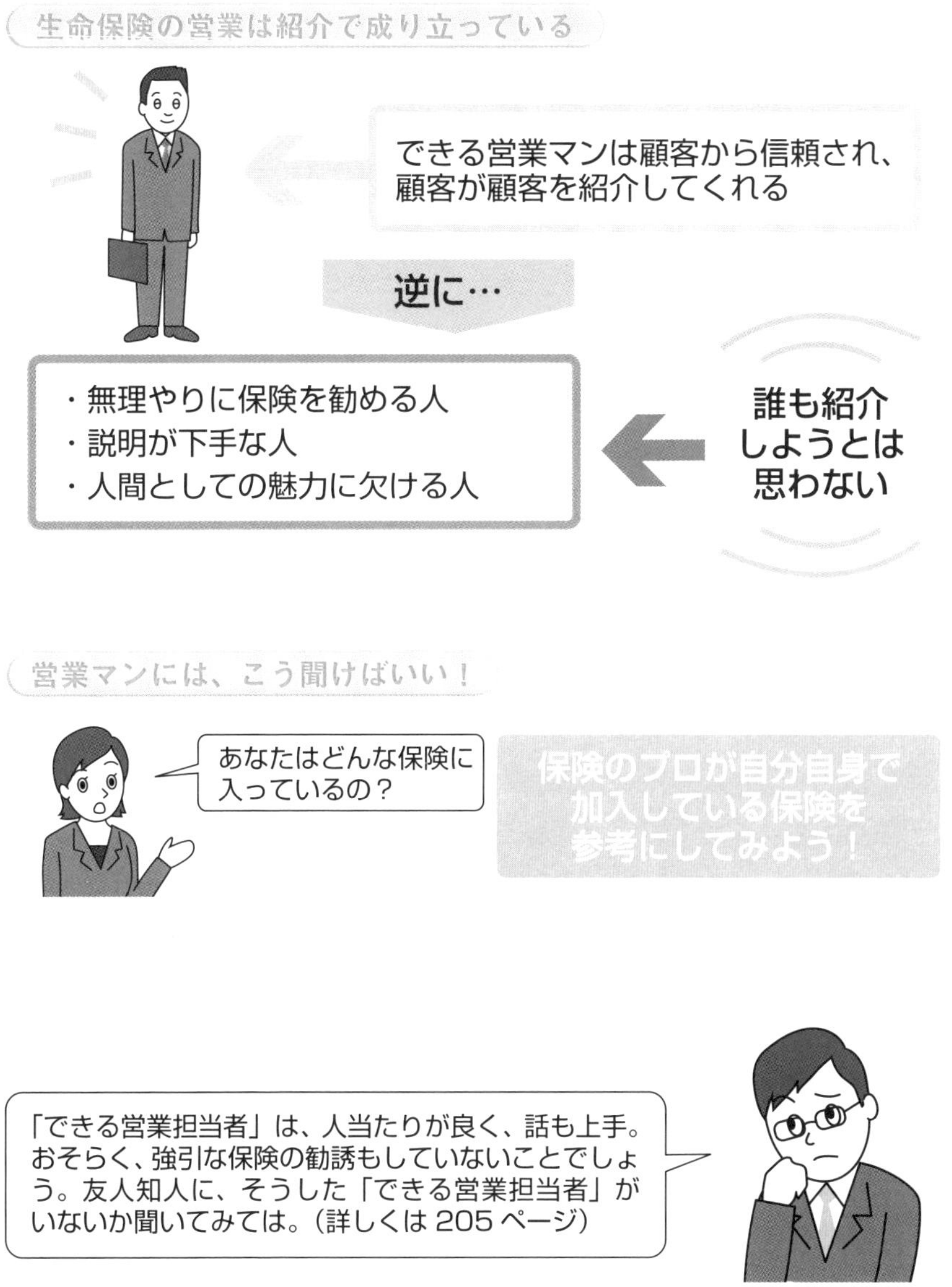
生命保険の営業は紹介で成り立っている
できる営業マンは顧客から信頼され、顧客が顧客を紹介してくれる
逆に…
・無理やりに保険を勧める人
・説明が下手な人
・人間としての魅力に欠ける人
誰も紹介しようとは思わない
営業マンには、こう聞けばいい！

あなたはどんな保険に入っているの？

保険のプロが自分自身で加入している保険を参考にしてみよう！

「できる営業担当者」は、人当たりが良く、話も上手。おそらく、強引な保険の勧誘もしていないことでしょう。友人知人に、そうした「できる営業担当者」がいないか聞いてみては。（詳しくは 205 ページ）

Column

筆者自身の保険の加入状況

最後に、私自身がどのような保険に加入しているのかを公開しておきます。

私は現在、5本の保険に加入しています。

死後整理資金はソニー生命の終身保険で、27歳の時に加入しました。保険金額500万円で、毎月の保険料は、5,320円でしたが、死亡保障が200万円を超えたこともあり、払済にしました。つまり、保険料は支払い済で200万円の保障があることになります。

次に、遺族の生活保障は、損保ジャパンひまわり生命の収入保障タイプの保険に加入しています。33歳の時に保険を見直し、この保険に加入しました。

私は30歳でタバコをやめたこともあり、非喫煙タイプの保険で、死後毎月12万円を受け取れるようにしています。こちらの毎月の保険料は3,934円です。

3つめは医療保険ですが、これはアメリカンファミリーの終身医療保険に加入しています。入院日額10,000円の保険で、30歳時に加入しました。毎月の保険料は、3,580円です。

4つめはがん保険です。東京海上日動あんしん生命のがん終身保険で、これは35歳の時に加入しました。毎月の保険料は、2,670円です。

最後に、個人年金保険にも加入しています。これは23歳の時に、当時の明治生命（現明治安田生命）で加入したもので、毎月5,000円支払っています。ただ、これも支払い総額が222万円ですが、年金総額が410万円であり、約200万円もトクする予定です。

以上で、毎月15,184円も支払っていますが、死後整理資金である終身保険や個人年金保険は貯蓄と割り切っていますので、そうすると約1万円を掛け捨てしていることになります。

ただ、今後医療保険やがん保険などは見直すかもしれません。

私の保険がベストではありませんが、ご参考まで。

知っておきたい注意点と豆知識

生命保険と医療保険の違い

参照セクション 1-6

生命保険文化センターの令和３年度「生命保険に関する全国実態調査」によると、世帯主が病気や交通事故などで2～3ヵ月入院した場合に、差額ベッド料、交通費等、健康保険診療の範囲外の費用に対し、必要と考える資金額の平均は、月額24万２千円となっています。つまり、１日あたりでは約１万円が必要だと考えているようです。これをすべて生命保険で対応するか、預貯金で対応するかはそれぞれの判断にもよりますが、１日あたり５千～１万円の入院保険を検討するのが無難でしょう。

生命保険料と生命保険金の違い

参照セクション 1-9

事実婚（入籍していない夫婦）の場合、生命保険金に制限があることがあります。生命保険会社によって違いがあるようですが、一定限度額までという上限金額が定められています。しかも、住民票などで同じ住所地に同居していることが確認できることが条件となっています。

生命保険は一長一短

参照セクション 1-13

保険解約時に、解約返戻金のあまりの少なさに激怒される方がいます。「毎月毎月、保険料を払ったのに、たったの３万円か！」と怒られた方もいました。解約しても、支払った保険料が返ってこない掛け捨てであることは承知していても、それでも仮に総額30万円の保険料を支払っていれば、10～15万円くらいは戻ってくるかなと期待したりします。しかし実際には、定期保険の場合はほとんど期待できません。自身の解約返戻金が現在どのくらいかについては、保険証券にも書いてあります。確認してみましょう。

保険金は請求しないと支払われない！

参照セクション1-14

保険証券の保管場所は、保険会社から送られてきた封筒を開けることなく、机の引き出しに入れたままといった人も意外とおられます。保険証券自体はそんなに重要だと思っておられないのでしょう。しかし、ただ、将来に多額のお金が受け取れる証拠となるのが保険証券であり、また、保険金額や受けられる保障の内容なども記載されています。大切に保管し、かつ、いつでもその内容を確認できる場所に置いておくようにしましょう。

保険内容によっては、思わぬ形で保険金を得られるケースもあります。たとえば、自動車保険加入時にあれもこれもと付加した特約の中に、ケガの入院時に給付される保険内容があり、そこからも入院給付金が支給された、なんてこともあるのです。

定期保険の「期限」について

参照セクション2-3

定期保険の場合、満期前には、その満期を知らせるハガキが必ず保険会社から送られてきます。しかし、最近では、生命保険会社からの電話などは面倒だからとまともに取り合わず、かつ郵送されてくる書類も封も開けないといった人も多く、いつの間にか期限が経過し、きちんと保険が有効となっていないことがあります。

保険は自動で更新されますので、保険そのものは継続するのですが、保険料が上がっていくことを知らない人が多くいます。従来どおりの保険料分しか銀行口座に入金していないために、残高不足で引き落としができず、結果、保険が失効してしまうことがあります。

定期保険の自動更新について

参照セクション2-4

総支払額、月平均額で比較すると、30年定期がおトクですが、子どもの教育費のかかる期間は保険料を抑えたいなど、ライフプランとの兼ね合いもあり、一概にどれがいいとは言えません。住宅、教育、自動車などのライフプランをご検討の上、ご判断されることをおすすめいたします。

収入保障型の保険の仕組みについて

参照セクション2-6

保険会社は保険金を一括で支払うほうが手続きがラクです。また、支払う保険金も少なくて済むので、保険金を分割して毎月支払うよりも、一括で保険金を支払うほうが経営上においても効率的です。そんなこともあり、保険会社の営業担当者も一括で受け取ることを勧めることがあります。しかし、故人がどのような意思で保険に加入したのかを思い返してほしいと思います。

もし、残された遺族が、毎月一定金額を受け取れるように、こうして生活が安定するようにという意思で保険に加入したのであれば、安易に保険会社の勧めるがままに一括で受け取ることのないようにしましょう。

ただ、子どもの大学進学時に入学金などのまとまった費用が必要になることもあるでしょう。この時は、分割での保険金受取から一括で受け取るように変更し、そうして得た保険金で入学金を支払うことも可能です。大学入学後は奨学金を利用すればいいでしょう。

このように、頑なに分割で受け取るというのではなく、ライフプランに合わせて判断するようにしてください。

貯金と保険の違いは？

参照セクション4-2

超低金利政策の影響もあって、保険会社の運用益も厳しいものとなっています。

保険会社も、契約者からいただいた保険料を金融市場や不動産市場等で運用し、収益を上げていたのですが、その収益がかつてほど見込めない状況で、予定利率も下がり続けています。

それでも、たとえわずかでも、契約者が支払った保険料以上の保険金をお返しできればいいのですが、養老保険に至っては、かなり厳しいものとなっています。

ある保険会社の養老保険においては、契約時に全期間分の保険金を全額納付する全期前納払いで1,021万円を支払い、30年後に受け取る満期金が1,000万円と元金割れすることが確実となっています。たとえ保障があるといえども、数多ある金融商品の中から、養老保険を選択する理由はあまりないと思われます。

今後、景気が回復し、利息が大幅に上昇するようなことがあれば、養老保険の人気も回復するでしょうが、現状では、養老保険に加入される方は少数となっています。

外貨建て個人年金保険の仕組み

参照セクション4-6

外貨建ての金融商品は、個人年金等の保険に限らず、外貨預金や外貨建て投資信託なども含め為替のリスクが生じます。満期時が契約時よりも円安になっていれば為替差益が得られますが、逆に、円高になっていれば、為替差損が生じます。個人年金保険の場合は、5～10年といった長期間での運用となるため、満期時の為替相場を予測するのは困難です。ただし、日本円で運用していても、大きな利息や配当が見込めないのも事実です。リスクを負っても許容できる範囲で外貨建ての金融商品で運用するようにしましょう。

妻に先立たれると深刻な問題に！

参照セクション5-9

専業主婦の中には、死亡保険には加入せず、医療保険にのみ加入している人がいます。

しかし、主婦であっても、死亡時に葬式などの死後整理資金が必要であるのは当然であり、やはりこういった費用を終身保険で準備しておくことが望ましいです。

なおかつ、妻に先立たれた夫は、仕事をしながら家事をこなすとなると、それまでどおりに仕事ができず、結果、出世をあきらめ、給料も上昇が見込めない可能性も高くなります。そこに、住宅ローンは従来どおり残り、また、母子家庭に対しては水道代が安くなるといった自治体もあるなどの公的な支援があるのに比べ、父子家庭に対する公的な支援は少なく差があったりします。

つまり、専業主婦であるからといって、死亡保険に加入しなくていいなんてことはなく、夫同様に保険を検討すべきです。ただ、一般的には、夫の死亡保障額より少なめの保険に加入されるケースが多く、毎月5～10万円の収入保障型の保険を選ばれる人が多いようです。

定期型の医療保険と終身型の医療保険　参照セクション6-2

定期型の医療保険は、物価上昇に対応できる点がメリットとして挙げられます。終身型と定期型の毎月保険料の比較をみると、総支払額で10万円以上の差があります。ただ、終身型のように60歳で保険料を払い終えたのち、急激な物価上昇で、入院1日あたり1万円の入院保険に加入していてもコーヒー1杯が2万円だったら、保険の意味はほとんどありません。追加で保険の加入を検討しなければならなくなります。

しかも、定期型であれば、60歳までの期間をみれば終身型よりも安い保険料で保障が得られることになり、差額を貯金にまわすほか、レジャーにも使えます。

ただ、それでも筆者自身は老後の不安を考慮し、終身型に加入しています。もちろん、加入者にはそれを強要していません。あくまでも決めるのは加入者自身です。

保障が一気に下がる保険、徐々に下がっていく保険　参照セクション7-4

必要な保障額を計算する上で、遺族年金などの公的保障も計算に入れる必要があります。特に遺族厚生年金は、妻と子ども2人の世帯だと、月10万円以上の支給が得られます。

また、住宅ローンにおいては、団体信用生命保険に加入することからも、債務者が万一の際にはローン残高はゼロとなり、遺族は住宅ローンの負担のない家に住み続けることができるのです。

なかには、高額の保障の保険に加入させたいがために、こうした公的な保障のことを説明せずに「万一の際に困るから」といった不安ばかりを煽る、そんな保険営業担当者もいます。

しかし、このような公的な保障や、住宅ローンの団体信用生命保険なども、保険加入の際に必要保障額を計算しておき、その必要保障額に見合った保険に加入するようにすれば、そもそも保障額が一気に下がるなんてことはあり得ないのです。

定期保険の見直しで掛け捨てを最小限に！　参照セクション7-5

保険料の掛け捨てはイヤだという理由で、終身保険を重視して保険に加入される人がいます。しかし、いくら掛け捨てとはいえ、安い保険料で多額の保障を得られるという利点を軽視すべきではないと思います。要はバランスの問題です。葬式代などの一生涯必要な保障は終身保険で、家族の保障などの多額のお金が必要な際には、保険料が割安の定期保険で対応するというのが、本書においても繰り返し説明している理想のプランです。

しかし、なかには掛け捨てを嫌うあまり、終身保険で2,000万円もの保険に加入している人がいます。しかも、死亡保険はそれだけで定期保険の加入はゼロということも。毎月４万円を保険料として支払い、確かに、将来にお金は貯まるものの、子どもが幼いうちに万一の事態があっても必要保障額が足らない、そんな人もいました。これでは、保険本来の機能を果たしているとは言えません。

医療保険の保険料を抑えたいならシンプルなものを選ぶ　参照セクション7-10

女性疾病特約は、女性特有の子宮に関する病気、帝王切開のほか、悪性新生物（がん）も対象となります。この悪性新生物（がん）は、乳がんや子宮がん以外のがん、胃がん、腸がん、皮膚がん、などの男性も患うがんも入院給付金支払の対象となります。

したがって、８大疾病までは必要ないという人でも、女性ならば女性疾病特約も付加しておいた方がいいでしょう。

以前の保険の解約は新しい保険が成立してから！　参照セクション7-13

保険見直し時における以前の保険の解約は、必ず新しい保険契約成立後に願います。

通常、医療保険ならば、入院保険日額が１万円以下なら告知書だけで加入可能です。告知書の質問事項において、健康状態に問題なかったとしても、それでも営業担当者から「成立しました」といった電話が入るか、もしくは保険証券が手元に郵送されるまで、絶対に解約しないでください。

ただ、それでも、説明をよく聞いていなかったために、先に解約に走る人がいます。その理由として挙げられるのが、「銀行口座から保険料が引き落とされるのがもったいないから解約した」というものです。しかし、保険料は１回引き落としを停止しても、保険は失効しません。なので、銀行の窓口で引き落としを１回のみ停止する手続きをとれば済む話です。

信用できる営業担当者とは？

参照セクション8-7

知り合いに生命保険の営業担当者がいるなんて方は少ないかと思います。また、仮に学生時代の友人が保険会社で勤務しているからといって、ちょっと保険の相談をしようにも、「いい保険があるよ」といって、逆に保険の勧誘を受けそうになるということもあり、なかなか保険に関して気軽に聞けないといった方も多いかと思います。

そこで、職場などの知人に保険会社の人を紹介してもらうことをお薦めします。通常、営業担当者は顧客を紹介してくれる人を大切にします。保険の営業は紹介で成り立っているもので、こうした紹介をしてくれる人がいなければ、商売繁盛とはいかず、開店休業状態になるからです。

そうして紹介を経てお会いする顧客から、「保険を強引に勧められた」とか「説明が下手」といったクレームがあれば、その営業担当者に二度と紹介しようとは思わなくなるはずであり、いきなり高額の保険を勧めるといったことはないだろうと思われます。

「保険に加入するかどうかわからないけど説明だけ聞きたい」「できれば複数の保険会社の人の話を聞きたい」といって、「それでもＯＫですよ」と来てくれる人かどうか、まずそこから信頼できる営業担当者かどうかを見極めましょう。

索引

INDEX

か行

数字

アルファベット

あ行

さ行

な行

は行

た行

や行

ら行

ま行

著者紹介

石橋　知也（いしばし　ともや）

ファイナンシャルプランナー
1972（昭和47）年生まれ。京都産業大学法学部卒。

関西銀行（現・関西みらい銀行）に入行し、個人顧客の住宅ローンや資産運用や中小企業向けの融資を担当。その後、アクサ生命保険会社に転職し、個人顧客のライフプラン作成や法人向けのリスクマネジメントを担当する。

現在は、全国の高校で保護者や生徒を対象に年間270件以上の講演のほか、個人のライフプランの相談等の活動をしている。

また、NHK総合テレビ「家計診断おすすめ悠々ライフ」や、フジテレビ「ダウンタウンなう」などにも出演。

著書として、「最新 住宅ローンの基本と仕組みがよ～くわかる本」（秀和システム）、「年収300万円で子どもを大学に入れる方法」（エール出版社）、「お金は7月に借りなさい！」（経済界）、「融資を引き出す！銀行との交渉ポイントと提出書類のつくり方」（日本実業出版社）など35冊以上を執筆している。

参考資料一覧

生命保険文化センター　令和３年度『生命保険に関する全国実態調査』
生命保険文化センター　令和４年度『生活保障に関する調査』
厚生労働省『令和４年簡易生命表』

■本文イラスト　高橋康明

図《ず》解入門《かいにゅうもん》ビジネス
最新《さいしん》 生命《せいめい》保険《ほけん》の基本《きほん》と仕組《しく》みが
よ～くわかる本《ほん》[第《だい》4版《はん》]

発行日　2024年　2月11日　　第1版第1刷

著　者　石橋《いしばし》　知也《ともや》

発行者　斉藤　和邦
発行所　株式会社　秀和システム
〒135-0016
東京都江東区東陽2-4-2　新宮ビル2F
Tel 03-6264-3105（販売）Fax 03-6264-3094
印刷所　三松堂印刷株式会社　Printed in Japan

ISBN978-4-7980-7168-8 C0036

定価はカバーに表示してあります。

乱丁本・落丁本はお取りかえいたします。

本書に関するご質問については、ご質問の内容と住所、氏名、電話番号を明記のうえ、当社編集部宛FAXまたは書面にてお送りください。お電話によるご質問は受け付けておりませんのであらかじめご了承ください。